方钦 —— 著

观念与制度

Institutions with Intentions

探索社会制度运作的内在机制

The Foundations of Institutional Analysis

商务印书馆
创于1897 The Commercial Press

图书在版编目(CIP)数据

观念与制度:探索社会制度运作的内在机制/方钦著.
—北京:商务印书馆,2019(2020.2 重印)
ISBN 978 - 7 - 100 - 17060 - 4

Ⅰ.①观…　Ⅱ.①方…　Ⅲ.①社会制度-研究
Ⅳ.①D03

中国版本图书馆 CIP 数据核字(2019)第 014159 号

观念与制度
探索社会制度运作的内在机制
方　钦　著

商　务　印　书　馆　出　版
(北京王府井大街36号　邮政编码100710)
商　务　印　书　馆　发　行
山东临沂新华印刷物流
集团有限责任公司印刷
ISBN 978 - 7 - 100 - 17060 - 4

2019 年 6 月第 1 版　开本 640×960　1/16
2020 年 2 月第 2 次印刷　印张 24½
定价:75.00 元

本书献给我的父母，

他们是我认识社会制度的启蒙老师。

本书是国家社会科学基金一般项目，“大卫·刘易斯的惯例理论及其对当代经济学制度分析的影响研究”（18BJL010）的阶段性研究成果。

目　录

前言

> 对属于理性的工作的那些知识所做的探讨是否在一门科学的可靠道路上进行，这可以马上从它的后果中做出评判。如果这门科学在做了大量的筹备和准备工作之后，一旦要达到目的，就陷入僵局，或者，经常为了达到目的而不得不重新回头去另选一条路；又比如，如果那些各不相同的合作者不能遵守这个共同的目标所应当的那样协调一致：那么我们总是可以确信，这样一种研究还远远没有走上一门科学的可靠的道路，而只是在来回摸索。
>
> ——**康德（2004，第二版序言，第10页）**

本书脱胎于十年前的博士论文。之所以延宕多年，其实是由于我对当年所写论文的真正主题一直未能明确之故。因为博士论文考察的是“宗教与制度”，宗教的核心特质是“信仰”，然而“信仰”却在社会科学的研究范畴之外。当年我借由“宗教学”和“神学”之区别笨拙地避开了这个难题，但事实上这类社会学式的有关宗教现象的理论界定是相当武断的。以杨凤岗（2008）为例，其用有神、有戒约、有机构或组织、有信仰四个条件来定义宗教。可是现实中有些宗教是无须超验意义上的创世者的；有些宗教不存在正式的组织形式；戒约更非宗教组织所特有。但这不是最大的困难，最大的困难是，这类社会科学理论仍然无法解释宗教现象与现实制度性实在之间的逻辑关联，因为目前主流的理论大多倾向于从组织行为角度解释宗教的社会影响，而忽略了二者通常是经由个人信仰而非有组织的社会行动发生关系的。

信仰问题绕不过去，这给我的制度解释造成了极大的障碍。所以在这些年中，我断断续续地再度反思这篇博士论文中讨论过的话题。在对经济学界的文化研究做了些初步的文献梳理，又提出了自己有关制度分析理论框架的一些想法之后，才终于清楚了原本冠以“宗教与制度”之名下真正的研究主题：我想探究那些影响社会制度之形成、发展、演变与崩溃的非物质因素。

何谓非物质因素，当然是指除了地理、环境、资源禀赋、技术、人口、土地、资本、组织等可直接观测、可定量分析的客观变量之外，影响个体行动的因素。格雷夫（Grief，2006，p. 30）将非物质因素归结为信念（belief）、规范（norms）和预期，而我曾称之为“制度的主观基础”。但是我发现“主观基础”这样的用语在如今习惯于模式化思维的社会科学界似乎难以被接受，而传统上使用的“文化”概念又已经泛滥成灾，只消扫一眼那百余种文化定义便已经够了。所以最后我还是接受先生韦森的建议，使用一个学界已有的，又较为平实的用语：观念（ideas）。

在这篇前言中我只谈两个问题：（1）本书中所指的“观念”是什么；（2）为什么制度研究中“观念”是重要的。

按照《观念史大辞典》（*Dictionary of the History of Ideas*，1973）中“观念”词条的解释，从该词的希腊文词源上来看，与两个动词相关，“看见”（to see）和“知道”（to know），因而表示的是通过经验感知而对外在世界产生的“理解”（understand）（Boas，1973，vol. 2，p. 542）。

而金观涛和刘青峰在他们的《观念史研究》中讨论得更为具体，引用弗耶利（Fouillé）的观念定义，“我们的感觉和冲动所呈现出的知觉形式；每个观念不仅涵盖一种智力行为，而且涵盖知觉和意志的某种特定的方向。因此，对于社会亦如对于个体一样，每个观念均为一种力量，这种力量愈加趋向于实现其自身的目的”。由此，金观涛和刘青峰认为，观念“比思想更确定，可以具有更明确的价值方向”；“它和社会行动的关系往往比思想更直接”；所以通常所称的一个社会的“意识形态”，就是“把各种不同的社会行动的观念整合起来，互相协调，形成某种具有整体结构的观念系统”（金观涛和刘青峰，2009，第3、4页）。

上述定义和本书中所言的“观念”含义既有相同之处，也稍有差异。

因为我考虑问题的逻辑是这样的:(1)经济学是研究个人理性选择的学问;(2)社会制度是个人行动的结果;(3)因此可以说制度与每个生活在其间的人的行为选择有关;(4)那么我们又是如何进行选择的;(5)标准的经济学理论中,所谓"选择"无非就是设定目标函数,设定可选策略(手段)集合,采取手段去达成目标;(6)可是我们的目标函数如何确定,我们的可选策略又是如何形成的;(7)按照标准的经济学理论,目标函数和策略,实质上都是有关"信息"的函数;(8)但是我并不完全认同这一"客观化"的处理方式,用我以前写下的一句话来说就是,"人并不是依据信息去行动,而是依据信息内含的意义去行动";(9)"意义"有两个意思,一是指价值判断,这不是社会科学能处理的;(10)社会科学能处理的"意义",是指向我所设想的主观因素,即观念。

再次强调,在上述层层递进的推论中我想到的并不是那种基于价值评价而形成的"意见",那样的话就违背了韦伯(Max Weber)的社会科学方法论原则,进入了价值判断的领域。我所考虑的,是基于分析哲学的"意识""意向"和"意向性"理论,是解释人与外在世界之互动关系。有关分析哲学的这几个术语请参见本书第二章,在此不做展开。简单而言,如果说"制度"是人类社会特有的现象(让我们暂且忽略当下一些经济学家所宣扬的"昆虫社会的分工""动物的道德情感”这类“学术前沿”)，那么其应当包含人的特质，而人的特质存在于他对这个世界的理解之中，这是我的制度理论的核心前提。但是这种主观层面的理解或者说认知本身——即一种意识状态——是不会与外在客观世界直接发生联系的。请诸位读者设想当你大脑存有意识，能够感知外界刺激，但是又无法对此做出任何反应的情形。如果说人的意识要转化为实际的行动，即与外在客观世界相关联，就需要通过某种可客观化的联结装置，而不是凭空想象。将个人对外在世界之主观认知与客观行动相连的属性，便是意向性。通过意向性，作为主观意义上的行动个体，的确是真实地存在于这个世界上的。

这就是为何金观涛和刘青峰特别强调观念与社会行动之联系的原因。就我而言，从经济分析的角度着手，个人的目标函数——即相应的效用函数或者成本函数、个人能够选择的策略集合以及构成个人行动的约束条件，所有这一切都是建立在个人认知模式的基础之上，即个人对外在世界的反应。因此个人

图片来源：Boring(1930)。

图 1 一幅多义的肖像画

由理解而采取行动，由行动而与外在世界的人和物发生关系，由相互交往的行为而对世界产生影响，无数人、无数行动、无数的关系及其影响，结合在一起，最终形成了某种行为的常规性，塑就了社会制度。

这就是本书所言的观念与制度。

第二个问题，为何制度研究中观念是重要的。

回答这个问题之前，我想先请读者看看上文的图 1，诸位第一眼看到的是什么呢？

一位年轻漂亮的女子，一位老态龙钟的老妇人，还是二者皆有？

此图是心理学界流传甚广的一幅画像，有多种版本，最早的来源可追溯至 19 世纪。在有些版本中这幅图还有一个幽默的名字，“我的妻子和岳母同框”（“My Wife and My Mother-in-law”）。博林（Boring，1930）首次对此图进行了心理学分析。

不过在此我想探讨的并非心理学问题——心理学也不是我所长，我只是想借此图来说明观念的潜在影响。当我们每个人面对同一事实，经由各自的大脑处理相应信息后，得出的看法完全不同时；或者是，即便同一个人面对同一事实，但在不同时间，也会得出不同看法，这说明什么？还可以反过来思考这一问题，完全不同的两个或两组行为人，面对不同的事实却能产生相同或相似看法，这又说明什么？

注意，我提出的不是一个哲学问题——我们能否“客观地”认识世界，这类问题尚不构成本书探讨的对象。我提出的是一个标准的、早在古典经济学时代便已争论过无数次的主观价值论问题：无论是有意还是无意，我们都是根据外在世界的刺激做出反应，主动采取行动；而不是为了应对外在世界的刺激而被动采取行动。这是人的主观性行动和本能之间最关键的区别。

如果上述观点目前不再存在较大争议的话，那么接下来的推论也应当能够被接受，即我们对外在世界的刺激所做出的一系列反应之整体考量，构成了我们每个人的认知模式，认知模式的差异决定了我们行动的差异。在社会交往行为中，通过人与人之间相互影响，每个行为人的内在认知也会通过外在行动而进一步发生改变，由此构成了社会状态下制度与观念的协同演化过程。特定时期、特定社会下的制度，往往是通过与之相应的社会观念而显露其特征，并维持其运作；反之，通过对特定时期、特定社会下的观念之考察，我们也能够认识社会制度结构是如何形成及其未来可能的发展趋势。

这就是观念在社会制度运作的内在机制中所扮演的角色。

上述逻辑其实并不复杂，也不是什么新理论，可以说当古典经济学大师们在思考一个社会的风俗、习惯和传统可能会对经济绩效产生正面或负面的影响时，他们就已经考虑到我所说的上述观点，他们已经认识到仅仅从物质因素层面来解释社会制度是有所缺失的。

不过还是有必要澄清一个常见的误解：此类观点绝对不是观念决定论，或者说文化决定论。

这是自韦伯讨论新教伦理与资本主义精神以来，学界——特别是经济学界——一直存在的一种误识，并形成两种截然相反的看法：一种是坚持经济决定论的立场，认为所谓社会观念不过是经济现实之产物，例如著名经济史学家克拉克（Gregory Clark）就曾对格雷夫（Grief，2006）强调的“信念”之类非物质因素不屑一顾，在克拉克看来，文化是不重要的，甚至社会制度也是不重要的，唯一重要的只有永恒不变的经济力量（Clark，2007a；2007b）；另一种则是一脚踏入虚无缥缈的思想之境，认为只需单单依凭观念的力量，就能改天换地，譬如常常听到一些观点，为何当代中国市场化道路困难重重，因为我们没有西方那种基督教信仰，似乎只要移植了西方现代观念，一切问题均能迎刃而解。

在我看来，上述两种立场都是错误的。

对于经济决定论者来说，物质因素很重要，这点没有错。可是如果说唯有经济因素才是决定一切的力量，所谓观念不过是一种“社会幻象”（social illusion），那么人类世界与动物世界有何区别？环顾我们所身处的社会，是不是只要喂饱了饭就能解决一切问题？套用艾森豪威尔（Dwight D. Eisenhower）将军那段著名的演说辞：如果我们要的仅仅是温饱，那就去监狱好了。[1]可是社会变成一个“大监狱”真的好吗？

所以，我拒绝接受这种目前在国际学界流行的、强调所谓客观立场的研究模式。我是一名老式古板、接受启蒙时代知识分子教育的读书人，和我的智识英雄康德一样，想为人类保留一些尊严，为人在这自然界留下一个特殊的位置。更何况，对于那些强调所谓客观证据的学者来说，经过他们头脑里根深蒂固的、“客观主义”立场观念处理，所采集到的有关人类社会事态的种种数据，又怎样能保证其“客观性”呢？事实上这种研究模式与“客观”与否无关，这只是一种古老僵化的机械论式思维的现代翻版。

至于唯观念论者，始终无法回避的问题就是观念从何而来？尽管这类学者可以持有那种超验主义的立场：我们每个人自诞生之日起，上帝便在我们心里播下了那颗观念的种子。但种子毕竟是种子，谁也不知道它是会长成参天大树还是终究几于泯灭，因为这取决于成长过程中多种因素的影响。对于那种坚信两希文明决定现代世界形成的观点，我仅能够承认两希文明的重要性，却无法断言其决定性。因为古希腊文明的根基源于古埃及和两河流域，并且经过亚历山大大帝

(Alexander the Great)征服以后，泛希腊文化曾遍布从北非到阿富汗、横跨欧亚非大陆的广袤区域，可是为何最终只在欧洲孕育出现代文明之曙光？至于说希伯来宗教，事实上这个世界上三大宗教，基督教、犹太教和伊斯兰教，都是“亚伯拉罕宗教”，换言之都是希伯来文化之子，但是各自无论是观念层面还是现实层面都存在极大差异，这又如何解释？

观念是内生于制度的，又反过来影响制度的运作，所以我们必须通过可观测的制度化行为来研究、分析和评价观念的作用。这是本书反复强调的观点。

然而目前学界对此类社会制度运作的主观机制之解释是缺失的。

就制度经济学而言，观念问题的解释，最为流行的，便是诺思(Douglass C. North)的理论。而诺思有关观念的解释框架其实有两种，一种是早期的“意识形态理论”，另一种是在20世纪80年代中期以后提出的“心智构念论”。对于前者，实际上是将观念工具化，标准的新古典式分析，认为意识形态是降低制度运行成本的工具。这类将主观变量客观化的解释局限性很大，学界已有诸多认识，所以不再多论。而有关“心智构念论”，其实诺思本人也没有形成系统化的解释，他只是借鉴了其他学科大量有关人类心智问题的研究结论而已，并且这些研究结论很多在各自学科内部尚未作为“定论”被接受下来。就经济学界来说，这方面比较流行的解释一种是所谓“非理性行为”理论，即主张这些观念因素的存在使得真实世界中人们的行为不符合传统理性选择理论的假说；另一种则是社会偏好理论，即决定我们行为选择的是多种异质性偏好，除了利己以外，更重要的是利他精神。

但是我很难认同上述任何一种解释。

“非理性”是一种意义含糊，甚至有些哗众取宠的界定。何谓“非理性”？是否如某位诺奖得主所称，股市投机中那些狂热炒作行为就是“非理性”？譬如说那个教科书式的经典例子，菜市场大妈看见别人炒股赚了钱，头脑一热，也把一辈子积蓄拿去炒股，结果血本无归，这就是“非理性行为”？

如果认为这类例子表述的是“非理性行为”，那么只能说明现今大多数经济学家根本不理解源自启蒙时代的哲学界所讨论的理性选择理论究竟是什么。原因很简单，经济学家们在运用一种结果论式的判断来界定理性：因为菜市场大妈的目标函数是财富最大化，结果财富减少至零，选择的结果和目标不合，所以不符合理性。

可事实是理性选择理论不是结果论的。

“良知，是人间分配得最均匀的东西。因为人人都认为自己具有非常充分的良知，就连那些在其他一切方面全都极难满足的人，也从来不会觉得自己的良知不够，要想再多得一点。这一方面，大概不是人人都弄错了，倒正好证明，那种正确判断、辨别真假的能力，也就是我们称为良知或理性的那种东西，本来就是人人均等的；我们的意见之所以分歧，并不是由于有些人的理性多些，有些人的理性少些，而只是由于我们运用思想的途径不同，所考察的对象不是一回事。因为单有聪明才智是不够的，主要在于正确地运用才智。"（笛卡尔，2000，第3页）。

正如笛卡尔（René Descartes）这段话所言，理性的能力在于运用，理性选择理论在于个人为达到目的所采取的手段与目标之间的逻辑关系，而非简单的结果论式判断。菜市场大妈的投资选择固然是失败的，但是不表示她的行为没有经过大脑思考，不表示她的选择是随意做出的。事实上在演化博弈论中，"别人做某事，我也跟着做某事"，恰恰是标准的均衡策略下的行为选择，完全合乎理性。那种认为因为投资失败，所以就是非理性的观点，是典型二流学者式的傲慢（事实上，不少量化研究文献表明，经济学家在投资策略选择上并不比菜市场大妈高明多少，著名经济学家投资失败的例子比比皆是）。

在此意义上，真正的"非理性行为"只有两类。一类是前述采取的手段与所要达成的目标之间逻辑不一致的行为，为何会形成此类行为，此类行为会导致怎样的社会结果，这属于另一社会研究领域的大话题，不是本书主题所能容纳的。另一类则是那些我们完全无法理解之行为，比如疯人院里病人的行为。显然，这也不是我们研究制度选择时所要考虑的行为选择。至于那些想要采取浪漫主义文人的视角，将社会视为疯人院的主张，恕我难以讨论。持有这类研究主张的人，严格来说不能称其为学者，他们是演员。而隐藏在菜市场大妈那类看似非理性的跟风策略选择背后的，其实是一种观念因素：她对于所谓投资行为的理解。这类理解很大程度上构成了解释社会制度运作的关键变量。

至于“社会偏好理论”，我已在另一篇文章中加以讨论（方钦，2017），在此不再赘述。简单来说，利他与利己之划分是一种价值判断而非事实判断。因为我们每个人对于自身和他人的行为评价都是不同的，这是一个观念问题。所以有些人会认为对自己好就足够了，物质需要就足够了；有些人则会要求自己对他人好，除了物质需要外还有精神需要。到此为止我所做的都是事实判断，也是社会科学能够进行分析的领域。但是如果要再进一步，强行推论出前者是狭隘的利己行为，后者是博爱的利他行为，人类之所以会合作是因为利他动机的存在，并附上各种在自然科学界都未成定论的所谓“证据”。那么我只能认为这类研究违背了最为基础的社会科学方法论原则，混淆了事实判断和价值判断。谁说“利己”就是只考虑自己而不考虑他人；谁又能说“利他”就是毫不利己、专门利人；为何不能认为“利他”只是另一种形式的“利己”，而“利己”动机驱使下我们也能利于他人？事实上“社会偏好”与其说是一种“理论”，不如说是一种“信仰”更加恰当，因为数千年来在许多宗教中就已经讨论类似问题。可即便是宗教信仰，也意识到利己与利他是不可分的，譬如佛教基本教义之一就是“自利利他”（parātmahita）。那么为何现今一些追求“经济学革命”的学者偏偏要将二者割裂开来呢？

“我们每天所需的食料和饮料，不是出自屠户、酿酒家或烙面师的恩惠，而是出于他们自利的打算。我们不说唤起他们利他心的话，而说唤起他们利己心的话。我们不说自己有需要，而说对他们有利。社会上，除乞丐外，没有一个人愿意全然靠别人的恩惠过活。”（斯密，1972，上卷，第14页）我认为斯密这段话远胜于“社会偏好理论”。

现实中，个人做出任何行为选择都是出自某种利益考量，只是由于个人观念的影响，我们每个人利益考量的具体内容都是不同的。社会科学研究应当关注的是造成这类不同的原因及其影响，而非简单粗暴地划分为价值立场对立的两种行为动机。

无论是“非理性行为”，还是“社会偏好理论”，都是一种误导，这种误导恰恰证明我们的社会科学研究仍然需要进一步去理解和解释观念因素的影响。

所以如果说本书有任何价值的话，就是在这方面做了一点点非常粗浅的尝试。

要向诸位读者致歉的是，尽管思考了那么多年，但是如何以现有的理论来阐述观念的影响，我仍未有确切的结论，目前只能是提出一个大体的理论框架。

分析观念因素的最大困难在于其难以直接去度量，因此现有的社会科学理论在处理观念问题时往往会趋向两个极端，要么无限放大观念的重要性而沦为一种玄学，要么则是像经济学的定量研究那样，寻找那些可量化指标，比如受教育程度、宗教信仰、民族、职业，武断地认为不同指标下的个人肯定代表不同的观念。

可从我的亲身体会而言，我常常会遇到一些人，从物质条件考量与自身完全不同，年龄不同、收入不同、受教育程度不同、民族不同、职业不同、户籍不同、宗教信仰不同、生活经历不同。即所有从经济学角度来看可量化的指标都不同，但是我们却分享着相似的观点、做出相近的行为并能够相互理解，即我们拥有本书第二章中会提及的“共享信念”(shared beliefs)。在博弈论制度分析中，这是构成社会制度的核心概念。同时也会有许多相反的例子，一些从物质因素来看与我极为相似的人，却毫无共同语言。此时，在物质因素解释失效的情况下，非物质因素（观念）的重要性凸显了，可是怎样解释这种重要性呢？

我认为现有的经济理论对此也不是全然无解，相反，本书坚持的是科斯（Coase, 1984）所言的那种立场，使用标准的经济理论去分析观念与制度的关联。

根据标准的经济人假设，我们每个人生活在这世界上都有目的，目的的具体内容可能因观念不同而呈现出多种样式，但这不是最重要的，最重要的是我们为了达到目的而采取行动。决定我们采取何种行动的是预期成本，此类成本是典型的机会成本，机会成本是主观的，其取决于我们的认知，此时观念因素所扮演的角色就显现了。因此，当我们认为自己和他人"共享"了某种社会信念的时候，并非是指我们的目标函数相同，可能仅仅只是由于我们采取了相似的行为选择，而这些选择取决于我们对该行动所可能导致的成本之主观认知；同样，当人与人之间不存在"共享信念"时，也不代表他们的目标函数不一致，真正不一致的是他们对于行动成本的看法。

这种基于成本考量的制度选择行为，是本书考察观念因素的基本分析工具。

回顾思想史，其实经济学家没有忽视这个问题，从早年有关效用函数的探讨，到博弈理论中有关“共同知识”和“聚点”问题的研究，一直到现在的行为和实验经济学，都在关注这方面的问题。

只是我觉得现在社会科学界的研究倾向有些走偏。学者们往往把精力放在应用最新的技术工具、最酷的数据处理上，对于理论本身的探究却相对忽视了。大家的目光都聚焦于自然科学界有了什么新成果、新技术，赶紧拿来应用，并且还美名之：这才是科学分析。

当下社会科学界的状态套用韦伯的术语来说就是越来越流行“贱民科学主义”：原本早已被淘汰的地理决定论，现在改头换面重出江湖，叫环境决定论；因为纳粹而臭名昭著的人种论，现在改称研究文化因素的长期影响；德国历史学派那套被科斯（Ronald H. Coase）斥为应该一把火烧掉的唯经验论，在新技术包裹下摇身一变成了量化史学的核心内容，先搞数据，再折腾数据，最后根据量化结果套用现成理论，结论是为既有理论找到了科学证据。按照某位经济学家说法，这样的研究才是“科学的”：以前学者都是“这个说、那个说”，说说而已，这不叫科学论证，只有搜集数据、处理数据得到的结论，才叫科学论证。

不知道这些观点的产生，是不是对“科学”有什么误解？

奈特（Frank Knight）曾有篇文章，“科学方法在经济学中的局限性”(奈特，2016，第1—40页)，讨论过这个问题。量化研究固然使得经济学具有了某种程度上的科学性，但切不可夸大。有倾向性地挑选数据，有倾向性地挑选处理数据的方法，有倾向性地获得的结论，再套用一个现成的理论，就一定是科学的吗？更进一步，究竟什么才算是社会科学中的“科学”呢？

在此我想重提库恩(Thomas S. Kuhn)当年的论断，“反常的观测结果……不能诱惑一个科学家放弃他的理论，直到提出另一个理论来替代前者……科学实践中，真正需要证实的问题总是涉及两个理论的相互比较以及它们各自与现实世界的比较，而不是单个理论与现实世界的比较。在这三方比较中，测度有特殊优势……从科学法则到科学测量的道路很少被逆向行进。为了发现数量的规律性，人们通常必须知道要寻找的是什么样的常规性，他的分析工具必须据此被设计得合适；即便如此，不经努力的话，大自然也不可能给出一致性或一般性的结果”(Kuhn，1961，着重标记为原文所加)。

所以本书虽然没有进行定量分析，但是我并不反对量化研究，这一点我必须着重强调。在明确观念因素在具体制度运作过程中的逻辑关联后，定量分析是适宜的也是必要的。我坚决反对的是那种误导性的研究，这种误导性的研究带来的结果就是各种明显违背常识、违背经验材料的“创新”：为什么奥斯曼土耳其当年停止西进，因为苏丹的母亲是基督徒，自家人不打自家人（Iyigun，2015）；为什么犹太人总是遭迫害，那得怪天气不好（Anderson，Johnson and Koyama，2015）；为什么从18世纪中期到19世纪初的50年间中国人口翻了一番，因为我们吃土豆（Nunn and Qian，2011），而现在学界又开始流行吃玉米说（Chen and Kung，2016）。

这些学术成果有没有用不清楚，但有一点是肯定的，这些令人眼花缭乱的前沿成果看起来跟时下的“网红脸”相似：好看，可就是千篇一律。

倘若要再追问背后的原因，这其实有点像我们的制造业。为什么现在的手机样子都差不多，因为上游供应链厂商就那么一个模子。你想与众不同，可以，不过这开模费的成本，按照现在手机行业的平均利润率来算的话，90%的厂商都承担不起。

我们学术界目前也差不多是这个样子。

以前大家聚在一起讨论学问叫“seminar”（研讨班），现在都改叫“workshop”（车间）了。非常形象、非常直白。现在我们的学术研究就是论文工厂流水线模式。上游供应链厂商——自然科学界，给出什么样的“模子”，就产生什么样的论文。一阵子大家都搞因果分析，过一阵子又都搞工具变量，如今风头正盛的是大数据、数据挖掘、机器学习。从自然科学界“借鉴模子”来，不亦乐乎。

想与众不同，可以，但先得问问能担得起什么样的成本。按照目前国际社会科学界通行的学术考核体系来说，这成本意味着趋向于无穷大。

这也算是一种制度选择，反映出当下社会科学工作者的一种普遍观念。只不过在如今这个学术专业化时代，这样的制度选择是件很可悲的事。

所以现在想来，我是非常幸运的。

首先，在撰写博士论文过程中，我得到了充分的自由，复旦大学宽容的学术环境以及张军师和韦森师两位授业恩师的全力支持，使我能够有机会写些“特立独行的”东西。

其次，博士论文本身有没有得到什么学术成果尚不可知，但是写作过程本身让我自身的观念得到了重塑。至少解决了自己的信仰危机，并且将学术作为了我终生的 calling（志业），而不只是一个饭碗而已。所以前路不管怎样，我都会坚持我的学术理念。

最后，我很感谢毕业之后仍然能在复旦大学经济学院寻得一个如此相对安静的学术环境，没有太多的科研成果压力，能容许我脱节于时代的经济热潮，终日沉迷于那些故纸堆中，白首太玄经。

现在，我终于将这十余年来所思考的、自由而无用的一点想法做一次结集，出版成书。如果说这本书有任何意义的话，或许就是践行了我的志业，想做点“厚的经济学”。

是为记。

2018年11月11日定稿

注释：

1. 这是艾森豪威尔于1949年11月8日所作演讲，发表于《纽约时报》1949年11月9日，第23页。原文为：“如果美国人要的只是安全，他们可以进监狱去。在那里有吃有睡，头上还有片瓦遮身。”（If all that Americans want is security，they can go to prison. They’ll have enough to eat，a bed and a roof over their heads.）

第一部分：社会制度的一种分析框架

第一章　经济学制度分析概述

现代制度经济学应该研究人自身，即在真实的制度约束下行动的人。现代制度经济学就是经济学应当具有的本来面貌。

——科斯（Ronald H. Coase，1984，140（1）：229—231）

第一节　问题的提出

许成钢（2017）在“新制度经济学的过去和未来”一文中回顾了新制度经济学的发展历程，其内容大致可归结为以下三点。

第一，制度研究始于古典经济学时期，却因为科学分析上的困难而被新古典经济学所抛弃，“自从亚当·斯密时期的政治经济学以来，其研究主体就是制度。从政治经济学一产生，它的主要研究对象就是制度和经济现象之间的关系。后来在经济学不断地走向社会科学的过程中，越来越多地引入了科学的手段。在这个过程中，人们发现，讨论制度相当困难。当把制度抽象掉之后，许多经济现象分析起来更容易……因此，从20世纪初以来产生的新古典经济学，其最重要的基本特点之一就是把制度固定住（或称为没有制度），只探讨相对比较成熟的市场经济现象”。

第二，新制度经济学的核心内容是“科斯的交易成本理论、科斯定理，以及诺思的路径依赖理论等”，这些理论推动了主流经济学的发展。特别是交易成本理论，“从理论的角度讲，交易成本理论是一种化约形式（reduced-form）的理论。所谓化约形式的理论，是相对于从经济现象最基本的原理（first principles）出发的理论而言的。所谓最基本原理相当于公理，是大家公认而不用解释的基本出发点”。

第三，制度成为主流经济学理论研究的重点，是由于主流经济学自 20 世纪 70 年代以来系统引入了博弈论和机制设计理论，“自博弈论和制度设计理论的发展以来，主流经济学已经为系统地从理论上研究制度奠定了基础或者部分基础。就此而言，新制度经济学和主流经济学之间的关系是日益融合，而不是相互分野”。

环顾国内学界有关新制度经济学的主流论调，必须承认上述观点已经在某种程度上成为共识。例如早在 20 世纪 90 年代初期，盛洪（1993）就将新制度经济学概括为两个核心概念，“产权”和“交易成本”；并使用博弈的方式界定制度，认为“制度安排是在多人、多次重复的情境中的人的行为规范。所谓行为规范，就是保证不侵犯他人利益的约束”。而黄少安（2009）也认为，“制度经济学就是政治经济学……分析经济问题至少不把经济制度、政治制度和法律制度排除在分析范围以外的经济学，也就是包含制度分析的经济学……古典经济学、马克思主义经济学等，都是政治经济学”。虽然不同学者的关注点不同，但基本意思大致接近，亦即：制度研究源自古典经济学，制度概念可通过博弈的形式进行界定，并且制度分析主要围绕着交易成本及其相关的概念展开。

上述共识将成为本书核心观点论证的出发点。本章主旨是要论证这些被国内绝大多数制度经济学研究者作为定论接受下来的认知尽管不能说是错误，但从思想史角度的考察来看，皆可称之为“稗官野史”（the folk history）。[1]

首先，将经济学制度分析追溯至古典经济学是一种典型的过分推衍，一见树木，就言森林。古典经济学家的确会提及制度，但是说古典经济学——即“政治经济学”（political economy）——的“研究主体就是制度”，则与古典经济学的整体基础理论框架相悖。

其次，无论是科斯定理还是交易成本理论，从当前林林总总的文献中呈现出的各式各样的解释来看，不仅不能说是“化约形式的理论”，相反可以说是过度诠释的理论，自然也就无法构成“大家公认而不用解释的基本出发点”。甚至许多制度研究中得到的看似截然不同的结论，其实不过是出自对科斯定理和交易成本的不同理解。

最后，当前主流的制度理论的确广泛应用了博弈论工具，但认为是由于引入博弈论之后主流经济学才接纳了制度分析，与制度经济学的发展史不符。当代经济学之所以会发生制度转向，一是因为新制度经济学本身就是新古典理论体系的拓展而非背离，二是源自 20 世纪 70 年代一次“失败的”理论尝试——将交易成本引入阿罗—德布鲁一般均衡模型。而博弈论制度分析的理论渊源实质上不同于新制度经济学，[2] 当前制度研究广泛使用博弈理论作为分析工具，对于其理论基础却鲜有探讨，反而造成了应用中存在不少混乱。[3]

其实如果对比一下新旧版《新帕尔格雷夫经济学大辞典》（*The*

New Palgrave Dictionary of Economics, 1987; 2008), 就会发现一个耐人寻味的现象,[4]与制度经济学直接相关的词条内容做了大幅删改。[5]旧版中制度经济学的关键词条有四个:分别是"制度经济学""科斯定理""经济组织与交易成本"和"交易成本"。新版中"制度经济学"词条由原作者做了修改;"科斯定理"则是新作者完全重写,改为从法学角度讨论这一概念;原本由张五常撰写的"经济组织与交易成本"词条删去;"交易成本"词条也改为"交易成本的历史",由新作者重写;同时新增了"新制度经济学"和"旧制度学派"两个词条。

尽管带有编撰者的意图,但是像《新帕尔格雷夫经济学大辞典》这类主流工具书中相关词条的变动,或多或少反映出当前国际学界对经济学制度分析的一种理解和认知。

因此本章的目的在于通过梳理制度经济学理论发展的历史,来重新审视经济学制度分析的影响和意义,以及其未来可能的发展趋势。笔者认为:(1)新制度经济学并非像有些学者所描述的那样呈现出一种清晰无异议的线性理论发展过程;(2)当代经济学发生的制度转向是由多重因素交互作用的结果,但最为根本的原因仍是新古典经济学自身研究理路的拓展;(3)制度经济学内部并不存在某种唯一的、标准化的制度理论,只有出于不同研究目的需要而产生的形式、内容和方法各异的制度解释。

制度经济学这样一种发散性的发展和传播模式并不影响制度研究在当前社会科学理论界所具有的重要意义。因为好的理论不必是"正确的"理论,却一定是能引发学术创见的理论。科斯定理也好，交易成本也罢，都不是“正确的”理论，但围绕着这些概念所形成的富有争议性的探讨，的确激发了当代社会科学理论研究的深化。然而与此同时也必须警惕，因为相应的制度基础理论的缺席，科斯定理的过度诠释，交易成本概念的任意界定，以及由此导致的种种教条化的制度工具论观点，业已阻碍了当下经济学制度分析的进一步发展。未来制度研究的趋势，应当是转向一种“深描”（thick descriptions）[6]的制度理论，探寻现实制度运作的内在机理。这是本书的基本观点。

本章的结构内容安排如下：第二节将简要回顾经济学制度分析发展的历史，梳理不同时期各类制度分析流派的理论渊源，阐述其中的差异和对主流经济理论的影响；自第三节开始讨论的重点将着眼于新制度经济学，首先是厘清科斯定理的来龙去脉，如何理解该定理及其在经济学制度分析发展进程中的影响和局限；然后在第四节中分析交易成本概念的发展史，进而论述正是因为这一概念在不同研究领域中的应用，才使得主流经济学意识到制度的重要性，但交易成本概念自身却存在着无法化解的困境；最后在第五节中给出本章的结论。

第二节　经济学制度分析的源流

回顾经济学制度分析的历史，会发现一个有趣的现象，当代制度研究的兴起实际上是伴随着新古典理论的发展而逐步产生的，并形成了由多股异质性思潮共同构筑的理论发展史。它们共有的特征是对新古典理论的不满和对制度现象的关注，但仅此而已。除此以外，不仅不同的制度分析流派之间存在着严重的分歧，甚至同一制度分析流派内部对于“制度”的解释也不尽相同。

一、古典经济学时期的制度研究

首先必须承认，国内确实有不少学者将经济学制度分析的历史追溯至古典经济学时期，例如周业安（2001）、黄少安和张卫国（2007）、黄少安（2009；2013）等文献中，都提及“古典制度分析”，特别是马克思（Karl Marx）的理论对于当代制度经济学的影响。这类观点应当是受到了来自“旧”“新”制度学派内部各自对其理论溯源的影响。[7] 譬如美国制度学派的代表人物汉密尔顿（Walton H. Hamilton）就认为在“斯密有关重商主义的论述”，“穆勒对于国家和产业之间关系的阐述”中，关注到了习俗、惯例等制度问题（Hamilton，1919）；康芒斯（John R. Commons）也论及制度的政治经济学就是要“回复到亚当·斯密的原来的精神”（康芒斯，2003，第460页）。[8] 而科斯在第一次新制度经济学研讨会——即“瓦莱尔凡根会议”（Wallerfangen Conference）——上也提到斯密（Adam Smith）和穆勒（John Stuart Mill）“非常关注经济制度”，而且和他们相比较，新制度经济学“如果有任何优势的话，主要就是我们拥有了更好的分析技术”（Coase，1984）。

然而纵观这些论述，无论是美国制度学派还是新制度经济学的学者，他们只是说古典经济学家注意到了制度现象，或者说古典经济理论中蕴涵着制度研究的“种子”。但是倘若就此认为古典经济学理论框架内已经具备制度分析内容，那就是一种过度解释。[9]

因为斯密所奠定下来的古典经济理论框架，严格来说，只是属于他的“自然自由体系”(the system of natural liberty)[10] 中最后一部分内容。[11] 而完善的经济系统运行所需的制度以及其他要件，已在“自然自由体系”的论述中做出了说明和阐释。之后发展起来的英国古典经济学，将这一暗含的前提条件继承了下来：经济运行规律是发生在特定社会制度情景下的。如此一来，“制度”就成为古典经济学理论框架中一个外生给定的、用作补充性解释的词汇，当某些经济现象无法在经济理论体系内得到充分解释时，才会诉诸“制度”。

将制度作为前提假设，致使在古典经济学的理论话语内进行制度分析无比困难。这就好比一个人坐在凳子上要将自己和凳子同时举起来一般。因此即便有古典经济学家关注制度问题，也仅能称之为“研究制度的经济学家”。因为他们只有跳出古典经济学框架才能论述制度，斯密本人就是在《法理学讲义》(*Lectures on Jurisprudence*)[12] 等著作中详细讨论制度问题的，穆勒也是在其“社会哲学”的作品中探讨制度问题的。马克思正是意识到这一点，他只需将古典经济学的制度性前提替换掉，那么原本是为资本辩护的李嘉图学派经济学就成了科学社会主义的政治经济学。

唯一有必要提及的例外是法国经济学家萨伊 (Jean-Baptiste Say)，他于 1803 年出版的《政治经济学概论》(*Traité D'économie Politique*) 中有专门的一章，“旨在影响生产的官方规定的效果”，涉及了许多后世新制度经济学关心的论题，包括第一次有关

“寻租”（rent-seeking）现象的描述和分析（萨伊，1963，第154—218页）。但这也只能说是萨伊从法国经验中提取出来的特例。因为整体上看，这一章内容游离于全书的理论体系之外，未能与古典经济学框架相融合。

所以从经济思想史的角度来看，真正的经济学制度分析出现得较晚，而且恰恰是在以马歇尔（Alfred Marshall）为代表的新古典理论蓬勃发展之时才诞生了第一部制度经济学著作。

二、美国制度学派

通常认为，凡勃伦（Thorstein B. Veblen）出版于1899年的《有闲阶级论》（*The Theory of the Leisure Class*）是经济学制度分析的第一部著作，该书的副标题即为“关于制度的经济研究”（凡勃伦，1964）。因此凡勃伦也被视为美国制度学派的奠基者（Hutchison，1984；Mayhew，1989；Hodgson，1998；2000；2009）。但近年来出现一些反对意见，认为凡勃伦只是“为制度学派提供了许多智识灵感，尽管还有其他重要的影响”（Rutherford，2001）；而美国制度学派理论的主体是HCMC传统，即由汉密尔顿、克拉克（John Maurice Clark）、米切尔（Wesley Clair Mitchell）和康芒斯四人的思想所构成的美国制度学派思潮，[13] 并且如果认为康芒斯第一部著作，《财富的分配》（*Distribution of Wealth*，1893），已经奠定了其制度理论基础的话，那么康芒斯才是真正的制度经济学创始人（Kaufman，2017）。[14]

霍奇森之所以主张凡勃伦是制度经济学的奠基者，主要源自他对于"旧""新"制度学派之间近乎教条主义式的二分法。在霍奇森（Hodgson，1998）这篇雄文中他竭力驳斥了那种认为美国制度学派缺乏理论的观点，[15] 并认为新制度经济学的最大缺陷就是秉承了方法论个人主义（methodological individualism），[16] 这导致其在分析制度起源时会陷入"无限递归"（infinite regress）难题，最终仍不得不回到原点，即回到由新古典理论所构建起来的、抽象的、追求效用最大化的、不切实际的理性人假设中去。作为比照，对上述新古典理论缺陷的批判正是美国制度学派的特征，也是其最为关键的理论优势：围绕着"习惯"（habit）这一概念，在社会演化过程中构建起真正的人类行动的理论。而"习惯"和"演化"正是凡勃伦思想的核心，因此凡勃伦是"第一位尝试发展出一种本质上属于达尔文主义的经济和制度演化理论的社会科学家"（Hodgson，1993；1998）。

在此姑且不论霍奇森有关方法论个人主义、无限递归难题、习惯的概念以及演化论的观点是否存在问题，至少他强行将凡勃伦的思想和 HCMC 传统捆绑在一起的论证在其他学者看来是非常牵强的（Rutherford，2001；Kaufman，2017）。因为尽管凡勃伦对后来的美国制度学派学者的确有影响，[17] 但事实是 20 世纪 20 年代的制度学派基本上抛弃了达尔文式的经济演化论，转向了康芒斯传统的、以法律制度为基础的经济秩序研究（Kaufman，2017）。[18]

其实仅从《有闲阶级论》文本所呈现出的观点中就能发现，凡勃伦本质上是"反制度主义者"。[19]

因为在凡勃伦的概念中，"制度"实际上是一种保守因素，"遗留下来的这些制度，这些思想习惯、精神面貌、观点、特质以及其他，等等，其本身就是一个保守因素”（凡勃伦，1964，第 140 页）。[20] 但人类的天性本能又是倾向于工作、发明和创造，即存在着一种客观上的技术进步过程。动态的技术进步和保守思想习惯之间必然发生冲突，制度成为社会进步的障碍。这样，一种被动形式的制度变迁模式就通过达尔文式的优胜劣汰过程展现出来。

> “今天的形势是要构成明天的制度的，方式是通过一个淘汰的、强制的过程，对人们对事物的习惯观念发挥作用，从而改变或加强他们对过去遗留下来的事物的观点或精神态度……可是也还有一种倾向，这就是，人们对于现有的思想习惯，除非是出于环境的压迫而不得不改变，一般总是想要无限期地坚持下去……社会的演进，实质上是个人在环境压迫下的精神适应过程；变化了的环境，同适应另一套环境的思想习惯已经不能相容，这就要求在思想习惯上有所改变”（凡勃伦，1964，第 139—140 页）。

凡勃伦从来没有明确说过上述社会演化进程的终点是什么，但是他所向往的由“工程师”主导的社会愿景显然是要取消一切妨碍技术发展的保守因素，即消除制度的约束（Veblen，1921）。因此，盲目引用凡勃伦来为制度演化理论正名是一种危险的做法，凡勃伦意义上的制度实际上是阻碍社会发展的限制性力量。

然而即便我们能够澄清凡勃伦在美国制度学派兴起过程中所

扮演的角色，由汉密尔顿在1918年美国经济学年会上提出的“经济理论的制度研究方法”(“The Institutional Approach to Economic Theory”)究竟在何种程度上能够成为一种理论体系，[21] 仍然是一个疑问。因为即便是在以HCMC为核心的美国制度学派内部，不同学者所理解的制度研究内容仍然存在很大差别。汉密尔顿关注的是法与经济学以及市场的运行机制；克拉克早期研究集中在心理学和经济学领域，后期受米切尔和康芒斯的影响又转向经济周期和市场失灵理论；米切尔的贡献在于将凡勃伦提出的经济周期理论进行了定量研究，这一成果为他的学生库兹涅茨（Simon S. Kuznets）所继承；[22] 康芒斯则以“交易”作为其制度理论的核心。所以20世纪20年代美国制度学派虽然遍地开花，却并没有集中于某一特定的研究领域，也未能形成统一的理论体系或是研究方法，到30年代之后便很快被凯恩斯主义经济学所取代了。

因此卢瑟福（Malcolm Rutherford）在为新版《新帕尔格雷夫经济学大辞典》撰写的“旧制度学派”词条中，仅仅将这一学派界定为“两次世界大战期间，在美国经济学中占据核心地位的思潮”(Rutherford, 2008, vol. 4, p. 374)。或许是因为这样的表述太过“前卫”，所以大辞典仍然保留了旧版中的“制度经济学”词条，仅做了些修改。该词条所指就是美国制度学派，[23] 根据作者解释，制度经济学的核心特征是“整体论”和“演化论”，涵盖六大基本研究主题（Samuels, 2008, vol. 4, p. 368)：（1）社会变迁理论，以及以行动者为导向的社会制度研究；（2）社会控制和集体选择理论，或者说制度理论；（3）有关政府的经济角色的理论；（4）技术理论；（5）最基本的原则是决定资源配置的不是市场，而是社会的组织结构，即制度或者权力；（6）强调超越价格的价值概念。和前者相比，这个定义又过于“陈旧”，甚至保留了一些已被抛弃的、德国纳粹时期历史学派的观点。

霍奇森（Hodgson，2000）试图给制度学派做出一个清晰界定，提出其包含五大研究议题：（1）制度学派不能被定义为任何一种政策主张；（2）制度学派广泛借鉴诸如心理学、社会学以及人类学等多学科知识；（3）任何经济体中制度都是关键因素，因此经济理论的主要任务是研究制度的持存、创新和变迁；（4）经济体是一个开放的、演化的系统，并且内嵌于更为广泛的社会、文化、政治和权力关系之中；（5）制度学派定义的行动个体是受制度和文化境况影响的个体，通过“累积性因果关系”，制度从根本上影响了个体的行动。

这样的泛泛而论只能说是一种描述而非定义，与当年汉密尔顿的“制度经济学”概念相比并未提供更为明确的解释或是更多的含义。[24]其实，纵观不同学者所论述的美国制度学派，尽管具体观点不一，但基本都会提及这一学派的两大特征，即德国历史学派的影响和社会制度演化论的思想。[25]那么，如果从这两项特征来审视美国制度学派，笔者认为，科斯（Coase，1984）对于制度学派所做的看似苛刻的论断基本是正确的。这是因为历史学派的理论主张与演化论的逻辑存在着根本性的矛盾。

思想史上通常有种观点认为，德国历史学派也强调社会是一个不断演进的过程，因此与源自生物学的演化理论观点相同。但实际上德国历史学派所称社会演进有其自身的思想传统，[26] 即黑格尔（G. W. F. Hegel）的“世界历史观”，“在世界精神所进行的这种事业中，国家、民族和个人都各按其特殊的和特定的原则而兴起，这种原则在它们的国家制度和生活状况的全部广大范围中获得它的解释和现实性”（黑格尔，1961，第353页，着重标记为原文所加）。[27] 人类社会的发展就是精神演化的历史，而现实中则表达为各类特殊的经验事实。因此历史学派特别强调经验研究的重要性；强调整体论的方法，经济现象只不过是更为广阔的社会现象中的一种；强调社会发展的特殊性，特定社会有特定的累积性经验，形成特定的社会发展模式，不存在所谓一般化的经济规律。所有这些观点都被美国制度学派接受下来。但演化理论——无论是早期的社会达尔文主义还是当前更为多元化的改进版本——却不是这样一种“特殊性”理论，在社会制度演化的多样化形式和特定经验背后，演化论仍然强调存在着某种一般规律可循。两相比较，前者主张理论由经验事实决定，后者主张探究可由经验验证的科学规律。因此两股思潮内在属性相悖，这决定了难以将它们融合为某种内在逻辑一致的理论体系。

当霍奇森解释为何凡勃伦传统会被抛弃，美国制度学派在20世纪30年代衰落时，他认为是由于当时美国思想界学术大环境的转变所致，即实用主义哲学被实证主义所替代，本能—习惯心理学被行为主义所替代，以及社会达尔文主义的衰退（Hodgson，2009）。这是典型的行有不得，不求诸己，反求诸人。虽说作为美国制度学派核心理论的文化概念确实是“1900年到第二次世界大战之间这段时期社会科学的基石”（Mayhew，1989），且第二次世界大战以后美国社会科学的研究旨趣也确实出现转向，但以此作为解释美国制度学派衰败的理由很难自圆其说。

事实是制度学派自身的理论缺陷所致：不是说其没有理论，而是无法形成逻辑自洽的体系化理论。德国历史学派的主张本质上是与当代经济学科的理论体系背道而驰的，[28]而承袭自历史学派的美国制度学派倘若要成功替代主流经济学，那么其就不能止于批判新古典而已，必须独立于经济学科体系之外创建一套理论框架，[29]这种理论建构的难度本身就足够大；另一方面，演化论的思想又与历史学派的基础理论是互斥的，[30]但制度演化的理论框架又是目前解释现实制度变迁的最佳研究进路之一。两种因素叠加，必然导致美国制度学派理论结构的内在坍塌。因此尽管作为一种思潮，制度学派一直存在；尽管霍奇森试图借用内生偏好理论、实验经济学等研究的兴起来论证制度学派的生命力（Hodgson，2009）；尽管当代主流理论也注意到制度学派曾经关注过的一些研究主题（Rutherford，1995）。但美国制度学派在当前的经济学科中，仍然是一种边缘化的存在。相对于经济学，其与社会学更具有思想上的亲缘关系。

三、新制度经济学与博弈论制度分析

和美国制度学派相比，新制度经济学史的论述较少，争议也较少。主要集中于新制度经济学界内部对自身理论发展的回顾和综述（Coase，1984；1992；1998；Williamson，1985；2000；2010；North，1986；1992；1994；Richter，2005；Furubotn and Richter，2008），以

及两部综合性介绍新制度经济学理论成果的专著（Eggertsson, 1990；Furubotn and Richter, 2005）。

首先，一般认为科斯的两篇经典论文，“社会成本问题”（“The Problem of Social Cost”, 1960）和“企业的性质”（“The Nature of the Firm”, 1937），[31]标志着新制度经济学的诞生，而“新制度经济学”（new institutional economics）一词则是由威廉姆森（Oliver E. Williamson, 1975, p. 1）提出的。

其次，在与美国制度学派的理论联系上，除了同样批评新古典理论以及同样关注制度现象这两点表面上的相似外，绝大多数的新制度经济学家所持的观点与科斯（Coase, 1984）一致，并不认为“旧”“新”制度学派之间存在着理论上的传承关系，因为美国制度学派缺乏理论。[32]例如诺思（North, 1992）就认为美国制度学派那些学者“给予我们富有想象力的洞见，极具洞察力的描述、定量测度。然而，他们却没有给予我们理论”。威廉姆森一直承认受到康芒斯有关法律制度的研究影响，但他也同意制度学派的“那些洞见缺乏可操作性。事实上，制度学派是由于采取了上述方法论上的敌对姿态[33]而迅速失去其影响力的”（Williamson, 1985）；[34]并且认为是否采用主流经济学的分析工具是区分“旧”“新”制度学派的关键（Williamson, 2000）。

第三，“新制度经济学的核心思想是制度影响经济绩效”（Furubotn and Richter, 2005, p. 1）；为此，新制度经济学“将交易成本引入经济分析”（Coase, 1992；1998）；通过交易成本概念解释制度如何影响经济绩效，以及我们如何进行制度选择——即制度的生成、发展和变迁机制（North，1986）；所以新制度经济学由具体的研究对象和问题所构成，而非纠缠于方法论上的批判（Williamson，1985）。因此，学界一般观点认为新制度经济学是在既有新古典理论体系内的修正和拓展，新制度经济学家“没有发明新的经济理论……而是使用标准的经济理论去分析制度的运作以及制度在经济运行中扮演的角色”（Coase，1984）。不过在具体的研究内容上，新制度经济学内部实际上没有统一的意见。

在里希特（Richter，2005），以及菲吕博腾和里希特（Furubotn and Richter，2008）的综述中，他们认为新制度经济学的理论渊源可以分为两支：一是“无形之手派”（invisible hand），即可追溯至休谟（David Hume）、门格尔（Carl Menger），围绕着哈耶克（F. A. Hayek）的“自发秩序”（spontaneous orders）概念展开的博弈论制度分析和比较制度分析；二是“有形之手派”（visible hand），即可追溯至奈特和康芒斯，围绕着“交易成本”概念展开的产权理论、契约理论、组织理论、经济史、公共选择等领域的研究。然而两位作者发现这两股思潮实际上不完全一致，因为“无形之手派”的博弈论制度分析理论中“交易成本”根本不重要。这就造成了新制度经济学内部不同学者所理解的制度研究对象并不一致，[35] 如何整合这两种不同的研究理路成为两位作者关注的焦点。[36]

所以在此有必要提及博弈论制度分析，关于这一派源流及其理论基础，需另做研究。本章中仅仅指出一点：博弈论制度分析的思想渊源实质上不同于新制度经济学。

自从诺思在《制度、制度变迁与经济绩效》（*Institutions*，

Institutional Change and Economic Performance，1990）中提出那个著名的制度定义，“制度是一个社会的博弈规则”（North，1990a，p. 3），博弈论逐步成为主流制度分析的标准工具。这造成了一种错觉，似乎新制度经济学和博弈论制度分析同宗同源，甚至像许成钢（2017）所言，因为博弈论的引入，主流经济学才具备了接纳新制度经济学的基础。

事实上，博弈论制度分析和新制度经济学在20世纪80年代是两股平行的研究理路。[37]一般认为，博弈论制度分析的奠基作是肖特（Andrew Schotter）出版于1981年的《社会制度的经济理论》（*The Economic Theory of Social Institutions*）；而引用率更高的，则是于1986年出版的萨格登（Robert Sugden）的《权利、合作与福利的经济学》（*The Economics of Rights*，*Cooperation and Welfare*，2004年再版，后文简称*ERCW*）；其后则涌现出诸如宾默尔（Binmore，1994；1998）、韦布尔（Weibull，1995）、扬（Young，1998）等一大批博弈制度分析的代表性著作。诺思等新制度经济学家注意到并引入博弈论工具，正是由于博弈论制度分析自身理论发展的结果，而此时的新制度经济学理论也已在主流学界得到广泛传播。[38]

如果进一步考察肖特等人的著作，就会发现其理论架构异质于新制度经济学，[39]这也正是菲吕博腾和里希特（Furubotn and Richter，2008）指出的困扰。肖特著作的基本理论框架完全取自20世纪著名分析哲学家刘易斯（David Lewis）的著作，《惯例》（*Convention*：*A Philosophical Study*，1969）。[40]根据萨格登的观点，*ERCW*的理论基础与刘易斯（Lewis，1969）、乌玛—玛格丽特

（Ullmann-Margalit，1977），斯科姆斯（Skyrms，1996），以及比基耶里（Bicchieri，2006）等人采取的哲学研究进路一脉相承。[41]而新制度经济学采纳博弈论制度分析时，仅仅是接受了博弈论作为分析工具，并未深入探讨其理论基础，这就造成了许多误识，除了前述的有关博弈的规则和均衡之争外，还有诸如将机制设计和制度演化混为一谈，难以处理真实世界的博弈等问题。如何融合博弈论制度分析的理论框架，仍然是未来制度分析所需解决的难题之一。

就目前来看，正统新制度经济学的主要研究对象，还是集中于“有形之手派”。但即便如此，根据对交易成本含义的解释和应用不同，这一派仍然可区分为两种研究取向（Richter，2005）：一是以威廉姆森为代表的“交易成本经济学”（transaction cost economics，TCE）；二是以诺思为代表的“新制度经济史学”（new institutional economics of history，NIEH）。二者的差别在于前者认为制度是降低交易成本的；后者认为由于存在其他因素，现实中的制度不一定会降低交易成本，有时候反而会提高交易成本。如果按照威廉姆森（Williamson，2000）中划分的“社会分析的四个层次”，[42]那么可以认为威廉姆森这一派的研究对象主要是属于第二层次的“制度环境”（包括产权经济学和实证政治理论）和属于第三层次的“制度治理”（司法制度、治理结构、交易成本理论等）；而诺思这一派的研究主题除了上述两类外，还要加上威廉姆森认为属于经济史学和社会经济学领域的社会分析的第一层次，即“社会嵌入性”（social embeddedness），包含认知、文化、习俗等内容的研究。

尽管存在着上述矛盾和分歧，笔者认为，纵观新制度经济学文献，其发展主线是围绕着两个核心概念——“科斯定理”和“交易成本”——的诠释与应用。并且恰恰是由于过度诠释的科斯定理和错综复杂的交易成本概念发展历程，才促成了主流经济学的制度转向。然而未来经济学制度分析的趋势，则是应当抛弃以交易成本为中心的制度解释。这是本章接下来要论证的内容。

第三节　过度诠释的科斯定理

“科斯定理”（Coase theorem）源自斯蒂格勒（George J. Stigler）当年做出的如下论断，“因此科斯定理主张在完全竞争条件下私人成本等于社会成本”（Stigler，1966，p. 113）。德姆塞茨进一步将科斯定理阐述为，“在零交易成本的世界里，这一过程有两个显著的含义。当允许财产权利的交换时，得到产值收益是有效率的，且该收益与谁获得所有权无关（除非不同的财富分配会导致不同的需求）”（Demsetz，1967）。之后卡拉布雷西（Calabresi，1968）在“社会成本问题”一文的评论中，又提出另一个版本的科斯定理，“……如果假定是理性行为人，交易成本为零，且交易本身不存在法律障碍，那么所有的资源错配都能通过市场中的交易得以解决”。

从斯蒂格勒早年的简明论断，到后来愈来愈详尽的论述，可以发现学界对科斯定理的解释在逐渐扩大化，最终的结果是如何理解科斯定理沦为新制度经济学史上的一场“罗生门”。米德玛（Medema，1999）不无戏谑地将科斯定理的理论发展史称为一篇“法律幻想小说”（legal fiction）。

所以在旧版《新帕尔格雷夫经济学大辞典》的“科斯定理”词条中，科斯定理的定义不是一种而是三种。按照不同学者的理解，库特（Robert D. Cooter）罗列了三类看似相近，但内涵完全不同的定义，分别为“自由交换论”“交易成本论”和“完全竞争论”，并指出“交易成本论”犯了方向性错误（库特，1996，第一卷，第497—500页）。

面对五花八门的“科斯定理”，科斯本人后来也做出过一番说明，这就是“关于社会成本问题的注释”（“Notes on the Problem of Social Cost”，1988d）一文。科斯指出该定理尽管并非他提出，但斯蒂格勒的陈述确实是基于他的思想。[43] 因为在1959年的“联邦通信委员会”一文中，已有了类似表述，“……权利的界定是市场交易的基本前提，但最终的结果（促成产值最大化）则独立于司法判决”（Coase，1959），并点明“这是科斯定理的实质”（Coase，1988d，p. 158）。

然而科斯的解释似乎不仅没有说清楚科斯定理究竟指什么，反而增添了更多的疑惑。当年库特认为“经过二十多年的争论，传统的解释似乎已经穷尽了科斯定理含义”（库特，1996，第一卷，第498页），结果在科斯的说明之后反而出现了更多的争论。新版《新帕尔格雷夫经济学大辞典》中该词条完全重写，改为仅从法和经济学的角度阐释这一定理的方法论含义对法学领域的影响，并分为两类科斯定理，“实证意义的科斯定理”和“规范意义的科斯定理”（Parisi，2008，vol. 1，pp. 855—861）。

国内学界有关科斯定理的理解和批评，大多类似于费尔德

（Felder，2001）的分析方法。[44]在这篇文章中，根据“交易成本”和“权利安排”两个条件，将科斯定理扩展为：（1）科斯第一定理，如果交易成本为零，初始的权利安排不会影响最终的资源配置或是社会福利；（2）科斯第二定理，如果交易成本为正，初始的权利安排会影响最终的资源配置或是社会福利；（3）科斯第三定理，如果交易成本为正，可通过法定的权利安排来实现福利改进。

科斯定理最令人困惑之处就在于它那苛刻的前提条件，“交易成本为零”。因为科斯不是一直强调要“研究交易成本为正的世界”吗（Coase，1992）？而科斯定理所指向的“科斯世界”（Coasian world）却不存在交易成本，这难道不是与科斯本人的主张背道而驰吗？由此才有了从零交易成本假设，到交易成本为正，再到分析政府和司法制度是否能改进资源配置，这样层层递进性质的扩展性解释。

可是，这种扩展性解释虽然对于制度研究的深化不无裨益，但实际上已经超出了科斯定理的原意。因为斯蒂格勒提出“科斯定理”，其本意就是字面上的陈述；其要解决的问题，仅仅就是指出在新古典理论的假设条件下，“社会成本”是一个错误的概念。

理解科斯定理真实含义的线索首先需从艾瓦江和卡伦（Aivazian and Callen，1981）同科斯（Coase，1981）的争论开始。艾瓦江和卡伦（Aivazian and Callen，1981）应用博弈论来验证科斯定理的结论是否有效，当交易的人数从科斯原本的两人模型扩展至三人模型时，两位作者发现均衡是不稳定的，从而认为“在零交易成本的世界中，谈判将永无止境。即便某种程度的并购能够达成协商，大规模的合并也只会在偶然情况下才能达成”。科斯没有直接回应此文的博弈模型，只强调“零交易成本的世界”这一假设，是为了进一步研究正交易成本的真实世界所做出的，否则便没有价值（Coase，1981）。之后多诺霍（Donohue，1989a）一文又引来各方争议。在这篇文章中，作者使用“零交易成本”假设来验证真实世界（伊利诺伊州的就业市场）中科斯定理是否有效，并得出结论，“在特定条件下初始法定权赋（entitlement）的安排不会影响财富分配”（Donohue，1989a）。埃利克森（Ellickson，1989）认为多诺霍（Donohue，1989a）违背了科斯的原意，因为科斯强调真实世界中交易成本为正。多诺霍（Donohue，1989b）回应称从建模角度来说假设交易成本为零并无不妥，因为这是斯蒂格勒当年提出科斯定理的本意，[45] 而且其理论能够得到经验支持。值得注意的是斯蒂格勒本人也参与到这次争论中，他指出：（1）科斯定理的逻辑不是要从中推导出真实世界存在交易成本或者市场无效率，而是以科斯定理为出发点去探究真实世界的交易成本问题、市场失灵问题；[46]（2）“科斯定理当然与竞争性市场的基础理论相一致，即在所有使用方式上同质资源获得相等的回报……再说一次，稳定的产权或者是侵权行为法都不会影响收入的分配”（Stigler，1989）。

斯蒂格勒的第二点注释尤为重要，他再次确认了自己所提出的“科斯定理”，同时也和科斯（Coase，1988d）的观点相呼应。

另一条线索是基奇（Kitch，1983）记录的“法与经济学思想史”会议谈话，这次谈话中科斯和斯蒂格勒两位主角都在场。当科斯谈及奈特的影响时，兰德斯（Bill Landes）提出了一个问题，

"社会成本问题"一文的标题是否受到了奈特1924年那篇论文的启发。[47]科斯的回答透露出一个关键信息，即1960年这篇新制度经济学奠基作的核心思想与奈特讨论社会成本概念的论文有关，"事实上，我会说我这篇论文的标题来自弗兰克·奈特，这个标题恰恰表明了我讨论的主题，当然我不认为社会成本是一个有用的概念，而且我从来不使用这个概念"（Kitch，1983）。

奈特（Knight，1924）这篇论文的核心思想在于质疑"社会成本"概念本身是否有问题，因为"庇古教授有关公路这个案例的逻辑推理无懈可击……其假设与真实经济境况中的事实完全不符。竞争性条件最本质的特征消失了，即要素的私人所有权对生产来说具有重要的现实意义"。在奈特看来，只要存在人与人之间相互交易的行为，人们对商品和服务的需求都是社会需求而不是个人需求，此时都存在所谓的"外部性"；而另一方面，经济学讨论的是选择，选择成本是机会成本。两条论据相结合，奈特认为社会成本与私人成本的划分是错误的。张五常（Cheung，1978）再一次论证了奈特的观点，指出从庇古（Arthur Cecil Pigou）的理论出发无法证明社会成本和私人成本相背离。

结合上述证据，再反观科斯（Coase，1988d）那虚实难辨的阐释，就能够理解科斯（Coase，1960）那篇文章的核心主题之一：按照庇古的新古典理论，在零交易成本的假设下，竞争性市场的均衡模型无法证明存在社会成本导致市场失灵，更不能得出结论说"庇古税"（Pigovian taxes）方案能够解决"外部性"问题。[48]

因此，斯蒂格勒的"科斯定理"本意其实非常单纯，只是说明

"社会成本"在完全竞争条件下不存在。[49]

必须特别指出，自从科斯定理提出以来诸多学者围绕该定理所做的各类扩展化阐释或者批评并非徒劳。[50]正如科斯所言，科斯定理是一块垫脚石，站在这块垫脚石上——或者说以新古典的标准理论为基础，经济学家才得以面对科斯世界之外的、真实世界的经济分析。在真实世界中，交易成本不为零，此时制度就是至关重要的：新制度经济学由此而诞生。

所以米德玛（Medema，1999）指出，"科斯定理的重要性取决于交易成本这一假定的具体性质……因此围绕该定理进行的大量研究工作所得到的最重要遗产就是试图理解交易成本的性质以及这类成本如何影响经济体系的运作"。

然而一旦论及交易成本不为零，就会引发更深层次的问题：因为如何定义交易成本，是新制度经济学史上一桩扑朔迷离的公案。

第四节　错综复杂的交易成本概念史

到目前为止，有关"交易成本"（transaction cost）[51]概念在新制度经济学内部仍然没有统一的界定。

首先需要指明，尽管学界普遍认为是科斯最早将交易成本引入经济分析，并且科斯自己也认同这一说法（Coase，1988a；1988b；1988c），然而从纯文本角度考察，一直到20世纪70年代之前，科斯都未曾使用过"transaction costs"（交易成本）的表述，更没有与之相应的概念界定。[52]在"企业的性质"和"社会成本问题"两篇经典文献中，他使用过：（1）“使用价格机制的成本”；（2）“组织生产的成本”；（3）“谈判成本”；（4）“合约成本”；（5）“市场运行成本”（marketing costs）；（6）“市场交易的成本”（costs of market transactions）。[53]

当然我们绝对不能仅仅因为文本表述的差异而否定科斯在交易成本理论上的贡献，但是他早期文献中使用的这些不甚严谨的描述性词汇确实为后来新制度经济学研究者解释“与生产本身无直接关系的成本”开辟了无限的可能。不同学者往往出于研究目的、分析工具和意义理解上的不同，提出自己所需的交易成本概念。[54]这些概念有些近似，有些则存在实质上的不同甚至是相互矛盾。例如在德姆塞茨（Demsetz，1964；1968）的相关论述中，交易成本就是产权交换和行使的成本；[55]而在阿尔钦（Alchian，1969），以及阿尔钦和德姆塞茨（Alchian and Demsetz，1972）看来，交易成本是信息成本；[56]巴泽尔（Barzel，1977）认为交易成本是缔结合约和监督合约执行的成本，后期巴泽尔（Barzel，1982）则称之为“考核成本”（measurement cost）；威廉姆森（Wailliamson，1979）根据“机会主义”和“资产专用性”两个核心概念，将交易成本定义为缔约成本；克莱因（Klein，1980）认为交易成本也是合约实施的成本，但主要针对的是不完全（“不公平”）的合约安排；埃格特森（Eggertsson，1990，p. 14）将交易成本界定为“个人交换他们经济资产的所有权以及行使排他性权利时产生的成本”，根据其后文的归纳，主要仍然是指信息成本和缔约成本。

诺思将上述以威廉姆森为代表的交易成本理论作为一种分析进

路（North，1990a，p. 27），而将自己的交易成本理论作为另一种不同的研究进路，称为"华盛顿学派"（Washington approach）。[57] 根据诺思所言，华盛顿学派的交易成本理论源自张五常。不过在张五常自己引以为傲的早年两篇文献中，其实也与科斯相似，没有明确的交易成本定义。他所言的交易成本大致等同于合约的缔结（谈判）和实施成本（Cheung，1969；1974），这和威廉姆森派的研究进路区别不大。但是张五常（Cheung，1978）则提出了一个含义最广、亦是影响深远的交易成本概念，"在最宽泛的意义上来讲，'交易成本'包括那些在克鲁索经济中无法想到的成本"。[58] 这也就是后来张五常经常使用的作为"制度成本"的交易成本定义（张五常，1999）。诺思本人的交易成本界定从表述上来看也与威廉姆森派区别不大，同样是指一种"在交换过程中确定和执行合约的成本"（North，1984），且"信息成本的高昂是导致交易成本的关键，交易成本包括考核交换物价值属性的成本、保护权利的成本以及监管和实施协议的成本"（North，1990a，p. 27）。但是在具体运用方面更接近于张五常，"政治和经济制度之间结构性的关联是由于交易成本所造成的"（North，1984），因而交易成本不再局限于经济现象，而是"社会、政治和经济制度的来源"（North，1990a，p. 27）。这也就是广义上的制度成本，诺思将这一交易成本概念作为解释制度变迁机制的核心变量。

或许正是因为交易成本概念的内涵、外延与应用在不同学者之间差距过大，所以旧版《新帕尔格雷夫经济学大辞典》才会非常突兀地存在两个有关交易成本的词条。一处是由张五常撰写的"经济组织与交易成本”（1996，第二卷，第58—60页）；[59]另一处则是尼汉斯（Jürg Niehans）撰写的“交易成本”（1996，第四卷，第730—733页）。张五常的交易成本概念就是广义上的“制度成本”；而尼汉斯的则是狭义上的“产权行使成本”。[60]

菲吕博腾和里希特（Furubotn and Richter，2005，p. 48，51）定义交易成本时采取了综合方法：一方面接受广义的制度成本解释，“交易成本包括创设、维持、使用和改变制度和组织时耗费的资源成本”；另一方面又从“交易”的角度，即资源的转移使用，来确定交易成本的具体内容，这样就包含了市场型交易成本、管理型交易成本和政治型交易成本三大类型。这种方式看似包容了各类解释，其实仍无法消解内在的困难。因为威廉姆森派的交易成本定义是一种“纯耗费”，制度的意义就是为了减少这类“纯耗费”；而张五常的制度成本却未必是纯粹的耗费，[61]但是他又和威廉姆森派一样认为制度的作用是降低交易成本（张五常，1999）；诺思采取了张五常的交易成本理论，且认为制度决定了交易成本和转型成本（transformation costs），可是他发现现实中的制度未必会降低交易成本，尤其是考虑到政治和文化因素的情形下（North，1990a；1990b）。[62]

交易成本概念引发的困惑早在巴泽尔（Barzel，1977）讨论将交易成本解释为信息成本是否可行时就已经出现，巴泽尔对交易成本的“成本”属性表示出怀疑；巴泽尔（Barzel，1985）更是明确指出，“当交易成本为正时，人们能够以他人的支出为代价从中获利”。巴泽尔的观点其实是一种常识：人们需要制度是出于成本角度的考虑，但是实施制度亦会导致新的成本；总要有个体承担制度运行的成本，制度的具体施行者却因此而获利。[63]所以说制度既减少成本，又增加成本。但是它减少的是何种成本，增加的又是什么样的成本，对此交易成本理论必须予以澄清——如果其是一种合格的理论的话。

要厘清交易成本的属性，最佳的做法便是回归到经济学标准的成本理论，以此作为参照系和分析工具，汪丁丁（1995）颇有洞见地提出应从机会成本的角度来处理交易成本理论。[64]这就指向了交易成本理论最为核心的问题：新制度经济学家所理解的交易成本究竟是“真实成本”，还是“机会成本”？

在此必须特别指出，这里所言的“真实成本”，就是马歇尔意义上的成本概念，“直接或间接用于生产商品的各种不同的劳作，和节欲或储蓄商品生产中所用资本所需要的等待；所有这些劳作和牺牲加在一起，就叫作商品生产的实际成本……”（马歇尔，1965，下卷，第31页，着重标记为原文所加）；而“机会成本”，就是维塞尔（Friedrich F. von Wieser）的成本定义，“给定生产某一产品所需的生产成本，或者说用作生产手段的成本数量，这些牺牲因此不能再另作他用”（von Wieser，1927，p. 100）。[65]笔者之所以强调真实成本与机会成本的差别，不是为了辨别交易成本的主客观属性——尽管这也很重要，而是这两类成本在选择过程中存在着时间序列上的差异：机会成本决定着我们的选择；而真实成本则是被选择结果所决定的。

由此可见，真实成本和机会成本的差别实际上关系着学者们如何运用交易成本概念去解释制度。

回到本节的主题，新制度经济学家如何理解交易成本的性质？如果以“企业的性质”这篇奠基作为例，便会发现其中存在着极大的模糊性。依照此文开篇所引罗宾逊夫人（Joan Robinson）的话来看，科斯当年首先考虑的问题是通过一种既是现实的、又是可处理的经济分析来获得企业的性质，亦即从标准的、马歇尔式的边际替代概念得出两种成本（市场的和企业的）比较，这是基于真实成本进行的效率比较；但在后文中科斯又进一步将问题延伸至企业在“竞争性产业结构”中的选择，这就似乎又指向了机会成本的含义（Coase，1937）。事实上，从科斯（Coase，1988a）披露的他撰写此文时的通信内容来看，科斯当时的确没有区分真实成本和机会成本的意图，因为对他而言，“经营单位组织的成因”和经济单位组织对不同“生产结构”的选择——即一体化问题，是同一个问题。

另一项佐证则是科斯在60年间有关交易成本理论表述上存在的微妙变化。如前文所述，早年科斯没有使用“transaction costs”（交易成本）这一词汇；在1987年他为“企业的性质”一文诞生50周年所做的三次演讲中（Coase，1988a；1988b；1988c），则明确指出这篇文章最重要的意义以及产生深远影响的关键，是首次将交易成本引入经济分析；[66]然而在1991年的诺贝尔经济学奖获奖致辞中，科斯又说在他之前的货币研究领域中，就已有学者运用交易成本来解释经济体系的特征，并列举出斯密和杰文斯（William Stanley Jevons）两位先驱者（Coase，1992）。

这些无伤大雅的不一致表述或许微不足道，但仍足以让笔者怀疑：科斯当年在“企业的性质”一文中提出的定义企业的方式，是否就是他在 50 年后确认的基于交易成本的制度解释；还是说，交易成本成为当前经济学制度分析的核心概念实际上是 20 世纪 30 年代之后数十年间经济理论发展的结果？[67]

解决上述疑惑的唯一方式是重新审视“交易成本”概念究竟是如何进入主流经济学的，克莱斯（Matthias Klaes）[68] 杰出的概念史梳理为笔者提供了最佳参考（Klaes，2000a；2000b）。[69] 本节以下论证主要以克莱斯的研究为依据。

在克莱斯的交易成本概念史中，起点不是科斯，而是希克斯（John Hicks）。[70] 希克斯（Hicks，1935）一文回应的是 19 世纪末货币经济学领域中有关“经济学中的摩擦性问题”（frictions in economics），[71] 提出将摩擦性这样一种意义模糊的表述转换为成本概念，具体而言就是资产转移的成本，即“投资成本”。

希克斯（Hicks，1935）提出的解决方案实际上是将新古典的价格理论应用于货币理论中（Klaes，2000a）。追随希克斯的这一理论构想，“transaction costs”（交易成本）概念首次正式在经济学文献中登场，这便是马沙克（Jacob Marshak）发表于 1950 年的文章，“货币需求的基本原理与‘货币幻觉’”（“The Rationale of the Demand for Money and of ‘Money Illusion’”）。[72] 在马沙克（Marschak，1950）的论述中，交易成本指的是“支付给广告代理商、经纪人的金钱，或者行为人自身的闲暇等成本”。此文通过引入市场缺陷——交易成本，将新古典的均衡模型应用于分析货币市场，而科斯的观点并未见诸此文。

不过马沙克（Marschak，1950）在当时也并未引起关注，[73] 反而是鲍莫尔（Baumol，1952）和托宾（Tobin，1956）两篇经典文献奠定了交易成本概念在金融学研究中的应用，即一种广义上的"经纪人费用"(broker's fee)。由此发展出交易成本概念的第一个理论应用分支，即描述货币流动性受到阻滞时的一种客观成本，这是标准的马歇尔意义上的真实成本。至于科斯后来提及的在20世纪70年代之前运用和他相似的方法研究企业问题的唯一一篇文章（Coase，1988c），其实就是马沙克的学生马尔姆格伦（H. B. Malmgren）在1961年发表的"信息、预期和企业理论"("Information，Expectations and the Theory of the Firm")。马尔姆格伦（Malmgren，1961）综合了马沙克（Marschak，1950）和科斯(Coase，1937)的观点，将交易成本定义为"使用价格机制的成本"和"搜集信息的成本"。

正如帕廷金（Patinkin，1965，pp. 147—154）所指出的，金融学领域中交易成本概念的应用实际上是将希克斯原本考虑的、广义的"摩擦性"问题缩小为了狭义上的债券与货币之间转换所产生的"客观成本"问题，但是交易过程中存在的这类成本实际上还可做更为宽泛的解释。尼汉斯（Niehans，1969）就重启了马沙克（Marschak，1950）的设想，建构货币市场的一般均衡模型——尽管此文未引证马沙克(Marschak，1950)，并意识到"在货币均衡理论中，交易成本看起来扮演着关键角色"。不过真正使得主流经济学意识到交易成本概念可能产生的理论冲击，并因而将其融入新古典的分析框架，则是发生于20世纪70年代的一次"徒劳无功"

的尝试：将交易成本概念引入阿罗—德布鲁世界（Arrow-Debreu world），即如何在一般均衡模型中加入交易成本变量。

从思想史的角度考察，该研究进路的源起之一是始于阿罗（Arrow，1963）引发的争论。在这篇文章中阿罗使用一般均衡模型研究医疗市场，随即引来利斯和赖斯（Lees and Rice，1965）的批评。此时科斯（Coase，1937）的影响初见端倪，两位作者采纳了科斯的观点，认为阿罗（Arrow，1963）一文的缺陷在于忽视了"交易成本"。[74]阿罗（Arrow，1965）的回应中接受了该批评，承认"生产者接受的价格，和家庭用户为产品所支付的价格之间存在着一个缺口，对家庭用户来说产品的边际成本介乎两者之间。该缺口就是交易成本（卖者和买者的成本总和），对此必须详加研究"。[75]但他同时又拓展了利斯和赖斯（Lees and Rice，1965）的交易成本概念，指出"交易成本可以是独立于市场组织运作方式的真实成本，例如运输成本"，但也可以是"特定经济组织模式中存在的成本，并且可以通过制度转换而得以避免"。之后，阿罗（Arrow，1969）再次系统思考了交易成本概念，拓展了1965年争论中所讨论的交易成本概念，将交易成本分为两类：一类是"排他性成本"和"沟通与信息成本"，阿罗认为这是阻碍市场运作的成本；另一类则是"非均衡成本"，阿罗指出即便在完全信息的条件下，市场或中央计划者也需要花费时间去估算最优资源配置，此时就会发生与最终均衡不相符的交易，或者是交易被延迟，直到估算完成，这两类情况都会导致成本，亦即经济体系运行的成本。可见是阿罗第一次明确区分出两类属性不同的交易成本概念，并且意识到二者的理论应用存在不同：一是真实成本，二是机会成本。

参照阿罗所做的交易成本概念划分，始自20世纪60年代的、新制度经济学内部有关交易成本概念的发展脉络就显得相当清楚，这也是交易成本概念的第二个理论应用分支。克莱斯（Klaes, 2000b）将其分为两派——与诺思的分类稍有不同：一派是以威廉姆森为代表的从企业理论中发展出来的交易成本理论，即从他早年有关科层制组织的控制性损失（control-loss）模型，[76]到后期提出的缔约成本概念；另一派则是以阿尔钦为代表的UCLA（加州大学洛杉矶分校）派，强调从财产权利的确立和行使角度——排他性权利，界定交易成本。这也就是阿罗所言的第一类作为真实成本的交易成本概念之理论应用。其后在阿尔钦的影响下，张五常将产权行使的排他性成本拓展为制度选择成本，并为诺思所采纳，应用于制度变迁理论。这构成了作为机会成本的交易成本概念之理论应用。

不过更为深远的影响还是前述的将交易成本引入一般均衡理论，即交易成本概念的第三个理论应用分支。目前很难确认究竟是阿罗有关交易成本的讨论，还是货币理论中业已存在的、内含交易成本变量的均衡分析——例如尼汉斯（Niehans, 1969），开启了这项研究进程，更有可能是二者兼而有之。无论如何，从大约20世纪70年代初开始，包括福利（Foley, 1970）、哈恩（Hahn, 1971；1973）、斯塔雷特（Starrett, 1973）、库尔茨（Kurz, 1974）等一大批数理经济学家转向了该领域，即包含交易成本的序贯经济（sequence economies）研究。这一研究进展颇为波折，可说是一开始"柳暗花明又一村"，转而却又"山重水复疑无路"。因为当福利

（Foley，1970）最初使用来自金融学的、狭义上的经纪人费用界定交易成本时，确实可以建构起一个更为复杂精致的、包含交易成本在内的阿罗—德布鲁一般均衡模型，也能够证明均衡存在，至少是存在一个“准均衡”（quasie-quilibrium）。这说明当交易成本被定义为狭义上的一种客观成本时，一般均衡理论的技术分析工具仍然是可处理此类问题的。然而随即研究者就发现，尽管能够证明均衡存在，可是效率问题却难以解释，包含交易成本的序贯经济不能保证整体上是有效率的（Hahn，1971），但也不一定是无效率的（Kurz，1974），可是不存在交易成本的序贯经济却始终能保证有效率。所以库尔茨（Kurz，1974）提出，“……要理解效率，必须将其与特定的一组制度安排联系起来进行界定”。

到了70年代中期，一般均衡理论家便已经意识到将交易成本引入阿罗—德布鲁世界不仅仅是个数学上的技术问题，更是对一般均衡理论的基础框架提出了挑战。因为按照阿罗的两类交易成本划分，如果交易成本仅仅是一种真实成本，那么其不过就是生产成本的扩展而已，对于使阿罗—德布鲁世界更接近于真实世界的经济分析这一研究主旨来说，意义不大；或者就像舒比克（Martin Shubik）所言，这类“‘真实的’交易成本……为我们提供了建构精致理论的真正宝藏，但是却与我们理解货币经济没有关系”（Shubik，1975，pp. 569—570）。然而倘若交易成本是一种机会成本，那么就很难将其引入阿罗—德布鲁世界，因为这必须涉及不同市场体系运作之间的效率比较（选择）。就像斯塔雷特（Starrett，1973）所指出的，“困难在于我们都认识到由交易技术（和生产技术一样）所表达出来的物品流通成本，和影响这类流通的制度运行成本相去甚远。根据这样的定义，当存在‘耗费成本的’制度时，很明显没有任何解决方案是具有效率的”。格林和谢辛斯基（Green and Sheshinski，1975）给出的解释是两类交易成本指向的是两种效率——“技术效率”和“制度效率”，当阿罗—德布鲁模型中不存在交易成本时，这两种效率是没有分别的，但是一旦加入交易成本，两种效率概念就必须区分开来，而其中制度效率的分析实际上指向了阿罗—德布鲁世界之外的制度环境研究。

不过从经济理论发展的角度来看，这或许才标志着真正的成就。一般均衡理论家的这次尝试尽管是“失败的”，但是却让主流经济学第一次真正意识到科斯在“社会成本问题”中提出的观点：真实世界中的经济效率是制度依赖的效率。由此，新制度经济学真正进入了主流理论的话语体系，当代经济学的制度转向由此发生。[77]

第五节　结论：“深描”的经济学制度分析

从交易成本概念错综复杂的发展历史中，可以发现：当代经济学制度分析，成也交易成本，败也交易成本。

因为正是由于交易成本概念在经济学科不同研究领域之间相互独立又相互影响的发展和应用，才使得主流经济学逐步意识到现实世界中的制度环境在经济研究中的重要意义。但从另一方面来看，同样也是由于交易成本概念过于笼统和逻辑混乱的界定，事实上已经阻碍了经济学制度分析的进一步深化：这一概念实际上无法解释制度。

首先，如果将交易成本视为真实成本，就像一般均衡理论家所意识到的，这只不过是标准的新古典生产成本理论的拓展。但更关键的困难在于，作为真实成本的交易成本，其本质上和生产成本一样，都是依赖于特定制度条件的成本。此时，这类交易成本概念不仅不能用于解释制度，而且还会得到张五常式的悖论：制度被认为是降低交易成本的，但是经济越发达、制度越复杂的社会，交易成本却越高。[78] 因为作为真实成本的交易成本，是具体制度选择做出后的结果，增加一种制度安排，就会相应地增加与此安排相关的成本。按此推论的话，降低交易成本的唯一方式，就是取消一切制度。这显然是相当荒谬的结论。

当然，反对者可以声称：不存在任何制度的情况下，交易成本实际上趋向于无穷大。然而当提出这一论点时，所指向的交易成本就不再是真实成本，而是机会成本，因为这其中涉及了制度选择本身：即不存在任何制度的自然状态与存在某种制度的社会状态之间的选择。可是作为机会成本的交易成本概念虽能解释制度选择，却无法用于分析现实制度的施行。因为机会成本永远是展望未来的，一旦行为人做出了具体的制度选择，当其身处于选择之后的特定制度环境中时，原本进行选择时考量的机会成本（交易成本）就消失了。此时行为人要考虑的，是既定制度对他所造成的影响，以及面对未来可能发生的制度变迁时所预期的机会成本。如此一来研究者便会面临前述诺思式的难题，制度不一定会降低交易成本。但理由却不是诺思所设想的非经济因素的干扰，而是交易成本概念本身的属性所致。

所以本章的第一个结论是：应当抛弃交易成本这一意义含糊的概念，至少不应将其作为一个严肃的学术概念来对待——但可以用作日常用语。当考虑具体制度环境下的真实成本时，应当具体指明究竟是什么样的成本，譬如时间成本、信息成本、讨价还价成本，等等，所有这些具体的成本含义都比笼统的交易成本概念更易于精确地分析和处理。

而涉及制度选择的机会成本时，笔者提出的方案是引入布坎南和图洛克（Gordon Tullock）当年使用的“外部成本”（external cost）概念（Buchanan and Tullock，1999，p. 74）。[79]

具体可以指：（1）当处于不存在任何制度的自然状态时，外部成本就是自然施加于行动个体的成本，即霍布斯（Thomas Hobbes）意义上“每一个人对每个人的战争”状态所施加的成本（霍布斯，1985，第 94 页）；（2）当处于存在某特定制度的社会状态时，外部成本就是社会对行动个体所施加的成本。由此，制度的产生和变迁机制可以表示如下：

> （1）自然状态下，当 $EC + NC \geqslant IC$ 时，对于理性行动个体来说，特定的社会制度就是可欲求的；
>
> （2）社会状态下，当 $IC \geqslant EC' + NC'$ 时，对于理性行动个体来说，潜在的社会制度变迁就可能发生；
>
> （3）在制度选择过程中，理性行动个体对于不同备选制度

的比较，取决于$EC^i + NC^i$的成本总和，其中$i = 1, 2, 3, \cdots, n$。

其中EC指的是外部成本；NC指的是谈判成本，即行动个体之间为了进入社会状态、进行谈判缔结协议所预期耗费的成本；IC是内部成本，即行动个体预期进入社会状态后、接受特定制度约束所自愿承担的成本（义务）；[80] EC′是特定制度下，即社会状态下形成的新的外部成本；NC′是预期为了改变制度、重新缔约所引致的新的谈判成本；社会状态下，EC′和IC之间的关键区别在于前者是“非自愿承担的成本”，即超出了原本在制度选择时承诺承担的义务范畴所引致的成本。[81] 换言之，也就是面对未来可能发生的制度变迁时考量的机会成本。

笔者认为上述主张并未背离科斯当初的本意——研究真实制度约束下人的行动。真实世界中的行动个体永远是在特定制度安排下行动，其所面对的制度约束将会通过一系列复杂的社会机制折射为主观意义上的成本观念，这就是制度依赖条件下的机会成本。[82] 上述外部成本、谈判成本和内部成本，皆为特定制度条件下的机会成本。个人的选择正是依据不同制度环境下的机会成本之比较；社会的经济绩效、长时间段人类社会的发展模式，也能够基于这些机会成本的考量进行解释。

因此，进一步探讨上述机会成本内在的构成因素，应当成为经济学制度分析未来发展的趋势之一，这是本章的第二个结论。构成这些机会成本函数的变量，可以是客观的，譬如组织规模、技术发展程度或者是时间维度。但更重要的是那些主观要件，即诺思所言的“心智构念”。而笔者更倾向于称之为个人行动的观念形式，也就是个人对外在世界的理解方式及其在具体行动上的表达。要理解这类决定制度选择的成本函数的主观要件，就要求我们转向一种“深描”的制度研究，“未来的经济学，尤其是其中的作为经济运行社会脉络之‘深描’的经济学的制序分析，将会趋向于在文化氛围和场景中进行‘描述’和‘解码’……将其理论分析和模型建构置放在人类诸社会实存的文化场景中人们的真实（包括经济与文化）行为的理解基础之上。简单来说，未来的经济学的制序分析，将会变为在文化场景中的理论深描”（韦森，2003e，第 23—24 页）。[83]

本章注释：

1. 在此，笔者借用了克莱斯（Klaes，2000a）论述交易成本概念史时所使用的词汇。

2. 当然也不同于被称为“旧制度经济学”的美国制度学派。

3. 最典型的，就是诺思与青木昌彦之间有关制度是博弈的“规则”还是“均衡”的分歧，参见诺思（North，1990a，）和青木昌彦（Aoki，2001）。格雷夫和金斯顿（Greif and Kingston，2011），以及欣德里克斯和瓜拉（Hindriks and Guala，2014）尝试将二者理论融合，而宾默尔（Binmore，2015）对后一篇文章撰写的评论中已经委婉地指出新制度经济学借用了博弈论工具却忽视了博弈论制度分析的理论内涵。

4. 旧版《新帕尔格雷夫经济学大辞典》英文版出版于 1987 年，本书参考的是经济科学出版社 1996 年出版的中译本。新版英文版出版于 2008 年，此外还有网络版不断更新，本书参考的是 2008 年版本。本书定稿之后，笔者看到了 2018 年出版的第 3 版，但本书涉及词条均未有大的变化。

5. 严格来说，与制度经济学相关的词条还应包括诸如“产权”“外部性”

等，以及相应的经济学家词条，但就本章所要讨论的内容而言，只讨论直接相关的词条，暂不论及那些间接相关的词条。

6.“深描”一词源自人类学家格尔兹（Clifford Geertz），参见：格尔兹（1999，第16页）。

7.“旧制度经济学”（old institutional economics，OIE）和“新制度经济学”（new institutional economics，NIE）是国内比较常见的、对两类最重要的经济学制度分析流派的称呼。但在国际学界，这两派的称谓相当复杂。如果以《新帕尔格雷夫经济学大辞典》的表述为准，应当是“旧制度学派”（old institutionalism）和“新制度经济学”。然而因为所谓的旧制度经济学只是出现时间早而已，其理论发展延续至今，一点也不“旧”。所以一些研究早期制度经济学史的学者更倾向于称之为“制度学派”（institutionalism）、“美国制度学派”（American institutionalism），或者直接称之为“制度经济学”（institutional economics），同时将对应的新制度经济学称为“新制度学派”（new institutionalism），参见：Hodgson（1998），Rutherford（1995；2001），Samuels（2008，vol. 4，p. 366），Kaufman（2017）。而另一方面，新制度经济学内部也有不少学者力图与早期的制度研究者划清界限，所以使用“现代制度经济学”（modern institutional economics）、“新古典制度学派”（neoclassical institutionalism）、“新兴制度学派”（neoinstitutionalism）等称谓，参见：Coase（1984），Mayhew（1989），Richter（2005），Furubotn and Richter（2008）。菲吕博腾和里希特（Furubotn and Richter，2005，p. 34）还主张用“现代制度学派”（modern institutionalism）来统称所有的经济学制度分析理论，而“新制度经济学”也可称为“新组织理论”（new theory of organization）。本书主要使用“美国制度学派”和“新制度经济学”这两个称谓，但也会根据讨论内容的必要性有选择地使用其他名称。至于国内有学者提及加尔布雷斯（John Kenneth Galbraith）的“新的制度主义”（neo-institutionalism），这属于早期美国制度学派理论在后期的发展，参见黄少安和张卫国（2006）。

8. 不过康芒斯同时也指出存在两个斯密，除了重视探讨制度问题的斯密外，还有被新古典理论所继承下来的提倡“机械理论”的斯密（康芒斯，2003，第460页）；并且康芒斯在后期著作中认为，“直到19世纪的非正统经济学家……模糊地感觉到所有权和物质不是一回事时，制度经济学才开始孵化”（Commons，1934，p. 5）。这两个例证反映出古典经济学只是经济学制度分析的理论来源之一。

9. 作为研究美国制度学派思想史的代表人物，霍奇森（Geoffrey M. Hodgson）就明确拒绝承认美国制度学派的思想源自斯密、李嘉图（David Ricardo）和马克思的理论，理由是二者的方法论基础完全不同，参见：Hodgson（1998）。

10. 该词汇在商务印书馆1974年版中译本《国民财富的性质和原因的研究》中译为“自然自由制度”，参见斯密（1974，下卷，第253页）。

11. 按照坎南的阐述，这一体系包括：（1）神学；（2）狭义的伦理学；（3）“与法律有关的那一部门的伦理学”；（4）“基于权宜原则的旨在增进国家的财富、力量和繁荣的政治条例”。《国富论》的主要内容即属于第4部分。参见坎南编著的《亚当·斯密关于法律、警察、岁入及军备的演讲》（1962，第5—6页）。

12. 该书中译本来自1978年格拉斯哥版《亚当·斯密著作与通信集》（*The Glasgow Edition of the Works and Correspondence of Adam Smith*）的第5卷，集成了坎南版1766年的讲稿——LJ（B），和后来整理的1762—1763年讲稿——LJ（A），参见：斯密（2017）。

13. 如果进一步从思想史角度追论的话，这四人又各自有其思想来源：除了米切尔是正统的凡勃伦主义者外，其他三人更多是受到了来自亚当斯（H. C. Adams，汉密尔顿的老师）和埃利（Richard Ely，康芒斯的老师）的影响，而这二人是德国历史学派的传承。此外，HCMC还有跨学科的思想来源——这属于历史学派的标准研究理路，特别是实用主义哲学、心理学和社会学的影响，在此不再赘述。

14. 不过考夫曼（Kaufman，2017）只是论证了前者，即美国制度学派是HCMC传统而非凡勃伦传统。对于能否认为美国制度学派诞生于1893年，作者并不确定，因为目前仅有两篇文献支持类似观点。而且在制度学派思潮兴起之初，康芒斯的著作还未引起注意。直到20世纪20年代中期，也就是他的《资本主义的法律基础》（*Legal Foundations of Capitalism*，1924）出版以后，他的理论才逐渐成为美国制度学派的正统。因此考夫曼（Kaufman，2017）的基本观点是，美国制度学派起源于HCM，康芒斯则属于后来者。

15. 这一观点最著名的表述，恐怕就是科斯（Coase，1984）中的那段话，"美国制度学派学者不仅没有理论而且反理论，特别是当他们论及古典经济理论的时候。没有理论的话，他们除了一大堆描述性材料有待整理——或者烧掉——以外，没有任何东西流传下来"。

16. 需要指出的是，从方法论的角度，即以"方法论个人主义"和"理性人假设"来界定新制度经济学，实际上是新制度经济学内部最早提出的，参见：Richter（2005）。

17. 例如汉密尔顿有关"经济秩序"（economic order）界定就受到了凡勃伦的制度定义的影响（Hamilton，1919）；米切尔更是毫无疑问尝试将凡勃伦的理论进行定量分析的制度学派学者（Mitchell，1913；1925；1950）。

18. 考夫曼（Kaufman，2017）的证据一方面是来自HCMC在20世纪20年代中期以后具体研究内容的转向；另一方面则是康芒斯对凡勃伦的批评，即《制度经济学》第十章（"合理的价值"）第一节中有关凡勃伦思想的论述。康芒斯称凡勃伦是"制度"经济学家（打了引号），主要是因为他采用无形财产（intangible property）概念，但仅此而已（Commons，1934，p. 5）。在康芒斯看来，凡勃伦的理论有许多缺陷，特别是他的基于达尔文主义的经济演化论并不适用于分析人类社会，因而主张将凡勃伦排除在制度学派之外，参见：Commons（1934，pp. 649—677）。

19. 笔者认为，凡勃伦之所以能在制度经济学发展史中占据一席之地，更为重要的原因是由于他特有的那种重修辞而轻含义的表述形式，为后世学者的理论阐发提供了无限可能性：例如他那意义含混，却能够产生大量联想的经典制度定义（凡勃伦，1964，第139页）；他对于马歇尔经济学的严厉批判，"新古典"（neoclassical）一词即源自凡勃伦（Veblen，1900）；甚至是他那富有争议的制度演化论（Veblen，1919）。

20. 在凡勃伦的定义中，制度指的是一种"思想习惯"，详见本书第二章。

21. "制度经济学"（institutional economics）一词正是来自汉密尔顿当年在会议上提交的这篇论文，参见：Hamilton（1919）。

22. 这也是美国制度学派引以为豪的诺贝尔经济学奖级别的成果，另一位被认为属于制度学派的诺贝尔经济学奖得主是缪尔达尔（Karl Gunnar Myrdal），参见：Hodgson（2009）。

23. 这也就意味着新版《新帕尔格雷夫经济学大辞典》中存在两个有关美国制度学派的词条。

24. 汉密尔顿界定的“制度经济学”是：（1）整合的经济科学；（2）应当研究现代社会的控制问题；（3）以制度为优先研究主题；（4）研究经济过程；（5）必须基于能够接受的人类行为假设。参见：Hamilton（1919）。

25. 尽管凡勃伦传统的社会达尔文主义确曾被早期美国制度学派的中坚人物短暂抛弃，但在制度学派后续的发展过程中演化论又重新复兴，霍奇森更是将“演化”和“习惯”作为制度学派的核心概念。参见：Hodgson（1998）。

26. 生物学中达尔文主义的演化论其实与另一位古典经济学家，马尔萨斯（Thomas Robert Malthus）的思想密切相关，达尔文应用了马尔萨斯的学说来统驭其搜集到的生物学证据，参见：达尔文（1995，第 18 页）。

27. 有关黑格尔对于古典经济学的借鉴，他自身对市场社会的洞见，以及对后世德国思想的影响，穆勒（Jerry Z. Muller）提供了极佳的评述，参见：穆勒（2016，第 176—207 页）。

28. 注意：第一，在此笔者仅指经济学科的德国历史学派，不涉及其他学科，例如历史学派法学；第二，笔者不是说历史学派的思想对经济理论发展毫无影响，至少经济史研究在经济学科内部的兴起就或多或少与历史学派有关。笔者指的是历史学派具有的“反经济学”（anti-economics）性质，关于这一观点的论证，可以参见：Coleman（2002，Ch. 4）。

29. 譬如当前制度学派在社会学领域中进行的社会经济学研究，某种程度上可说是独立于经济学科的发展。

30. 与如今许多学者的“常识”相悖，新古典体系才更倾向于演化论，马歇尔就曾言，“经济学家的目标应当在于经济生物学，而不是经济力学”（1964，上卷，第 18 页）。大概大多数当代经济学者都忘记了马歇尔曾经写在扉页上的那句格言，“自然不能飞跃”（Natura non facit saltus，这句话后来转入序言中）。

31. 虽然从时间上来说，“企业的性质”一文在前。可是从学界影响而言，则是“社会成本问题”在前。此外，“社会成本问题”还有一部“前传”，即“联邦通信委员会”(“The Federal Communications Commission”, 1959)，但声望不及前者。新制度经济学发展历程中的这种时间倒置现象其实部分揭示了它与主流经济理论的融合过程，特别是“企业的性质”一文沉眠的数十年实际上是“交易成本”概念开始进入主流经济分析的数十年。详见本章第四节的论述。

32. 然而，研究制度经济学史的学者则认为二者之间存在联系，或者说至少可以架起“桥梁”。特别是当诺思后期的制度研究开始强调“心智构念”(preexisting mental constructs)的重要性后(North, 1990a, p. 20)，不少学者认为这是结合了制度学派的理论。参见：Mayhew(1989), Rutherford(1995), Hodgson(1998)。

33. 此处所指即科斯(Coase, 1984)有关制度学派缺乏理论的论断。

34. 相比较而言，菲吕博腾和里希特(Furubotn and Richter, 2005)尽管对该问题未作太多评论，但两位作者显然更同意卢瑟福的观点，即“旧”“新”制度学派之间存在联系。甚至书中有关“制度”的定义，也是受到了德国历史学派第二代领导人物施莫勒(Gustav Schmoller)的影响，参见：Furubotn and Richter(2005, p. 7)。

35. 里希特(Richter, 2005)列举了六部由不同编者所编辑的新制度经济学文集，涵盖的研究领域达到九个之多，其中争议较大的是“宪政经济学”“演化经济学”以及“奥地利学派经济学”这三个领域是否属于新制度经济学的研究内容。

36. 具体的整合框架体现在他们两人合著的专著中，参见：Furubotn and Richter(2005)。不过很明显，两位作者倾向于后一派的研究理路。

37. 关于博弈论制度分析的发展简史，可以参见：韦森(2003a)。

38. 例如马修斯(Matthews, 1986)就宣称，“制度经济学已经成为我们这门学科最具活力的研究领域之一”。

39. 事实上在这部著作中肖特完全没有提及科斯、诺思、阿尔钦(Armen Albert Alchian)等这些新制度经济学的代表人物，仅仅参考了威廉姆森和德姆塞茨(Harold Demsetz)两人的文献。此外还有布坎南(James M. Buchanan)

的公共选择理论。

40. 据笔者目前管窥所见，刘易斯的惯例理论除了受到其导师蒯因（W. V. O. Quine）的分析哲学影响外，主要来自休谟的社会规则理论、冯·诺依曼（John von Neumann）和莫根施特恩（Oskar Morgenstern）的博弈论以及谢林（Thomas Schelling）对于协调问题的分析。但是其理论框架则是自成一派，刘易斯（Lewis，1986，p. ix）自称为“休谟主义的随附论”（Humean Supervenience），并被其他研究社会规范问题的学者所广泛接受。

41. 此处这一理论脉络的梳理，来自萨格登教授和笔者的私人通信。在较早的通信中，萨格登教授也提及阿罗（Kenneth J. Arrow）和布坎南对他的学术影响。此外，对于博弈论制度分析流派自身，萨格登教授指出不同学者的侧重点也有所不同，例如他认为宾默尔（Ken Binmore）更关注博弈论的应用，而自己则更接近于制度分析。必须强调，上述只代表萨格登教授的个人观点。

42. 黄凯南和黄少安（2009）错误地将威廉姆森这篇文章中有关“社会分析的四个层次”解读为“制度研究的四个层级”。根据威廉姆森后文的阐述，他理解的新制度经济学研究只涉及第二、三层次，而第四层次——“资源配置和就业”，则是新古典理论的主要研究领域。

43. 注意，科斯的论述中，只有斯蒂格勒的论断是基于他的思想，并未提及其他后续版本的科斯定理。

44. 严格来说，费尔德（Felder，2001）使用的逐层递进的分析方法，张五常在1978年就使用过了，参见：Cheung（1978）。

45. 即强调科斯定理既然不是科斯提出的，也就没有违背科斯的原意。

46. 这实际上直接肯定了科斯（Coase，1981）的观点。

47. 即奈特的“社会成本阐释中的一些谬误”（“Some Fallacies in the Interpretation of Social Cost”，1924）一文。

48. 科斯（Coase，1992）和米德玛（Medema，1994）均以不同的方式表述过上述观点。

49. 从科斯定理的解读中还可以进一步推论，根据奈特和斯蒂格勒的解释，新古典理论中“完全竞争”假设本身就是一个制度假设，即科斯所言的“权利清晰界定”。所以新古典和古典经济学一样，制度都是暗含的前提条件。

当前许多经济学家批判新古典时常常说新古典是“制度无涉的”，不知是出于什么样的证据？抑或是一种误读？还是说“无涉”的意思就是仅仅把“制度”当作前提条件而未做分析？

50. 就像米德玛（Medema，1999）说的，尽管科斯定理的理论发展史是一部“法律幻想小说”，却是“有用的幻想小说”。

51. 在中文学界，“transaction cost”还有一个译名是“交易费用”。笔者的着眼点是以经济学标准的成本理论来处理交易成本概念，因此除引文外，统一使用“交易成本”这一译名。至于国内有学者宣称“成本”和“费用”两个词含义不同（蒋影明，2007；沈满洪和张兵兵，2013），这类观点笔者恕难讨论。

52. 公开发表的文献中科斯第一次使用“transaction costs”（交易成本）的表述是在 1974 年，参见：Coase（1974）。

53. 前五种表述参见：Coase（1937），第六种参见：Coase（1960）。“市场运行成本”还有两种表述：一是“costs of marketing”（Coase，1937），二是“costs of operating the market”（Coase，1959）。

54. 接下来笔者仅仅是列举了新制度经济学界代表性学者有关交易成本的定义，没有穷尽、也不可能穷尽当前文献中所有的交易成本定义。

55. 在德姆塞茨 1964 年（Demsetz，1964）的论述中，他使用的是“交换成本”（exchange cost）和“监管成本”（police cost）两种表述；“交易成本”的表述出现在德姆塞茨 1968 年的论述中（Demsetz，1968）中。

56.“信息成本”概念，在科斯“社会成本问题”一文发表后的翌年，斯蒂格勒（Stigler，1961）就开始使用。随后阿罗（Arrow，1962）也讨论了“信息传递的成本”（costs of transmitting information）。但二者当时都未明确将其指向“交易成本”的含义。张五常（1999）认为这是斯蒂格勒对科斯交易成本理论的呼应，不过斯蒂格勒（Stigler，1961）和阿罗（Arrow，1962）的文本中并未直接引用科斯的观点，两篇文章也没有相互引证，应当说是各自独立的理论贡献。至于阿尔钦将交易成本解释为信息成本时是否参考过这两篇文章，则未可知，因为阿尔钦（Alchian，1969）中也没有引用这两篇文献。但阿尔钦和两位作者互有交流则是肯定的，不仅因为阿尔钦和阿罗在 20 世纪 50 年代就曾合作过，而且阿尔钦（Alchian，1969）也引用了两位作者的其他文章。

57. 要注意的是，诺思将前述巴泽尔（Yoram Barzel）的“考核成本”也作为华盛顿学派的交易成本分析进路，主要原因在于考核成本的概念非常适宜于经济史中的制度变迁研究。但巴泽尔对于交易成本的理解从缔约成本发展到考核成本，有其自身的理论演进。这也从侧面反映出其实两派交易成本理论研究进路的划分并非绝对。

58. 也正是在此意义上，张五常认为“交易成本为零”和“私有产权”是一个意思，即科斯1959年的（Coase，1959）论述中“权利的界定是市场交易的基本前提”和科斯1960年的论述（Coase，1960）中假定交易成本为零，科斯定理中的这两个条件其实是同一个条件，参见：Cheung（1978）。

59. 需要指出，中译本中将张五常的名字错译为“史蒂文·N. S. 钱”，笔者改回正确的译名。

60. 新版《新帕尔格雷夫经济学大辞典》尽管去除了这两个词条，但是有关交易成本的定义实际上在“新制度经济学”这一词条中，“生产中的交易成本是看不见的生产成本……包括（1）搜寻和谈判成本；（2）监督劳动投入努力程度的成本；（3）协调生产投入的物质要素的成本；（4）监督生产过程中实物和金融资产的使用的成本；（5）合约执行的成本”（Alston，2008，vol. 6，p. 33）。该定义应当属于威廉姆森派的交易成本理论。

61. 参见：韦森（2003b，2003c，2003d）与张五常的商榷。

62. 诺思认为生产成本等于转型成本加交易成本（North，1990a，p. 28），这也就意味着，诺思将交易成本视为生产成本的一类，因此他理解的交易成本实际上仍然是狭义上的概念，而非张五常的“制度成本”含义。这也是为何前文提及诺思的交易成本理论定义上接近于威廉姆森派，运用却接近于张五常。反之，张五常在交易成本概念的应用上却接近威廉姆森派。新制度经济学内部交易成本概念之错综复杂可见一斑。

63. 例如为了减少交易的风险，要缔结合约；为了保障合约的履行，需要一系列法律制度安排。所有这些制度安排都需要耗费成本，这些成本必须有承担的主体——个人或组织，但法律从业人员却能够从中谋利——他们的收入来自他人支付的交易成本。

64. 就笔者目前所见，克莱斯（Klaes，1996）也主张从机会成本角度分析交易成本，但发表晚于汪丁丁（1995）。不过如果考虑到科斯的交易成本理论源自奈特的思想，那么奈特（Knight，1924）从机会成本角度分析社会成本概念的那篇文章才是鼻祖。同时也必须指出，尽管笔者认为汪丁丁（1995）的分析视角具有开创性质，但并不认同其推论：当存在“锁入效应”，制度无法选择时，不存在选择成本，因而也不存在交易成本。理由并非基于盛洪（1997）的反驳，盛洪的批评没有点出问题的实质。问题的实质是，从博弈的角度来说，不能选择的博弈均衡不是“制度”，只是被给定的“机制”（mechanism）而已，参见：Sugden（2004，p. 33）；而且“锁入效应”也不意味着“不能选择”，仍然是选择的成本太高而已，故不能说不存在选择成本。

65. 需要指出，国内多数经济思想史书籍中认为维塞尔的机会成本概念来自他更早期的著作《自然价值》（*Der natürliche Werth*，1889），而国外经济思想史著作中则大多认为机会成本概念出自他的《社会经济学》（*Theorie der gesellschaftlichen Wirtschaft*，1914），目前尚不清楚为何存在这样的分歧。笔者采取的是后一观点。因为在《自然价值》中，维塞尔确实隐约有机会成本的含义，却是在“成本价值决定产品价值的方式”中提出来的。其中“成本的直接作用”其实就是真实成本的含义——实际的要素投入；“成本的间接作用”才具有机会成本的含义，“对来自生产的最大可能收益的期望”（维塞尔，1982，第216—217页）。从文本表述上来看，仅能说是机会成本概念之萌芽而已。

66. “答案是意识到市场经济中进行交易存在成本，有必要将其纳入经济分析。当时的经济学没有那么做，我或许还可以说，如今大多数的经济理论仍没有那么做。”（Coase，1988a）

67. 再次强调，笔者绝对没有认为科斯不重要，或者说“企业的性质”一文不重要。只是想指出，从思想史的角度来看，交易成本理论进入经济分析并非是科斯当年一篇文章发表后便一蹴而就的结果，相反是经历了漫长的过程，并且是多个研究领域之间相互影响的结果。

68. 新版《帕尔格雷夫经济学大辞典》中“交易成本的历史”词条也是由这位作者所撰写，参见：Klaes（2008，vol. 8，pp. 363—367）。

69. 需要指出，罗君丽（2007）一文中大量照搬了克莱斯的研究成果，却没有指明出处，参考文献更是缩减至仅有5篇。而之后国内学界又有不少学者直接引用了罗君丽（2007）中的论述。

70. 当然，克莱斯（Klaes，2000b）也指出，如果交易成本泛指交易中存在的“损耗”，那么这种思想远可追溯至亚里士多德有关货币起源的论述，近可诉诸马克思的“流通成本”（costs of circulation）或是“意外支出”（faux frais）。

71. 在19世纪的文献中，交易中的“摩擦性”也是一个含义颇为宽泛的用语，例如古诺（Antoine Augustin Cournot）就讨论过“摩擦性”，“要实现交换行为，也像力学中机械能的转换一样，总需要克服摩擦，总会有损耗，还会有不可逾越的极限”（古诺，1994，第22页）。希克斯（Hicks，1935）的目的就是想清楚界定何谓“摩擦性”。

72. 不过克莱斯（Klaes，2000a）同时指出这并非定论。因为作为日常用语，该表述很可能在当时的金融市场中已经存在。

73. 根据克莱斯（Klaes，2000b）对“社会科学引文索引”（Social Sciences Citation Index）的查询，从1956年到1965年的十年间，马沙克（Marschak，1950）一文的引用量不超过5次。

74. 文中“交易成本”的具体表述是“transactions cost”，不清楚是否是印刷错误还是两位作者有意为之。利斯和赖斯（Lees and Rice，1965）的论述中所指的交易成本是类似于信息成本的一种真实损耗，例如申请成本、保险费用，等等。由此可见60年代初斯蒂格勒（Stigler，1961）和阿罗（Arrow，1962）有关信息成本的研究确实影响到后来主流经济学对于交易成本的理解。不过科斯在1987年的回顾演讲中并没有提及这篇文献。

75. 这也是阿罗第一次正式使用“交易成本”（transaction costs）一词。

76. 参见威廉姆森（Williamson，1967），此时威廉姆森还未使用“交易成本”一词，但明确引用了科斯（Coase，1937）的观点。

77. 当然，当代经济学的制度转向过程中还有一股推动力量是博弈论制度分析。但正如前文所述，该研究进路的理论渊源不同于新制度经济学，因此暂且略过不提。

78. 张五常认为，“一个社会的富裕与贫穷的关键，是交易费用在国民收入中的百分比。这百分比减低少许，就大富；增加少许，就大贫”；而按照瓦利斯和诺思（Wallis and North，1986）的核算，美国从1870年到1970年间，交易成本占国民生产总值的比重却从25%增加到45%。这就构成了一个悖论，社会越发展，交易成本越高，参见：韦森（2003c）。

79. 这一概念实际上源自布坎南对科斯（Coase，1960）的论述中“社会成本”的理解，但是作了修改以应用于他的公共选择模型。

80. 此处的含义和科斯的论述中（Coase，1959；1960）通过权利界定消除外部性的观点完全一致。社会成本内部化以后不是说成本消失了，而是因为权利的享有转化为了自愿承担的义务，即内部成本。

81. 引起这类“非自愿承担的成本”的原因可能是具体制度实施中出现的客观因素所致，也可能是由于行为人的主观欲求发生变化所致。

82. 前述机制中亦提及“自然状态”，看似好像违背了“真实世界”的前提，但这一假定是为了理论建模中避免“无限递归”问题所设。当然，具体解释必须结合实际的模型才能展开。读者也可参见：Buchanan and Tullock（1999，p. 16）。

83. 韦森所言的“制序”，即通常使用的“制度”一词。

第二章 制度界定

遵守规则、做报告、下命令、下一盘棋，都是一种惯例（习俗、制度）。

我们以此表明，有一种对规则的理解，它不是一种解释，毋宁说，它从一个应用事例到另一个应用事例展示在我们称之为“遵守规则”和“违反规则”的那些活动之中。

——维特根斯坦（Ludwig Wittgenstein，2003b，第8卷，§199，§201）

制度是重要的，这不是问题；什么是制度，这才是问题。

本书第一章经济学制度分析的思想史梳理已经表明，从言不及制度到言必及制度，经济研究中的制度转向已是不争的事实。可是何谓制度，制度如何解释，又如何表达？对于这些问题数十年来仍众说纷纭，莫衷一是。

在一些学者看来“什么是制度”这一问题并不重要，因为概念只是一种工具，出于分析的目的可以给出不同的回答（Acemoglu，2006，Chap. 1）。然而笔者的观点是，概念界定至关重要，这涉及我们的解释对象究竟是什么，我们使用什么样的分析工具来处理解释对象，以及我们解释的目的是什么。当下社会制度研究中产生的种种争论、相互矛盾乃至误导性的观点，很大程度上源自我们将制度现象概念化时产生的理解偏差。[1]

"'制度是重要的'这一陈述没有什么意义，除非我们在有关什么是制度以及如何形式化制度这些问题上达成共同的理解"（Aoki, 2001, p. 19），这也是本章概念界定希望达到的目的。

本章结构内容安排如下：首先通过对相关制度经济学文献中有关制度定义的简要梳理，区分出三类较具代表性的制度定义方式；第二节论证的重点是已有制度定义中存在的问题，并通过分析这些问题将制度的概念外延推论到极限，即可得到有关制度定义的三组二律背反；由此在第三节中笔者将参照刘易斯在《惯例》中运用的方式，提出一个简明、清晰、一般化的制度表诠形式（representation）；最后给出本章的结论。

需要指出的是，这仅是解释和表达制度的一种方式，而非唯一的制度定义。笔者的目的是，在综合各类制度分析理论的基础上，探寻其中共通的内容，并澄清一些常见的误识，以期为进一步理解现实世界中真正施行着的制度奠定分析的基础。

第一节　现有的制度解释

社会科学研究中"制度"这一术语的使用可以追溯至维柯（Giambattista Vico）的《新科学》（*Scienza Nuova*, 1744）。[2] 不过仅是使用，并未涉及制度分析，亦无有关制度的界定。如上一章所述，就经济学文献而言，虽然在斯密、李嘉图以及穆勒等古典经济学家的著作中也会提及制度，[3] 但一般而言，当时学者们只是将制度（通常还和风俗、习惯、法律等词汇联系在一起）作为一种对经济现象的补充性解释，因而也就缺乏相应的、以经济研究为目的的制度定义。

经济学制度分析中第一个具有深远影响的制度概念，应当是凡勃伦在《有闲阶级论》中提出的定义，"制度实质上就是个人或社会对有关的某些关系或某些作用的一般思想习惯"（凡勃伦，1964，第139页）。不过无论是以古典还是新古典经济学的理论标准，该定义都显得有些"古怪"。由于凡勃伦这本所谓"研究"的著作中的论据全无出处——无注释，亦无参考文献，所以很难确定凡勃伦这一制度思想的渊源。不过在同时代其他学科的文献中，确已可见类似的表达，例如，"把一切由集体所确定的信仰和行为方式称为'institution'"（迪尔凯姆，1995，第19页）。这一解释来自古典社会学大家涂尔干（Émile Durkheim）[4]的《社会学方法的准则》（*Les Règles de la Méthode Sociologique*，1895）。按照涂尔干的社会学传统，制度现象的主要特征可以概括为：（1）文化性，强调习俗、习惯、信仰、传统等文化因素的重要作用；（2）整体性，政治现象、经济现象均是内嵌于社会结构之中；（3）集体行动，即方法论集体主义（methodological collectivism）。

凡勃伦的偏社会学性质的制度界定方式，很大程度上为美国制度学派的学者所继承，追随凡勃伦开创的传统，米切尔认为，"制度仅仅是一个习惯用语，用来指那些普遍存在的、高度标准化的社会习惯中较为重要的习惯"（Mitchell，1950，p. 373）；康芒斯则将制度归结为"控制个体行动的集体行动"（Commons，1934，

p. 69）；汉密尔顿为《社会科学百科全书》（*Encyclopaedia of the Social Sciences*, 1932）撰写的“制度”词条解释得更为详细，制度是“暗含着某种具有普遍性或恒久性的思维或行为方式，并嵌入到群体的习惯或民族的习俗之中”（Hamilton, 1932, p. 84）。

因此美国制度经济学派的理论家们有关“制度”的表诠，看上去千差万别，内在却有一共通点：他们都强调制度的社会属性和精神（文化）属性。[5]沿着这一理论路径，并且结合新制度经济学的理论成果，后世制度学派学者又发展出了多样化的制度解释。博兰（Boland, 1979）认为社会制度是解决社会问题的工具，由两类组成：一是“一致同意的制度”（the consensus institution），指非正式约束；二是“具体的制度”（the concrete institution），即依赖前者而形成的解决某一社会问题的具体方法。福斯特（Foster, 1981）将制度简化为“指定的相关联的行为模式”。尼尔（Neale, 1987）用三项特征来描述制度：（1）人们在行动（people doing）；（2）规则，包括遵循规则的情境；（3）用以解释规则的日常视角（folkviews）。霍奇森（Hodgson, 2006）在反思近百年制度概念发展后，重回凡勃伦传统，将制度定义为“业已建立起来的、普遍存在的社会规则[6]，这些规则形塑着社会交往行为”。[7]

上述这类嵌入到社会结构中去的制度表诠尽管很有意义，却在主流经济学界难以获得发展（Williamson, 2000），因为文化概念的处理对于经济学而言始终是一个难题，经济学界一直到 20 世纪 90 年代前后才开始尝试分析“文化”，而且还是由于政治学科的影响所致（方钦，2013）。新制度经济学的出现为制度研究与主流分析理路相融合提供了契机，其将制度视为约束行为的规则，从而使得制度概念能够十分便捷地转化为新古典均衡理论中的“约束条件”。如埃格特森（Eggertsson，1990，p. 7）所言，新古典经济学使用的理性选择模型，“强调个体行为人在约束条件下追求目标函数的最大化，是新制度经济学的核心内容”。其中较具代表性的有诺思早期的制度概念，“制度是为约束在谋求财富或本人效用最大化中个人行为而制定的一组规章、依循程序和伦理道德行为准则”（诺思，1992，第 195—196 页）；以及舒尔茨（Theodore W. Schultz）的制度定义，“我将一种制度定义为一种行为规则，这些规则涉及社会、政治及经济行为”（Schultz，1968）。林毅夫关于制度变迁理论的研究中就借鉴了舒尔茨的定义，认为“制度可以被理解为社会中个人遵循的一套行为规则”（Lin，1989）。

制度规则论影响甚广，不仅是经济学，目前其他社会科学领域的制度研究也广泛使用这一制度解释，譬如在政治学研究中普洛特（Plott，1979，p. 156）定义制度是“个人表达、信息传递和社会选择……的规则”；赖克（Riker，1980）将制度界定为“行为的规则，特别是决策行为的规则”。因此菲吕博腾和里希特（Furubotn and Richter，2005，pp. 6—7）甚至反过来借鉴了奥斯特罗姆（Ostrom，1990，p. 51）的定义，将“制度”界定为“一组包含施行安排在内的正式和非正式规则”。[8]

将制度视为行为的规则，本质上是依据科斯（Coase，1937；1960）的理论所推衍出的一整套新古典逻辑。因为真实世界中存在着影响经济绩效的诸多“摩擦力”——交易成本，所以出现了种种约束和规范生产、交易等经济行为的制度容器以消除或降低交易成本，产权、契约、法律等都是这类制度安排。作为约束行为的工具，最优化和均衡分析可以顺理成章地得以应用，由此出现了大批关于制度的效率分析和寻找最优制度的尝试。[9]尽管使用了新古典的分析技术易于推动制度研究进入主流理论视野，但这类工具化的制度规则论却存在两个关键问题难以处理：第一，如何解释现实中无效率的制度也能够长期持存，比如“印度均衡”（Hindu equilibrium）；[10]第二，如何超越局部均衡的分析框架，因为现实制度并非是一种静态均衡，即便那些看似僵化的制度，也在人们无数次遵循或违反制度的行为过程中悄然发生着变化。[11]

肖特的《社会制度的经济理论》开创了博弈论制度分析的先河，随着系统运用博弈论工具分析制度现象的研究展开，经济学家对制度的认识也逐渐从“行为的规则”转向了“博弈的规则”。[12]其中最具代表性的依然是诺思的定义。与早期的思想相比，诺思中期的制度观发生了重要的转变，他将制度定义为“一个社会的博弈规则，或者更规范地说，它们是一些人为设计的、形塑人们交往行为的约束”（North，1990a，p. 3），其中包含“非正式约束（制裁、禁忌、习俗、传统和行为准则）和正式规则（宪制、法律、产权）”（North，1991）。[13]类似的，扬（Young，1994，pp. 3—4）将制度定义为“规定社会惯常行为的博弈规则或行动准则的集合”。赫维茨（Hurwicz，1996）则对诺思所言的“社会的博弈规则”表述做出了进一步的形式化，其中“博弈规则”具体指“谁进行博弈”，“参与人可以选择什么样的行动（选择集）”，“对应于参与人的选择组合会产生什么样的实质结果（产出函数）”，由此形成一种基于“博弈形式”（game form）的制度表诠。

当然也有学者对这类博弈规则的制度解释不甚满意。例如青木昌彦就认为制度本质上是博弈的均衡而非博弈的规则，“我们将制度概念化为行为人主观博弈模型中一个显著的、共同的要素——即有关实际进行中的博弈结构的共享信念”（Aoki，2001，p. 4），其中“共享信念包含着对博弈的某一均衡（理论上可能还有许多均衡）的一种扼要表诠（*summary representation*），即信息浓缩（*compressed information*）”（Aoki，2001，p. 10，着重标记为原文所加）。[14] 这也就是之前提及的“博弈规则”与“博弈均衡”之争。此外，还有少数学者所理解的“制度”既非博弈的规则也不是博弈的均衡，而是博弈的参与者，即企业、大学、司法机构、行政机构以及立法机构等组织（Nelson，1994）。

格雷夫（Avner Greif）认为用博弈论框架中的某个或某些要素来表达制度是一种误导。制度是一个由人为的、非物质的社会因素——包括规则、信念、规范以及作为上述这些要素表征的组织——构成的动态复合体，这些社会因素结合在一起共同引致了（社会）行为的常规性，他称之为“整合的制度分析”（Greif，2006，p. 30，39）。

国内文献对于制度的界定基本上沿袭了国际上的解释，例如杨瑞龙（1993）直接引用了诺思早期的制度观；李怀（1999）提出制度三层含义其实是旧制度经济学的一种观点；张旭昆（2002）、黄少安（2009）以及齐超（2009）都强调制度是一种行为的规则；

董志强（2008）继承了青木昌彦的制度理论，认为“制度就是关于博弈如何进行的共享信念的一个自我维持的系统”。汪丁丁（1992）提出的制度定义稍稍特殊些，制度“指人与人之间关系的某种‘契约形式’或‘契约关系’”。但是他所指的“契约关系”就是“规则”和“习惯，或非正式规则”，这本质上仍属于诺思的制度分析框架。

第二节　已有制度定义中存在的问题

“我们拥有一个我们认为很重要的术语，但是其意义却含糊不清”（Neale, 1987），制度分析所遭遇到的难题大抵如是。

综观以上各类制度概念，分别独立地看，似乎都道出了社会制度的某些特征；但结合在一起，就显示出学界对于制度理解的逻辑混乱。也许唯一的捷径就是为了具体分析的目的而挑选其中某种定义，然而这样的做法只能使得制度的含义更为模糊不清。

“我们在思考过程中提出一个接一个的解释，仅从这个事实就可以看出我们在这里有误解；似乎每一个解释至少可以使我们暂时满意，接着我们就想到在它之后的另一个解释”（维特根斯坦，2003b，第 8 卷，§201）。维特根斯坦的这段话命中了问题的要害，而解决的方法是暂时放弃脱离实际的制度解释，转而面向日常现象的观照。因为作为日常现象，制度并非一种深奥难解的事态，作为一个没有任何社会科学专业知识的普通人，也能够立即区分出“爱情”不是制度，但“婚姻”是制度。所以通过从一个应用事例到另一个应用事例的转换比较，让我们可以反思上述种种制度定义，进而探究制度内在的统一逻辑。

表 2.1　日常事态的应用事例

<table>
<tr><td rowspan="3">事例 1. 明文规定的法律规章</td><td colspan="2">事例 1.1. F 大学关于 X 的章程，无人知晓亦无人执行</td></tr>
<tr><td rowspan="2">事例 1.2. 国家根本大法</td><td>事例 1.2.a. 周礼</td></tr>
<tr><td>事例 1.2.b. 唐六典</td></tr>
<tr><td colspan="3">事例 2. 潜规则</td></tr>
<tr><td rowspan="2">事例 3. 文化艺术</td><td colspan="2">事例 3.1. 国学</td></tr>
<tr><td colspan="2">事例 3.2. 凡・高（Vincent van Gogh）的《向日葵》</td></tr>
<tr><td>事例 4. 货币</td><td colspan="2">事例 4.1. 比特币（Bitcoin）</td></tr>
<tr><td>事例 5. 语言（语法规则）</td><td colspan="2">事例 5.1. 通过计算机语言编写的可执行程序</td></tr>
<tr><td rowspan="2">事例 6. 日常生活方式</td><td colspan="2">事例 6.1. R 每天早晨 7 点起床</td></tr>
<tr><td colspan="2">事例 6.2. R 和他所属的社群中每个人每天早晨 7 点起床</td></tr>
</table>

以上笔者列举了 6 大类日常事态的应用事例，根据学界的制度理解，上述种种事态哪些是制度，哪些不是制度？

首先，事例 1 通常被认为是最典型的制度现象。确实，无人会否认明文规定的法律规章不是制度。但是没有明文规定，却得到大多数人遵守的规章，难道不是制度？事例 2 恰恰是许多社会最重要的制度，这类事态的存在表明“明文规定”并非制度的必要条件。那么只具备明文规定，即类似于事例 1.1 这样的事态，又是否是制度？某机构颁布的规章，但从颁布伊始就进入了故纸堆，无人知晓亦无人执行，这类事态在我们的社会中很常见。倘若说这类规章也是制度，似乎与我们的日常理解不符。严格来说，这类规章只能算作制度相涉（institution-relevant）的事态。因为规章的制定是出于某种制度现实的需要，比如“不以规矩，不成方圆”，但规章出台后即弃置，说明其缺乏成为制度的要件。

不过这还不是问题的全部，事例 1.2 又如何理解？许多国家的根本大法由于缺乏具体执行的规则和措施，成为一纸空文，但这并不妨碍人们将其视为制度，而且是一国的根本制度。进一步，与事例 1.2.b 相对照，事例 1.2.a 这类由儒生构想出来的理想宪制又是否能视为制度？[15] 显然，尽管唐六典拟照周礼，且很可能未得到全部执行，但它符合我们的制度常识，周礼则不然。究其原因，关键在于周礼始终处于一种理想状态，而唐六典却对后世历朝历代的行政立法产生了深远影响。

对于上述事例的探讨似乎逐渐将我们导向内嵌于社会结构的制度表诠：一种事态成为制度的关键，在于人们对此持有的社会信念，以及由此产生的施行相应行为的意愿——无论这类行为是否产生具体的制度事实。

强调制度的非物质属性在学界有着悠久的传统。如前所述，以涂尔干为代表的法国古典社会学家们就认为制度是一种文化现象。[16] 然而制度的文化观却极易引起混乱，因为就最为宽泛的文化含义而言，[17] 一切制度现象皆为文化现象。仍以应用事例做说明，首先人们的日常反应一般不会立刻将事例 3 和制度联系在一起。但是如果具体化为事例 3.1，国学、汉服、书法乃至泛泛而论的“传统”，这类文化现象确实具备某种制度内涵。可一旦从事例 3.1 再转到事例 3.2，则又给人感觉离制度事态相去甚远。

澄清文化与制度之间逻辑纠缠的关键在于：文化不是无源之水、无本之木，文化内生于制度。一切文化现象的诞生必须依赖于某种制度性实在（institutional reality）[18]的构建。即便是凡·高的创作，如果永远不被社会所承认，那么其只能作为默默无闻的普通作品而被遗忘在历史的尘埃中（这是绝大多数人类创作的命运）。从作品到艺术品的转变，所需的这一社会承认过程就是制度性实在。然而文化最重要的特性是，其一旦产生，便获得了相对独立的存在，[19]甚至会反作用于制度，[20]这也就是格雷夫所言的“准参数”（quasi-parameters）。[21]因此文化确实与制度密切相关，但制度不是文化。

制度文化观的缺陷揭示出真实世界中的制度必须依赖于某种客观实在。在经济学家的解释中，这类客观实在通常就是“规则”。从之前的文献概述中我们也可以发现，后期几乎所有持文化观的美国制度学派学者提出的制度定义都在某种程度上承认制度是一种规则。

将制度定义为规则的问题之一是规则本身并非简单的事实（fact），而是复杂的事态（state of affairs）。[22]用一种复杂事态去解释另一种复杂事态，不可避免地会产生学理上的困难。事例 4、事例 5、事例 6 都可在某种程度上理解为规则，然而它们是否可以一概而论地被称为“制度”？货币和语言作为制度（习俗），休谟（1980，第 531 页）就已精辟地论述过。可是同日常语言的语法规则相比照，事例 5.1 这类计算机使用的语法规则能否视作制度？如果可以，那么岂不是一切操作机器的规则，甚至是机器自行运作的规则，皆能认为是制度？如果不是，那么事例4.1又如何解释？作为货币规则，其当然是制度；但比特币从物理形式上来说仍然是计算机程序的运作。[23]

更为复杂的情形是事例6，人类生活方式涵盖了一般意义上的个人行为规则，称之为制度亦未尝不可。但是具体到事例6.1这类事态是否是制度？国内有些学者明确将其归为制度。然而事例6.1这类事态的形成可能有多种原因，自然的[24]或社会的[25]，如果只是自然（生理）习性的结果也可认为是“制度”，那么“公鸡打鸣”，乃至“地球围绕太阳运行”这类有规律的自然现象岂非都是制度？不过若换作事例6.2，即从个体的“习惯”（habit）发展到社会接受的“惯常做法”（usage），这时无论是自然习性还是社会因素所导致的结果，从我们的日常理解出发一般都会称其为“制度”（习俗）。

制度的规则观的问题之二是其“上帝视角”的思考模式。如事例6这类情形，当我们作为一个超然的观察者看待行为人日常生活方式时，其规律化的行为模式似乎表明他的确在遵从着某些规则。但问题是，就行为人自身而言，他是否真的意识到规则实存（the reality of rule-following）？通常的事实状态是：我们都使用货币，但货币规则只是专家知识；我们都使用语言，但多数人并不能解释清楚详细的语法规则；我们的生活方式都有规律可循，但常人一般不会称之为“规则”。当我们看似依规则行动时，我们的意识状态通常仅停留在“有规律地行为”层面上。[26]

因此本书同意塞尔（2008，第121—123页）的观点，“我们可以承认人类制度的极为复杂的、由规则支配的结构，我们也可以承认，那些由规则支配的结构在我们的行为结构中起因果性作用。但是我要提出，在许多情况下，如果以为我们的行为之所以与规则结构相适应是因为我们在无意识地遵守规则，那么这种设想恰恰是错误的”，“在许多情况下，我们只是知道做什么，只是知道怎样应付这种情形，但我们并不是有意识或无意识地运用这些规则”，我们“只是倾向于某种方式的行为，但获得了以某种方式对制度的规则结构具有敏感性的那些无意识的倾向和能力”。

以上分析说明制度和规则确实存在耦合性，但笼统地使用“规则”这样一种表述尚不能清晰解释制度，除非我们进一步解构规则概念。

最后的问题是博弈论的制度分析。对此笔者总的观点是：博弈理论是强有力的制度分析工具，但制度不是博弈，既不是博弈的规则也不是博弈的均衡。

将制度视为博弈背后蕴含的思想是，制度是行为人对交往行为达成一致同意的稳定结果。然而这依然是理论家的想象。当我们分析真实世界的制度时，应当谨记的是哈耶克阐述自发秩序时反复强调的苏格兰传统，“这是人类行为的结果，而非人们有意这么做”（弗格森，2010，第 139 页）。换言之，笔者认为，由于行为人对自身和他人主观认知上的差异性，现实制度那种看似一致同意的均衡状态，常常是“误解”（misunderstanding）的结果。

金子守（Kaneko，2004，pp. 171—172）形式化分析了这种他喻为“魔芋对话”[27]的情形，借用他的证明，笔者简化为如下的

博弈：[28]

表 2.2 “误解”博弈

G1

A \ B	S_{B1}	S_{B2}
S_{B1}	v, w	0, 0
S_{B2}	0, 0	w, v

G2

A \ B	S_{A1}	S_{A2}
S_{A1}	x, x	z, y
S_{A2}	y, z	w, v

G3

A \ B	S_{B1}	S_{B2}
S_{A1}	v, w	z, y
S_{A2}	y, z	w, v

表 2.2 所示的博弈可以简称为“误解”博弈，初看起来由三个不同的博弈构成。其中参与人 A 和 B；策略集合则因参与人的主观状态而有所不同，（S_{A1}，S_{A2}）是参与人 A 认为的策略集合，（S_{B1}，S_{B2}）则是参与人 B 认为的策略集合；v、w、x、y、z 和 0 是参与人的支付，且 $y > x > v > w > 0 > z$。因此 G1 其实就是由参与人 B 对双方交往行为的主观认知所构成的博弈；G2 是参与人 A 所理解的博弈；而双方真正的互动发生在 G3 这一特殊的博弈形式中——魔芋对话。

形象地解释：参与人 A 是丈夫，B 是妻子；妻子提出看球或是逛街的要求，因此 G1 其实就是典型的“性别战”博弈；但由于家庭不和睦，丈夫认为妻子处处不顺自己的意，这样妻子的要求在他的主观认知中转变为了做他喜欢的事（合作）或是不喜欢的事（背叛），因此 G2 是一种“囚徒困境”形式的博弈；最终两人的交往行为是 G3 形式，囚徒困境的家庭博弈，双方的误解导致唯一的纳什均衡——（S_{A2}，S_{B2}）。

这个例子说明，和理论中的理想状态不同，现实中人与人之间的交往行为，不需要“共同知识”，不需要“共享信念”，甚至不需要意识到自己和他人之间存在着互动，这种“关公战秦琼”的状态也能导致某种一致同意的结果：制度常常就是这样一出出罗生门的产物。[29] 尽管文中的例子只是描述日常琐事，但实际上像英国光荣革命、美国宪法的诞生这类导致人类社会制度重大变革的事件，如果仔细考察史料中的细节，其实也是诸多“误解”综合在一起的结果。

再次强调，以上论证不是要证明博弈论方法不能用来分析制度。博弈分析可以描述制度生成、发展和变迁过程中复杂的交往行为模式，但是制度存在于博弈之外。[30]

通过上述分析，现在可以推出制度现象中存在着三组二律背反：

（1）制度是一种文化结构；制度不是文化结构；

（2）规则是制度；规则不是制度；

（3）制度是对社会交往行为的一致同意；制度不是对社会交往行为的一致同意。

这三组二律背反构成了本书的制度表诠形式。

第三节　制度表诠形式

一种合格的制度表诠，除了理论上的考量之外，亦不能忽略其日常语意维度。韦森（2001; 2002; 2003a; 2003b; 2014）反复强调了均质欧洲语（Standard Average European）中“institution”的语意以及与中文语境中的“制度”之间的差异，认为“‘institution’一词的核心含义是《牛津英语大词典》中的一种定义，‘the established order by which anything is regulated’”，即“‘业已建立起来的秩序，由此所有的事物均被调规着’”，因此主张“将英语以及均质欧洲语中的‘institutions’理解为从‘个人的习惯（usage）→群体的习俗（custom）→习俗中硬化出来的惯例规则（convention）→制度（formal rules, regulations, law, charters, constitution, …）’这样一个动态的逻辑发展过程”（韦森，2014，第 3 页）。[31]

结合“制度”一词的日常语意及其理论内涵和外延，笔者提出如下的制度表诠形式。

> 存续期间 T 内，在某一社群（社群人数 $n \geqslant 2$）内或多个社群间，持续稳定存在：
>
> C1，行为的常规性（a regularity of behavior）；
>
> C2，遵循行为的常规性（following the regularity of behavior）；
>
> 给定群体中的每一个人知晓上述事实（facts），且存在：
>
> C3，遵循行为常规性的意向（the intention to follow the

regularity of behavior)。

则上述事态我们称之为“制度”。

对于这一制度表诠形式还需进一步做些解释。

第一，尽管制度可以还原为个体行动的结果，但其通常表现为集体形式，所以我们承认制度的社会（社群）属性。但是对于这类集体现象的观察和分析必须还原到行动个体层面，即个人或组织（包含“政府”这类特殊组织形式在内）层面，因此本书所坚持的仍然是方法论个人主义而非方法论集体主义。

第二，群体对于制度事态的知晓（know）不等同于充分信息状态。即群体中的每个人不需要时刻意识到身边的制度，或是同一时间集体知晓制度的存在。因此前述“给定群体中的每一个人知晓上述事实”仅指在制度存续期间内，行为人至少在某个时间点知晓自己以及社群中其他人的行为常规性，即满足制度事态的要求。由于遍历制度存续期间 T，社群中每一个人都会经历这一知晓时间点，所以称“每一个人知晓”。

第三，条件 C1 是对“规则”概念的替换。出于之前已经讨论过的理由，笔者将“规则”进一步分解。在此“行为的常规性”这一用语来自哈耶克对“规则”的解释，“a regularity of the conduct of individuals”（个人行动的常规性，Hayek，1967，p. 67）。若只是一种“行为常规性”的设想而无实际行动，[32] 如事例 1.1 和事例 1.2.a，那么这还不是制度，所以需要加上条件 C2。不过要补充的是，这里的“following”应当做宽泛的解释，包括“遵守”和“违反”两类行为。前者不难理解，后者则常见于制度坍塌的境况下。[33]

第四，条件 C1 加条件 C2 仍不能构成制度，制度最重要的特征是条件 C3。作为人类社会特有的现象，[34] 制度依赖于个人行为，而人的行为不同于机械运动或是动物行为的关键就在于其是有意识（consciousness）的行为。[35] 所以遵循机器运作的规则（事例 5.1）不是制度；遵循生理本能的自然规则（事例 6.1）也不是制度。

但是笔者没有使用"意识"而是使用了"意向"一词，"意向"可以简单理解为"对于一种当下心灵状态的摹写（description）或表达（expression）"（安斯康姆，2008，第 4 页）。笔者的理由是根据塞尔有关"意识"和"意向性"（intentionality）[36] 关系的阐释。意识"内在的、质的、主观的"的特征（塞尔，2001，第 41 页）赋予人类行为和制度的主观属性，"意识和我们人类必须想象世界上的物体和事态的能力之间有一种本质的联系"（塞尔，2001，第 64 页）。但也正是由于意识的内在特征，仅凭借意识还不足以将人的心灵与现实联系在一起，更弗论将自身与他人联系在一起。"我的主观状态使我与世界的其他部分相联系，而这种关系的一般的名称就是'意向性'。……'意向性'是表示心灵能够以各种形式指向、关于、涉及世界上的物体和事态的一般性名称"（塞尔，2001，第 81 页）。

换言之，条件 C3 确定了制度的本质属性是人自身，离开具有一般理性的、有意识的行为主体就无法讨论制度。[37] 社会制度不同于自然法则的唯一区别在于心灵的作用：制度是人类心灵所创造的实在。而心灵用来连结我们同世界的特殊方法，即为意向性之所在

（塞尔，2001，第 96 页）。

最后，上述制度表诠形式的理论渊源是刘易斯对于"惯例"的经典定义（Lewis，1969，p. 58），从形式上来说属于制度的分析式（analyticity）。因此可以很容易地将其转化为一种制度表达的逻辑形式，即：

$$\forall Ix_ib \rightarrow \exists x_i\left(R\left(x_i,b\right)\wedge Fx_ib\right),x_i\in c_j\left(x_1,x_2,\cdots x_n\right),c_j\subseteq C\left(c_1,c_2,\cdots c_n\right)$$

其中，x_i 指某行为人 i，行为人 i 属于某社群 c_j，社群 c_j 属于多社群集合 C；b 为特定行为的常规性，即表诠式中的条件 C1；R 是关系式，表示行为主体与外在的行为常规性之间的关系，具体含义即为表诠式中的条件 C2，行为人在行动——遵循或违反行为的常规性；F 和 I 都是属性式，表达某种性质，Fx_ib 表达的是行为人 x_i 对行使与常规性 b 相关之行动的认知属性，即表诠式中条件 C3，而 Ix_ib 表示行为人 x_i 行使与行为常规性 b 相关之行动属性，这样一种事态是制度性事实。

简言之，该逻辑式的具体含义可解释为，如果任一行为人行使与特定常规性相关之行动的事态是一制度性事实，那么必须满足：存在特定的行为的常规性，存在行为人与之相关的行动，且他具有与该行动相关的认知。这其实就是制度表诠形式的同义反复。

笔者希望通过上述逻辑式的形式表明，本书提出的制度表诠其实仅仅是一个理论框架，可以根据研究的目的填充其中的内容，甚至转换其形式，以满足理论建模和实证研究的需要，前提是只要各要素之间的逻辑关系不变。所以，如果能够确定行为人的收益函数，那么该制度表诠的分析式亦能转化为博弈形式的数学表达。

此外还需强调的是，该定义并非对之前讨论过的各类制度解释的否定，相反是一种兼容：制度的规则含义包含在条件C1、C2中；制度的文化含义则包含在条件C3之中。

第四节　结　论

在缺乏清晰的制度理解之前，就去寻找度量制度的工具变量或是构建最优制度，是一种危险的做法。通过对几类具有代表性的制度解释的探讨，本章提出了一种制度表诠形式。当然这不是说该制度表诠解决了目前社会制度研究中存在的一切问题，而只是提供了一种制度分析的理论出发点。不过依据本章给出的制度分析框架，至少可以澄清以下三个问题。

第一，制度的建构论和演化论不存在必然的矛盾，而是可以整合到统一的制度逻辑之中。作为人类应对客观环境和主观需要的设计，制度必然包含着建构的成分。在前述的制度表诠形式中，条件C1和C2皆可在某种程度上进行建构。但问题在于个人行动的意向性，即条件C3是无法建构的。所以制度建构论者完全可以构想某种特定的制度设计，但是设计出来的制度是否能获得普遍的遵循，则需要经历演化的过程。而在这一过程之中，文化（观念、社会信念、传统）扮演着至关重要的角色。这也就是诺思当年强调的意识形态的重要性（诺思，1992，第46—59页），只是本书的理论依据与他不同。

第二，条件C3——制度的主观特征（观念结构、文化属性）——是理解制度的关键。人类行为的外在表现可能高度相似，但内在动机（意向）却千差万别。在不同社会中我们可以发现许多相似的制度，例如西方社会有产权，中国传统社会也有产权；西方有契约，中国也有契约；西方发展出了理性的科层制度，中国的科层制度出现得更早。但形似而神异，这些制度本质上是两类不同的社会制度。社会制度研究中重要的不是“外生冲击”，而是人类在面对相近的“外生冲击”时所产生的不同反应及其应对措施。正是这种主观认知上的差异性，使得拥有相似制度的社会却在长期发展中出现了“大分流”。

第三，社会制度研究应从制度的效率（交易成本）分析转向制度的适应性（fitness）分析。“最优”制度的追寻是经济学中的“辉格派”，认为制度是降低交易成本的效率产品，人类社会总是在进步。可现实是残酷的，那些看似无效率的制度总能得到人们长期的遵循，而理论家设计的“最优”制度往往因为得不到遵循而沦为空想。上一章笔者从思想史的角度论证了经济学制度分析应当抛弃以交易成本为中心的解释。在本章中通过定义制度，笔者进一步提出“适应性”这样一种分析规范。“适应性”在本书给出的制度分析框架中即为条件C1、C2和C3之间的一种动态契合度。简言之，是通过意向性表达的，人类意识同外在世界的对象或事态之间的相适程度，即个人实施遵守或违反制度行为的意愿程度以及由此产生的结果。现实中的制度往往处于变动过程之中，适应性高的制度会出现持续的自我增强过程，而适应性低的制度则可能自我坍塌。[38]

“有一些世界的特征完全不依赖于我们人类和我们的态度、活动而独立存在；另外一些则依赖于我们。……一般来说，自然科学涉及不依赖于观察者的特征，例如力、质量和光合作用等；社会科学则涉及与观察者相关联的特征，例如选举、收支平衡问题和各种社会组织等”（塞尔，2001，第 111 页）。制度无疑就属于这类社会科学研究涉及的世界的特征，所以本书的制度理解亦属于一种广义上的社会科学分析框架中的表诠。通过这一表诠形式，笔者希望能够为社会制度的“深描”（thick descriptions）理论奠定分析的基础。

本章注释：

1. 诸如制度的建构与演化之争、制度与文化的关系以及制度效率如何度量等等问题。

2. 值得注意的是，《新科学》意大利原版中维柯真正使用“istituzione”，即对译为英语中的“institution”（制度），只有一次，是用来表达一个法律词组。但是英译本中“institution”一词的出现频率却相当高（相应地，中译本中“制度”一词出现频率也较高）。原因之一是维柯常常用“cosa”一词，即对译为英语中的“thing”（事物），来表达“institution”的含义。参见：维柯（1989，第 49—50 页）。这一有关制度的语意使用现象实际上暗含着更为深刻的元制度（meta-institution）含义，但这超出了本章的主题，故在此不宜赘述。

3. 例如斯密关于中国的那两段著名评论，“中国一向是世界上最富的国家……然而，许久以来，它似乎就停滞于静止状态了……也许在马可·波罗时代以前好久，中国的财富就已完全达到了该国法律制度所允许的发展程度”；“中国似乎长期处于静止状态，其财富也许在许久以前已完全达到该国法律和制度所允许有的限度”（斯密，1972，上卷，第 65、87—88 页）。

4. Émile Durkheim 的中文译名有两个，迪尔凯姆和涂尔干，本书从后者，引文除外。

5. 在上一章中笔者已经提及，从文化概念着手来研究社会，是当时美国社会科学研究的主流趋势。

6. 霍奇森此处所言的“社会规则”，含义与新制度经济学家使用的“规则”概念有所不同，更强调一种文化（习惯）含义。

7. 需要指出的是，诺思中期以后的制度观也开始接受了美国制度学派的一些理念，尤其是他晚年的制度框架理论中特别强调信念体系和制度框架间的联系（North，2005，p. 49）。

8. 需要指出的是，如上一章所言，菲吕博腾和里希特（Furubotn and Richter，2005，p. 7）在引用奥斯特罗姆（Elinor Ostrom）的制度定义同时，还参考了德国历史学派施莫勒的观点。在施莫勒的制度解释中，这类“社群生活中的部分秩序”（a partial order for community life）不仅是规则，还是服务于特定目的、能够自我演化的规则。

9. 例如德姆塞茨（Demsetz，1964）的产权理论，詹森和梅克林（Jensen and Meckling，1976）的企业理论以及诺思早年的国家理论（North，1979）等。此外还包括大量有关制度和经济增长相关性的实证研究。

10. “印度均衡”是拉尔（Deepak Lal）论述的一个概念，指的是在印度次大陆上存在大约三千年之久的一种社会秩序常态，从经济层面来看，其是无效率的，但生活在其间的人们却又缺乏激励去改变这类社会秩序。参见：拉尔（2008）。

11. 如第一章所述，将交易成本引入一般均衡理论的制度分析进展甚微。

12. 但肖特本人的制度定义并非博弈的规则，而是“一种行为的常规性，经所有社会成员同意的，在特定重复发生的情境下规范行为”（Schotter，1981，p. 9）。本书第一章已做出说明，肖特的制度表诠的理论根源是刘易斯（Lewis，1969，p. 56）关于“惯例”的经典定义。

13. 在此有一点需要指出，无论是诺思自己（Mantzavinos，North and Shariq，2004），还是引用诺思观点的其他学者（Durham，2004），大多认为“非正式约束”也属于制度。但是霍奇森（Hodgson，2006）却明确指出诺思在同他的私人通信中承认“非正式约束”不是制度。这看似矛盾，其实反映出诺思本人在制度理解上的一些未能言明的观点，特别是“非正式约束”的性质问题。诺思所言的“非正式约束”其实十分复杂，包含惯例、规范以及行为规则等含义（North，1992）。

14. 实质上，赫维茨（Hurwicz，1996）的博弈形式中第三部分——产出函数，接近于一种博弈均衡的观点，肖特所言的“行为的常规性”，在具体的博弈模型中指向的其实也是博弈均衡，参见：Schotter（1981，p. 11）。事实上运用演化博弈方法进行制度分析的学者，大多将制度理解为博弈的均衡，确切说是诸多可能均衡中的一个均衡（Sugden，2004；Young，1998；Bowles，2004）。

15. 类似的，还有主流文献中构建的大量最优制度模型。

16. 当前社会学和经济学在制度和文化关系的具体表述上存在着微妙的差异，社会学界偏好将（社会）制度表诠为一种文化现象；而经济学界更偏好将文化归属为制度的特征之一。

17. 即克拉克洪（Kluckhohn，1949）给出的文化定义，包含：（1）“一个民族的全部生活方式”；（2）“个人从他的群体获得的社会遗产”；（3）“思维、感觉和信仰方式”；（4）“来源于行为的抽象”；（5）“人类学家关于一个人类群体的真正行为方式的理论”；（6）“集中的知识库”；（7）“对多发问题的一套标准化适应方式”；（8）“习得行为”；（9）“调节和规范行为的机制”；（10）“适应外部环境和其他人的一套技能”；（11）“历史的沉淀”（转引自：格尔兹，1999，第4页）。

18. 在此笔者使用的是塞尔（John R. Searle）的概念，参见：塞尔（2001，第五章）。

19. 例如古典艺术诞生于特定时代的社会，可之后无论社会结构发生如何的变化，其作为一种文化现象的存在都不可抹杀。

20. 例如一个社会的“传统”对于该特定社会未来发展的影响。

21. 格雷夫认为（Greif，2006，p. 160），在博弈论框架下，参数是外生给定的，变量作为博弈结果是内生决定的。而有一些因素，既是内生的，但又不能直接影响与制度相关的行为，从而被称为“准参数”。文化信念就是准参数：其通过制度化规则内生而成，所以它不是全然外生给定的；但它并不直接决定行为，而是通过影响制度的自我增强或者削弱，间接地使外生参数发生改变，从而改变制度过程。

22. 奥斯特罗姆（Ostrom，1986）和霍奇森（Hodgson，2006）都详细讨论过“规则”的复杂含义。

23. 也许有人会指出事例 4.1 和事例 5.1 之间的差别在于比特币这类货币规则包含人的参与，但是计算机编程难道不涉及人的参与？

24. 比如：R 的生物钟机制使得他每天 7 点必定醒来。

25. 比如：“学校规定早晨 7 点起床”。

26. 比如：“中国式过马路”这类事态，如果你问一位普通人他为何这样做，恐怕大多数人的回答不会是“因为这是潜规则”，而是“因为别人都这样做”。

27. “魔芋对话”是取自日本传统落语表演中的一个段子，内容类似于中国传统相声“山东斗法”，说的是由于双方的误解而闹笑话的故事。

28. 金子守（Kaneko，2004）的推导更为规范和形式化，但是其中涉及的“共同知识”（common knowledge）问题不是本章的重点，所以笔者做了简化处理，以求形象地说明这类“误解”博弈。

29. 宾默尔（Binmore，2008）就论证过在博弈论框架下，现实社会中惯例的形成不需要依赖“共同知识”，但是必须有“聚点”（focal point）。

30. 实际上，经典博弈理论通过对博弈框架或是“共同知识”的设计，制度（均衡）已经被设定了；同样，青木昌彦“主观博弈”中的制度预设在“共享信念”之中；而演化博弈中的制度则存在于“聚点”之中。

31. 这里韦森的主张是将“institution”译为“制序”，而中文语意中的“制度”含义较“institution”而言要狭隘得多。不过鉴于将“institution”翻译为“制度”已然是约定俗成。所以遵循这一语言习俗（制度），在本书中笔者仍然使用“制度”意指“institution”。

32. 或者个人自认为做出了某种行动，却不为社会承认和接受。

33. 但这并不意味着当制度持续自我增强时就不存在“违反”制度的行为，其实这类“违反”行为常常成为制度演化的动力。

34. 在本书中笔者坚持这样一种立场，制度是人类社会特有且独有的。但这并不妨碍人们在描述和理解自然现象时将自身形象投射到自然世界中，比如“蜜蜂社会的分工制度”这样的表述。

35. 此处存在一个比较吊诡的问题：如何解释那些无意识地遵循制度的行为？基于本书的主题，不便展开解释，不过塞尔对于“无意识（unconscious）的心理状态”和“非意识（nonconscious）的大脑过程”之间的区分已能够回答该问题，“无意识的心理状态如果真的是心理状态而与非意识的大脑过程相对立，它就必须是能够在意识中进行思考的状态”（塞尔，2001，第 84 页，着重标记为原文所加）。简言之，那些所谓的“无意识地遵循制度的行为”只是行为人未将行动过程带入意识中，而并非遵循自然规律的那类非意识行为。

36.“意向性”一词可追溯至中世纪的经院哲学，19 世纪时边沁（Jeremy Bentham）使用该词汇来区别“故意”和“非故意”行为。但是真正将这一概念引入当代哲学的则是胡塞尔（Edmund Husserl），他借鉴了布伦塔诺（Franz Brentano）1874 年的著作《经验主义视角下的心理学》（*Psychologie vom Empirischen Standpunkte*）中使用的“意向性”概念。目前学界主要是基于胡塞尔的观点来使用这一概念。参见：Chisholm（[1967] 2005，vol. 4，pp. 704—708），Jacob（2005，vol. 4，pp. 708—714）。

37. 在本书中，这样的行为主体包含个人、组织和政府三类。对于组织（政府其实是特殊的组织形式）而言，很难说其是具有意识的行为主体，但是当我们将其还原为具体的行动者时，组织在一定程度上和法学中的“法人”概念类似，是一种拟制的“人”，此时即便不能将意向性概念直接使用在组织身上，但是通过那些可观测的组织行为，仍然可以探讨构成组织的行为人的意向性。事实上，大量对于社会文化现象的研究，都是有意或无意地使用这样一种方式来达成的。

38. 当然，如果将“效率”的含义拓宽，不仅指利益比较，还包括制度存续时间、遵循制度的社群范围等要素，那么“适应性”概念的范畴与广义上的“效率”范畴二者可以等同起来。事实上如果用博弈论工具来表达，这里的“意愿程度”完全可以简化为一组行为收益（惩罚）函数。

第二部分：产权制度的定性研究

第三章　礼物交换：神圣化的产权观

实则古人与今人都既是对的又是错的。不过，古人就其承认有一个明确的终极而言倒是更为清楚明白，而在近代的体系中则似乎把一切都给解释了。

——维特根斯坦(2003a，第1卷，6.372，着重标记为原文所加)

本书的第二部分，笔者将选取人类社会中最为基础和重要的一类制度——产权制度，做一次定性研究，以尝试性地应用本书第一部分所提出的理论框架，来验证产权观念——而非具体的产权规则，才是解释特定社会产权制度的关键。

需要指出的是，在本章中笔者的论证实际上是参照社会契约论的方式，但是反其道而行之：即倘若我们抛弃社会契约论给定的那种抽象权利的分析框架，[1]转而使用社会学、人类学给出的经验材料证据，是否能推出社会契约论的结论？换言之，在真实的社会状态下，那些看似完全不同的社会产权实践经验背后，是否内含着一般性的逻辑可循，这种一般性逻辑中的关键变量又是什么？

在撰写本章节内容之时，笔者还未真正意识到上述问题，当时仅仅是深受演化博弈论的影响，笔者想到的是，能否应用演化博弈模型来解释人类学、社会学中已有的具体理论和材料？当时选取的就是莫斯（Marcel Mauss）提出的，旨在挑战经济学家“常识”的现象，“礼物交换”(gift exchange)。

正如后文所示，“礼物交换”的相关经验证据可以近乎完美地使用产权博弈模型来解释，[2]只需将模型中的“信心”变量替换为更契合人类学材料的“宗教观念”。笔者在最初做出这一改动时并不确定这样一种“篡改”是不是对产权博弈模型的过度阐释，以至于误用了演化博弈模型。直到2008年笔者当面向萨格登教授请教他的模型中“信心程度”假设是否能更改为一种原始宗教意义上的观念解释时，得到了肯定的答复，笔者才真正确定自己对于“礼物交换”的解释至少从演化博弈模型角度来说是可行的。

实际上，演化博弈中均衡的结果很大程度上取决于“聚点”，而对于聚点的具体解释既可以是客观的——例如历史因素，也可以是主观的——例如观念。本书中采取的是主观解释，仅此而已。

所以必须再三强调，本章使用的演化博弈模型只是工具，借此说明“行动个体对于外在世界的理解方式”，亦即观念，能够在多大程度上影响最终的权利安排。然而由此引出的另一个问题，即博弈论模型是否能更好地处理观念因素——早期的演化博弈模型使用的处理方法实际上比较粗糙，则不是本章探讨的主题，尽管这些年来确有这方面的研究成果不断问世。[3]

无论如何，本章试图证明：作为任何社会得以持存的基础，“特定资源归谁所有”这样一种制度安排，即使是在不存在“权利”这类相当现代化的法权思维的早期社会中，依然是可能的，甚至其规则形式也可在某种程度上与现代产权法律相近，只是这样的制度安排出自完全不同于现代人的认知模式，即古式社会中行为人的产权观念与现代人有着根本的不同。从人类学、社会学和史学提供的材料来看，在前现代世界，“特定资源归属于特定主体”这样的社会安排常常和某种特定的宗教观念结合在一起。

在接下来的第四章中，笔者会进一步扩大应用这一结论，即对社会中既定的产权制度进行定性分析，是否也能从主观特征上去把握。为此，笔者将依据中国传统社会的经验性材料——土地契约文书，对中国传统社会的产权制度特征，做出初步的探讨。

本章的结构内容安排如下：首先笔者将讨论古式社会中的礼物交换现象及其真正的经济属性；然后在第二节中尝试以产权博弈模型来对礼物交换做形式化分析；第三节将着重探讨礼物交换背后蕴含的产权观念；最后给出本章的结论。

第一节　古式社会的经济活动与宗教观念

经济学家似乎始终没有如人类学家那般对于原始经济的诸问题产生浓厚的兴趣，弗思（Raymond Firth）在20世纪初发表的“原始经济学研究”（“The Study of Primitive Economics”, 1927）一文中提出的有关原始经济相关问题的探讨，至今大多仍然停留在当时的水平。对于经济学家而言，忽略那个遥远时代的经济现象也许不仅仅是数据资料的缺乏，更重要的是似乎没有太大的研究价值。[4]

然而就本书的主旨来说，以早期社会形态作为研究出发点，可能是较为合适的选择。因为倘若有丰富的经验材料支撑，那么从早期那些质朴的社会制度原初形态（prototype）中，更易观测到特定观念与特定行为之间的关系。最为显著的就是原始宗教信仰，[5] 其笼罩一切社会生活形式。正是由于这种在现代人看来"迷信"的行为模式，恰恰能够解释行为人对于外在世界的理解，在何种程度上左右其行为；而因此所产生的行为的常规性，又能在何种程度上强化了这种理解模式。所有这一切，以一种素朴明确的形态展现在我们的面前。

对于宗教在个人行为，乃至社会制度中所扮演的角色问题，社会科学界一直流行着某种唯物主义观点，认为原始宗教只不过是人类经济生活的副产品：对于天空神的崇拜只不过是游牧民族经济生活方式的体现（Hopkins，1899）。当然，就像上一章所述，观念不可能凭空产生，自然环境、现实生活、生存繁衍都不可避免地会影响到人们的思维，因此宗教信仰不可避免地会成为对现实状态的某种反映。就像伊利亚德（Mircea Eliade）业已论证的，狩猎经济和农业经济就分别诞生了不同的神话观：狩猎经济产生了对某种捕食动物的崇拜；而农业经济文明中则出现了与谷物种植相关的起源文化（伊利亚德，2004，第34—36页）。沿着这一逻辑推论，就可以得出如下的观点，"……宗教的思想与信仰一直与人类文明史相伴随。每一项技术的发明、每一次经济的或社会的革新似乎都会'伴生'某种宗教意义或价值"（伊利亚德，2004，第41页）。

然而，如果同意物质环境的影响触发了某种宗教思维，那么反过来的逻辑也应当成立，即宗教思维影响了人们在现实中的活动。宗教表达了人们面对这个世界时的一种思维方式，作为一种对待个人所处的周遭世界的思维方式，宗教认知必然会涉及人类活动的方方面面，特别是在早期的古代社会更是如此。人与人之间的交往关系带有明显的宗教特征，政治关系、法律关系、伦理关系都涉及某种宗教性质，由此一切规范人类行为的规则形成皆离不开宗教因素。所以涂尔干有言，“可以说几乎所有重大的社会制度都起源于宗教”（涂尔干，1999，第552页）。

不过在这句话之后，涂尔干又加上了一个注解，“只有一种社会活动与宗教活动没有明显的联系：它就是经济活动”（涂尔干，1999，第585页）。那么这是否意味着经济现象与宗教无关，进而与观念因素无关，因此是一种纯物质的社会事态呢？在涂尔干之后，社会学、人类学和史学界积累起来的越来越多的经验证据至少表明，原始经济中存在大量宗教活动，而且其绝对不单纯只是经济生活的附属物。相反，作为“总体的社会现象”的宗教将包括经济活动在内的社会一切活动包容。

考古学证据显示出古代人类的种种经济活动都似乎带有某种宗教含义，而马林诺夫斯基（Bronislaw Malinowski）等人类学家对于南太平洋群岛等地的田野调查更是为我们提供了大量人类学材料，勾勒出一幅早期社会经济形态的生动图景。尽管这些材料还存在不少问题，不同学科之间，乃至同一学科内部对于如何解读这些材料仍有分歧。[6]但是就本章的分析目的而言，透过这些材料所呈现出来的原始社群经济生活形态已经足以证明宗教观念无所不在的影响。

首先，考古学证据发现早期社会不同的时期需要不同的宗教信仰：狩猎时代的文化存在着某种“狩猎巫术”，狩猎出征之前要举行某种仪式；而农耕文化则发展出一种“宇宙论的宗教”（cosmic religion）；出现冶金工艺之后的铁器时代便有了“金属的神话”，“全世界的矿工都遵循着同一套涉及洁净、斋戒、冥想、祈祷以及崇拜的仪式”（伊利亚德，2004，第19、39、48页）。

其次，马林诺夫斯基带回的人类学资料表明，在特罗布里恩群岛人（the Trobriand Islanders）的经济生活中，从土地的占有、生产、消费、分配，一直到交换，经济生活中每一个活动、每一个阶段皆伴随着宗教的力量，所有经济活动的过程都需要宗教，并且祭司（Towosi）在其中扮演着极为重要的作用，其不仅要在经济活动的每个过程中进行必要的仪式，并且还要监督经济活动（Malinowski，1921）。拉德克利夫-布朗（A. R. Radcliffe-Brown）考察安达曼岛人（the Andaman Islanders）时则把涉及经济生活方面的宗教仪式习俗归类为功利性质的“技术习俗”，这些仪式习俗同样表达了安达曼岛人的某些信仰体系（拉德克利夫-布朗，2005，第65页）。埃文斯-普里查德（E. E. Evans-Pritchard）[7]对阿赞德人（the Azande）的巫术、神谕和魔法的考察并没有特别强调经济生活，但是也可以发现这些宗教现象与经济活动密切相关。例如，埃文斯-普里查德提及，“巫术无处不在，它涉及赞德生活的每一个活动，例如：农业、渔业和狩猎……”（埃文斯-普里查德，2006，第82页）。特纳（Victor Turner）在关于仪式理论的经典著作《象征之林——恩登布人仪式散论》（*The Forest of Symbols*：*Aspects of Ndembu Ritual*，1967）中也指出，“对赞比亚的恩登布部落来说，狩猎不仅是为了获取食物，它还是一项宗教活动，狩猎前后都要举行仪式，人们相信，它是被种种高于人类秩序的威胁所笼罩的”（特纳，2006，第287页）。

很明显，原始经济在作为一种经济现象的同时也是一种宗教现象。现在即使尚不清楚宗教现象在原始经济中是否只是一种可有可无的附属品，但至少可以明确一点：如果不理解宗教活动的经济力量，就会对早期社会的经济形态产生误解。

事实上，前文所援引的涂尔干的话也并非表明经济活动与宗教毫无干系，相反涂尔干意识到经济可能与宗教具有联系，只是这种联系基于观念层面，“……经济价值也是一种力量或效力，而且我们已经了解到力量的观念具有宗教起源。再者，富有可以带来曼纳，因此富有中也包含曼纳。这就说明经济价值的观念和宗教价值的观念是不无联系的”（涂尔干，1999，第585页）。这段注释为经济制度和宗教信仰之间可能的联系提供了一个线索：也许，从观念影响的层面来看，宗教信仰如果说不是支配也是指导着一切经济活动。

然而要证明这一猜想，就需要知道宗教观念在经济结构之中究竟是如何发挥作用的。从目前笔者所掌握的人类学材料来看，这类影响几乎全部通过一系列的宗教仪式表现出来，如马林诺夫斯基所观察到的，“很明显一系列魔法仪式……起到了极为重要的作用”（Malinowski，1921）。当然，可能是人类学研究方法导致了其在经验材料提取过程中预设了某种倾向性。不过，至少从这些材料中能部分地反映出早期社会中经济行为和特定宗教观念之间的关系。

其中最吸引笔者的，是一类被社会学者、人类学者视作古式社会中的“交易行为”，即礼物交换。

严格来说，莫斯的名篇《礼物——古式社会中交换的形式与理由》(*Essai sur le Don. Forme et Raison de L'échange dans les Sociétés Archaïques*, 1923/1924)，是对前文所提及的涂尔干的注脚的回答：经济观念的宗教起源。自从该著作诞生以来，礼物交换在很长一段时期内成为人类学、社会学以及经济学共同的兴趣所在：是否商品经济起源于礼物经济；是否现在种种的经济观念在早期皆有一个宗教起源；是否现代经济制度发源于宗教仪式；是否现代社会的商品经济缺失了礼物经济的道德特征；是否未来社会的发展应当回归一种礼物经济的模式？

要回答这些问题就必须要明了礼物交换仪式的深层机制。莫斯将礼物交换作为古式社会中交换的形式和理由，其中作为一种普遍形式，已得到大量证据的支持。在全世界不同地区、不同历史阶段所搜集到的资料业已表明礼物交换作为一种交换形态具有普遍性。历史学家也把中世纪之前的古代日耳曼社会经济称为一种“礼物经济”(Little, 1978, p. 4)。不过这种充满宗教仪式化特征的行为所表达的具体含义，则一直以来是各学科争论不休的问题。人类学家所关心的是礼物交换中体现的强制性互惠义务（莫斯，2005，第4页）；经济学家更关注礼物交换在商品交换行为的演变过程中所处的地位；社会学家的着眼点则是礼物交换中的社会交换问题(Sherry, 1983)。

而在笔者看来，礼物交换现象提供的是一种浓缩信息——经济行为与宗教信仰的浓缩：宗教信仰提供一种观念支持，借由这类观念经济行为得以进行。因此，通过对礼物交换的分析，能够发现宗教观念与经济生活内在的联系。

或许古德利尔（Maurice Godelier）对莫斯和列维–斯特劳斯（Claude Lévi-Strauss）的批评有部分是正确的：交换并非是社会生活的全部，社会并非完全建立在交换的基础之上（古德利尔，2007，第72页）。但正如斯密所言，人具有一种倾向（propensity），“互通有无、物物交换、互相贸易”；并且这种倾向是“为人类所共有，亦为人类所特有，在其他各种动物中是找不到的”（斯密，1972，上卷，第13页）。将该论断与考古学、人类学和历史学证据相互印证，礼物交换所具有的重要意义便足以体现。礼物交换在原始经济的整个逻辑链条中是最为重要的一环，交换是人类社会大厦的基石。仍旧以特罗布里恩群岛为例，原始经济系统“将整个社群陷于互惠义务和偿付的网络之中，连续不断地赠礼和回赠循环”，特罗布里恩人“一切的社会生活都伴随着赠礼和回赠”（Malinowski，1921）。因此，倘若能够厘清礼物交换与宗教信仰之间的关联以及由此带来的种种经济影响，那么就有可能理解观念在制度形成之初所扮演的角色。

不过首先需要澄清的仍是礼物交换的本质。在人类学家的经典理论中，礼物交换被认为属于一种“互惠”（reciprocity）模式，[8]这种互惠模式指的就是一种交换模式。

人类学者的这一理解是通过与商品交换做比较而得出的。在莫斯的文本中，礼物交换是作为一种古老的经济制度——即商品交换制度的前身，出现在分析视野之中的（莫斯，2005，第 6 页）。该观点事实上是承认了礼物交换与商品交换之间存在着先后演化的关系。但是面对现代社会中随处可见的礼物交换与商品交换并存的现象，将商品交换视为礼物交换发展演化后的产物的观点不断遭受怀疑。列维–斯特劳斯将礼物交换深入到了亲属关系之中，深入到了社会关系的内部（Lévi-Strauss, 1969）。格雷戈里（C. A. Gregory）在《礼物与商品》（*Gifts and Commodities*, 1982）一书中对于礼物交换与商品交换之间的区分做了进一步深入的分析。在其看来，礼物交换建立起来的是交换主体之间的关系，而商品交换建立起来的则是交换客体的关系（格雷戈里，2001，第 14 页），进而，“商品是由陌生人交换的可异化物品，礼物是非陌生人之间交换的不可异化物品”（格雷戈里，2001，第 45 页）。

人类学的理解显然与经济学差异较大，从经济学的视角出发，礼物交换并非一种有关物品交换的单纯制度，因为这类形式的交换所遍及的领域远远超过那类出于需求而产生的商品交换。莫斯就提及，礼物交换不仅仅只是在需要物品的场合才出现，婚嫁、出生、成人、逝世、节日、军事等场合都会出现礼物交换（莫斯，2005，第 8 页）。其中许多礼物交换形式延续到现代社会，例如婚嫁迎娶、子女出生时的赠礼机制。由此可知物品交换这一经济事实上只是礼物交换所执行的功能之一。

同时也不能过分拔高礼物交换的价值，如莫斯那般肯定正是由于“罗马人和希腊人……首创了对个人权利和物权的区分，并把买卖从赠礼和交换中分离出来，使道德义务与契约各自独立，特别是在观念上区别了仪式、法律和利益”；更不能由此推出如下的结论，“赠礼制度在根本上就是反经济的”（莫斯，2005，第 125 页）。[9] 从现有的经验材料来看，笔者仅做有限的推论：古式社会中的礼物交换糅合了不同的社会功能，既是一种宗教仪式的执行，又发挥着物品交换的经济功能。但这并不能明确揭示礼物交换的核心特征。

然而人类学资料中有些案例引起笔者的注意。一是类似于“纳贡”的土地所有权制度：土地属于酋长，[10] 把土地当作礼物按世系等级赠送下级人民，然后到收获产品时以回赠礼物的形式纳贡（Malinowski，1921；哈维兰，2006，第 202 页）。“贡”是礼物的一种特殊形式，“纳贡”是一种高级形式的礼物交换机制，原始的土地所有制以及土地制度背后隐藏的等级制度也可以用一种类似于礼物交换的形式呈现出来。二是澳大利亚一些原住民的礼物交换习俗规定，猎杀动物的肉要在家庭和其他亲戚之间分赠，他人要接受赠礼并在特定的时间予以回赠，“送礼和收礼都是应尽的义务，这就是分配的特征”（哈维兰，2006，第 205 页）。这个例子表明，礼物交换还具有作为分配制度的功能。而在诸如“夸富宴”这样的极端案例中，礼物交换甚至还部分扮演了政治制度——选举——的角色（Johnson，1989）。

从上述这些案例中可以发现，与其认为礼物交换体现出早期社会各类制度形式的混同——如历史学派所持有的那种“嵌入观”，不如更恰当地说其本身已经构成一个社会最为基础的制度，即产权制度。

需要指出，在本章中笔者是在广义上使用“产权”这一词汇的，即洛克意义上包含“生命、特权和地产”在内的（洛克，1964，下篇，第77页）、一切与“特定资源归属”问题相关的物质和非物质权利。从制度分析的立场而言，这是一个社会赖以存在的基础。在早期社会中，礼物交换事实上就呈现出这样一种特征。

当然，在人类学材料中通常会与产权制度联系在一起的是那些反映“先到先得”之类习俗的案例（罗维，2006，第124页）。不过这些材料解释的是“为何某特定资源归属特定的行为主体”，而礼物交换的核心则是对特定资源与特定行为主体之间归属关系的确认。莫斯在用“礼物之灵”解释赠礼与回礼的义务的内在原因时指出，“在被接受的被交换的礼物之中，导致回礼义务的，是接受者所收到的某种灵活而不凝滞的东西。即使礼物已被送出，这种东西却仍然属于送礼者。由于有它，受礼者就要承担责任，也正是通过它，物主便能凌控盗窃者。”（莫斯，2005，第20页）。这里体现出的正是一种朴素的所有权观念。[11]

作为纳贡制度的礼物交换表明了一种对社群内领导人的土地占有权利以及身份等级的承认和接受；作为分配形式的礼物交换则呈现出一种与血缘、家庭组织形式相关的财产占有形式；而在像类似于“夸富宴”这样的场景中，“头人工作数月费力地从其不情愿的追随者那里获得食物和财富，只是为了以豪华富有的积累表现他们自己，作为礼物赠送给其同盟者”（Johnson，1989），这里礼物交换是一种手段，为了与其他竞争者争夺物品权利而采取的竞争手段。

正如古德利尔所认识到的，“全世界都有礼物交换，这不仅仅是简单地分享一个人拥有之物的方式，而且是与某个人拥有之物进行竞争的方式”（古德利尔，2007，第 8 页）。从竞争关系入手，礼物交换就可以使用产权博弈模型做进一步的分析。

第二节　礼物博弈

一、人类学资料

从演化博弈的角度来分析人类社会中的礼物交换行为，依然需要有关某种初始状态的设定，以避免无限递归的难题。[12] 此时，人类学中那些类似“第一次接触”的记录，就能够成为这样一种初始状态的“理想类型”。[13]

库克（James Cook）船长的例子为我们提供了这样一份经验材料。[14]1769 年，库克船长的船只停泊在火地岛（Tierra del Fuego）的海岸外，还没有和当地的火地岛人接触过。晚饭后，库克船长带着一些人在火地岛海湾的一端登陆，此时海湾另一端出现三四十名火地岛人，双方僵持一小段时间，然后火地岛人退却。班克斯（Mr Banks）和索兰德（Dr Solander）——库克船长的两名随行人员、英国皇家学会成员——走上前，递上一些小饰物和彩色饰带，意思是作为礼物。两名火地岛人走上来，坐下，又站起，展示巨大的手杖，做姿势，然后炫耀性地扔掉，象征放弃暴力。不一会儿双方互相表达了很明显共同都能理解的友好欢迎姿态。

为何礼物交换能够解决争端？礼物表达的仅仅是一种示好？还是说，礼物交换背后蕴含着更深层次的意义？将库克船长的例子与其他人类学证据相结合，能够更加清楚礼物交换的作用。

首先是来自马林诺夫斯基，这也是莫斯引用过的一个例子（莫斯，2005，第55页）。基里维纳（Kiriwina）人去基塔瓦（Kitava）人那里赴丧宴（s’oi）的时候，他们要交换 vaygu’a（valuables，贵重物品）——特罗布里恩群岛一种特殊的礼物交换对象——以及其他物品，交换仪式过程中还有假装的打斗（youlawada）。从争斗到互赠礼物，这一习俗表明的是对资源使用的权利（产权）争夺达成和解的方式。[15]

其次是约翰逊（A. Johnson）有关恩加人（Engans）维护财产权利的描述。恩加人面对外人可能侵占他们的土地财产的威胁，采取的措施有（Johnson，1989）：（1）维持巨大的统一群体，令敌人在数量上惧怕；（2）将积累的财富和食物进行赠送；（3）人数的众多和礼物赠予，使得以防御资源使用权利为目的联盟变得强大。由此可见，礼物赠送起到了产权保护的作用。

除了上述材料外，还可以进一步扩展到夸富宴形式的礼物制度。在莫斯所列的资料中，首领之间的夸富宴是一种礼物竞争，“要证明他拥有财富，唯一的办法就是把财富挥霍、分发掉，从而压低别人……”（莫斯，2005，第71页）。就像约翰逊引用一位头人的话那样，“我已赢了，我赠送那么多，故我已击败了你……”（Johnson，1989）。

不过最为生动翔实的仍然是马林诺夫斯基提供的另一份材料（转引自霍贝尔，2006，第184—185页）：

卡布瓦库的某村一个名叫卡拉维亚·卡拉沙的普通村民与瓦卡伊西村一个名叫木威尤的普通村民因园地发生了争执。这两个村子相隔不远，并同属特拉它拉地区，受卡布瓦库的头领摩里阿斯统治。两个村子过去从未发生过战争，但争执频频不断，小型械斗也不可数计。他们经常争执的起因是各自产品的数量和质量。在争执中卡布瓦库的人把瓦卡伊西的园地毁了，两家在场地打了起来。事后瓦卡伊西的头领去见卡布瓦库的头领，抗议毁园之事。但卡布瓦库的头领支持自己的村民，说因为对方没有令人满意的园地，因而不能吹嘘自己的食物。为了回答这一挑战，瓦卡伊西的头领将全村产的番薯都送到卡布瓦库村。这就是所谓的"布利地拉尤洛"。卡布瓦库村的头领接受了这些礼品，并立即见之行动。

"布利地拉尤洛"的主要原则是，社团甲不论是在争执中处于下风，还是受到伤害或首先受到严重的侮辱，都可以发动这场挑战。这时，它可以尽可能地将所有的番薯集中在一起，"布利地拉尤洛"就是用番薯来竞争，把它转交社团乙，并在社团乙处展览，举行仪式。反过来，社团乙要回送社团甲礼物。如果回送的礼物与原送的相等，则万事皆休，否则就会导致更大的麻烦。

笔者之所以大篇幅地引用这个例子，是因为马林诺夫斯基所描述的"布利地拉尤洛"实际上就是真实而具体的博弈过程。

现在将这些经验材料进行综合。上述例子都表明了一种争夺物品权利归属的礼物博弈过程：博弈双方谁接受了竞争方的赠予，即表明对赠予人行使资源权利的确认；或者，双方通过向第三方礼物赠予的竞争来争夺资源的使用（土地、财富的占有）。因此，礼物博弈的实质是一种产权博弈。

二、消耗战形式的礼物博弈模型

在演化博弈理论中，描述产权博弈可以使用鹰—鸽博弈、消耗战以及分割博弈等不同的模型。从礼物博弈的具体情形来看，消耗战形式的产权博弈更适合描述礼物竞争。[16]消耗战形式的产权博弈的特征可以概括为：博弈参与人选择用承受成本的方式来赢得某一资源；选择承受较大成本的参与人赢得资源，但是任何一方参与人都不能收回他已经投入到竞争之中的成本。这里的成本可以是双方僵持的时间，“布利地拉尤洛”中赠礼的成本——番薯运送需要耗费很多的劳作；也可以是如夸富宴形式中竞争各方的散财行为。[17]

这类博弈的分析最早可以参见图洛克（Tullock，1967）。理论生物学领域已经就消耗战博弈进行过大量的研究，特别是毕晓普和坎宁斯（Bishop and Cannings，1978）提出了在对称博弈形式下消耗战的稳定均衡分析，哈默斯坦和帕克（Hammerstein and Parker，1982）考察了非对称博弈形式下消耗战的稳定均衡。萨格登将生物学研究成果应用到了产权博弈领域，并进行了拓展（Sugden，2004，pp. 65—69，76—81）。本章以及书后的附录一中有关礼物博弈的分析理路主要依照的是萨格登的消耗战博弈形式，同时笔者也做了一些简化和修改。

根据前述具体的人类学材料，设定如下的理想化场景：首先，在某个社群内或不同社群间，任意两名行为人对某一特定资源的归属产生争议，双方都想要自己使用该资源而警惕对方的争夺；其次，争夺资源归属权的过程可长可短，“布利地拉尤洛”就需要花费很长的时间（霍贝尔，2006，第185页）；最终的结果则是哪一方参与人接受赠礼，就表明其承认对方拥有该资源。[18]

现在假设：

3.1　参与人A和参与人B参与到博弈中。

3.2　只要他们仍处于冲突中，双方就都以每单位时间某一固定的比例承担效用损失；在任何时间，参与人都可以选择投降，投降的形式就是接受另一方从该争议资源中拿出一部分作为礼物赠予，在这种情形下赠礼的一方取得资源。[19]

3.3　如果双方参与人同时投降，或者说赠礼和回礼完全相等，那么共同分享资源。

3.4　对每一方参与人来说，给定赢得资源的效用为 u，分享资源的效用为 $u/2$，争夺过程中的效用损失是每单位时间 c，因此随着博弈时间的延长，效用损失呈现出边际递增的趋势。[20]

给定上述条件，参与人进行匿名重复博弈。可以明确，为了获得该特定资源，各方参与人的行动策略就是选择他们能够承担的损失，如果预期到另一方能够承担的损失比自己要大，那么最优的策略就是选择接受赠礼，所以参与人的纯策略集合就是能够承受的成本集合。由于假设3.4，效用损失是按照单位时间边际递增的，因此可以用双方参与人选择坚持争夺资源的时间来表示他们能够承担的损失。这样，各方参与人的纯策略集合就变为所有可能的、坚持争夺资源的时间的集合。因此：

> 3.5 假设 l_A 和 l_B 为参与人A、B各自选择的坚持争夺资源时间，如果 $l_A > l_B$，那么参与人A获得资源，效用为 $u - cl_B$，参与人B的效用为 $-cl_B$；如果 $l_B > l_A$，那么参与人B赢得资源，参与人A的效用为 $-cl_A$，而参与人B的效用为 $u - cl_A$。如果出现共同分享资源的情况，那么参与人A和参与人B的效用分别为 $u/2 - cl_A$ 和 $u/2 - cl_B$，且 $u/2 - cl_A = u/2 - cl_B$。

上述礼物博弈的均衡推导过程，有兴趣的读者请参阅本书附录一，在本章中笔者仅给出结论。该博弈存在两个演化稳定策略（evolutionarily stable strategy，后文简称*ESS*）：[21]（1）竞争者策略，如果是竞争者，坚持争夺资源直到对手投降接受赠礼；（2）所有者策略，如果是所有者，坚持争夺资源直到对手投降并接受赠礼。

根据演化博弈论，制度是两个以上*ESS*中的任意一个稳定均衡（Sugden，2004，p. 33），那么从上述两个*ESS*中就能得出礼物博弈下的产权规则：要么是所有者维护自己的权利，竞争者接受赠礼；要么是竞争者夺取资源，所有者接受赠礼。

第三节　礼物交换中的产权观念

根据演化博弈的逻辑，礼物博弈中一个备选的 *ESS* 代表了某种产权规则。结合相关的人类学证据可以发现，这正是莫斯所言的赠礼与回赠的权利和义务。将礼物博弈中的两个 *ESS* 结合起来考虑，即可得到礼物交换的习俗：作为赠予者，赠予礼物，作为受赠者，接受赠予；作为受赠者，回赠礼物，作为赠予者，接受回赠。[22] 格雷戈里以如下的形式指出这种礼物交换的维度（格雷戈里，2001，第 49 页）：$A \xrightarrow{x} B \xrightarrow{y} A$，其中 A、B 指行为人，x、y 指交换的物品。

从以上分析中可以看出，礼物交换的习俗实际上是由两套惯例组成的：赠礼惯例与回赠惯例。这就是莫斯考察了波利尼西亚、美拉尼西亚以及西北美洲的人类学资料之后的发现。萨摩亚人（Samoa）、毛利人（Maori）、安达曼群岛的民族或者是新喀里多尼亚（Nouvelle-Calédonie）的居民，其共有的礼物交换逻辑链条是由两组相对应的义务所构成的：一是赠礼与接受赠礼的义务；二是回赠与接受回赠的义务。而莫斯所要解答的正是这两条循环的逻辑关联中的疑问，“在后进社会或古式社会中，是什么样的权利与利益规则，导致接受了馈赠就有义务回报？礼物中究竟有什么力量使得受赠者必须回礼”（莫斯，2005，第 5 页）。莫斯把这背后的力量归结为“礼物之灵”，古德利尔则归结为社会深层的关系结构。而从演化博弈分析的角度可以发现，实际上二者表达的是同一种思想。

首先，莫斯所指的这股背后蕴藏的力量，就是作为宗教仪式的礼物交换的力量，但更确切地来说应当是制度自我施行（self-enforcing）的力量。赠礼与回赠机制作为有效的惯例，一旦确立，必然拥有这种趋向于均衡的力量。这也就是萨格登所说的作为“自然法”的惯例的力量（Sugden，2004，p. 151），即符合每个行为人利益的交往规则所具有的自发力量。这与古德利尔所强调的社会深层的关系结构——如果把它理解为一种社会交往关系的话——是一致的。

所有人类学资料都指出，礼物交换必须以一种仪式的方式来进行（交换的物品种类、质量、数量；交换的时间、地点、方式；交换者的身份，等等，都有相应约定俗成的规则）。因此，在人类学家眼中，这类早期社会中宗教化的习俗所具有的力量，实则是社会制度本身的属性，不仅仅在礼物交换的仪式中存在，在早期社会其他各类仪式中也存在，甚至可以说在现代社会那些仪式化的制度现象中同样存在。

人类学家观察宗教仪式时最关注其中两个方面：一是其体现的情感力量，二是其具备的社会功能。这两方面往往是相互交织在一起的，也就是说宗教仪式中情感的力量使得宗教具有了社会功能——特别是教义起到了一种替代社会规范的功能。例如特纳就指出，“仪式象征符号是情感的催化剂”，“这些情感在与表示氏族团结和延续性的支配性象征符号的紧密联系中被描述，并经常由工具性的象征性行为的表演而引发”（特纳，2006，第28、38页）。[23] 把仪式视为宗教主要内容的拉德克利夫–布朗更是强调宗教仪式和情感的关系，甚至直言仪式就是对情感有规则的象征性表现，仪式对社会建构所依赖的情感起着规制、维持和代代传承的作用，这就是仪式的社会功能（拉德克利夫-布朗，2007，第339页）。

然而从经济学制度分析的立场来看，笔者认为这类仪式化的情感力量来自仪式——即制度——本身。在演化博弈论学者看来，则是源自因遵守惯例而带来的道德情感的力量（Sugden，2004，p. 170）：（1）相关社群中的每个人（或者几乎每个人）都遵循该规则；（2）如果任意一个行为人遵循该规则，那么他的对手——即，他与之交往的人——也遵循该规则符合他的利益；（3）假如每个行为人的对手都遵循该规则，那么每个行为人也遵循该规则符合他的利益。

以上三条构成了作为惯例的规则，这正与许多人类学家所描述的仪式相一致，“它们是惯例性的，也是标准化的和强制性的仪式”（埃文斯-普理查德，2001，第54页）。仪式会引发焦虑、痛苦、欢喜等情感，惯例的遵守和违背也会引发赞许或是厌恶的情感。这就是休谟所言的“同情”或者斯密所言的“同感”（fellow-feeling）：当所有人都遵守某一项惯例时，行为人违反该惯例会引起怨恨（Sugden，2004，p. 175）。埃文斯-普里查德把这种仪式和相伴随的情感表达为社会的产物，惯例以及由其引发的道德情感也是人与人之间交往行为的产物。

因此，作为惯例的宗教仪式能够具有一种情感力量，这种情感力量使得宗教成为规范，仪式成为某种规范的替代形式，进而发挥着社会制度的功能。

但是，如果仅仅做这类理性化的解构分析，显然结论就是人类学家关心的古人和现代人之间没有任何区别。也就是说，古式社会中那些充满神秘感的习俗只不过是现代人好奇心驱使下的想象而已，剥离其宗教因素之后，本质上和现代社会那些程式规则完全一致；而古人之所以采取这类宗教化的形式，只不过是技术条件下的愚昧落后而已。

这样的解释正是本书所反对的立场：以现代人的理解去刻意框套不同时代、不同社会的行为模式。笔者认为，既然礼物交换的核心是确认产权，那么从中体现的情感力量也必然表达了这种产权确念，但是在不存在任何权利观念的古式社会，这样一种产权确念显然与现代人的产权观念是不同的，这是古式社会所特有的神圣化的产权观。

虽然古式社会的宗教仪式扮演着惯例的角色，但切莫忘记这只是特定情势下的结果。现代社会中的宗教仪式大多已不再具有惯例的性质，却仍然可以发挥某种超验的力量。这才是仪式不变的作用，“使不能直接被感觉到的信仰、观念、价值、情感和精神气质变得可见、可听、可触摸”（特纳，2006，第48页）。这是莫斯所力图探求的力量，一种“礼物之灵”，在毛利人那里被称为“hau”，一种附于事物之上的灵力（莫斯，2005，第19页）。古德利尔批评莫斯的“礼物之灵”忽视了表象背后深层的社会关系的力量，认为他“过于经验主义”，“被迷惑了”，将古人的一种想象当作了切切实实的力量，“只有当想象成为一种信仰、一种行为的准则、一种伦理的来源时，它才会导出权力。……这正是想象中内藏的信仰的力量……”（古德利尔，2007，第12、27页）。古德利尔的观点部分正确，可是莫斯所言的不是一种简单的想象，而是一种思维方式，是一种替代现代意义上的理性思辨的方式。确实，仅就仪式本身而言，如古德利尔所说的那样，信仰或者说宗教情感，当其与社会交往关系相结合时，才成为一种行动的力量，这就是本书反复提及的观念的力量。在附录一的礼物博弈分析中，即模型中使用的“信心程度”变量。

单纯就博弈而言，“信心程度”只是一个工具变量。但是对应于本章所讨论的具体礼物交换过程，其就是一项“观念变量”，指的是行为人对于自己是否有权拥有特定争议资源所持有的一种信念。

笔者接受伍尔夫（Maurice de Wulf）的观点，“断不可取古人之思想行为，而拟之于今人之心理习惯”（伍尔夫，2005，第3页）。所以在古式社会中，作为社会持存的基石，有关特定资源归属的规则及其实践一定存在，但是当时的人们如何理解这类规则，并不能以现代人的权利观念来强行解释，而应当依据当时社会中所普遍存在的主观信念，这就是原始宗教的信仰。根据马林诺夫斯基的观察，相信自己对某物拥有权利，对他们而言必定是有着一种强大未知的神圣力量的驱使。“土著深深地相信祭司通过他的魔力控制着自然的力量，他们也相信他应当控制人的工作。开始一个新阶段的种植活动却没有伴之以魔法仪式，对他们而言是不可想象的。”（Malinowski，1921）

马林诺夫斯基的论述中体现了涂尔干的猜想：经济价值的观念

和宗教价值的观念捆绑在了一起。经济观念通过一种宗教观念的形式来表达，而信仰的神圣性确保了该观念在现实中的可行性。

因此，只有物品上附着某种超自然的力量，只有古人对这种力量的存在持有信念，才会使得他们去维护自身对于该物的权利，才会使得他们不敢去侵犯他人的物品，这就是古人的“信心程度”：一种出自对超自然力量之信念的产权观念。

“在被接受的被交换的礼物之中，导致回礼义务的，是接受者所收到的某种灵活而不凝滞的东西。即使礼物已被送出，这种东西却仍然属于送礼者。由于有它，受礼者就要承担责任，也正是通过它，物主便能凌控盗窃者。”（莫斯，2005，第 20 页）莫斯从“礼物之灵”和“曼纳”（mana）的解释中得出了上述结论。尽管他对于“曼纳”的理解可能存在问题。[24] 但是这一解释与礼物博弈中的“信心程度”十分契合。注意，在博弈模型中，“信心程度”这一变量是不可或缺的，信心程度的高低决定了参与人的行为。换作人类学解释就是“曼纳”的多少体现了行为人在活动中获得成功、得到神恩的程度。博弈分析中“信心程度”确保了均衡的达成；人类学考察中源自原始宗教信仰的观念确保了习俗的维系。

作为对灵力之灵验性程度的表现，曼纳就是观念形态的具体表达。从而古式社会礼物交换形式的理由就是，“法律关联，亦即由事物形成的关联，乃是灵魂的关联，因为事物本身即有灵魂，而且出自灵魂”，礼物交换中，“所要还给他人的东西，事实上是那个人本性或者本质的一部分”（莫斯，2005，第 21—22 页）。莫斯所寻找的信仰力量，也就是本书所指的观念——或者更具体地说是个人对外在世界的认知模式，对经济现实所发挥的作用。

只不过莫斯研究礼物经济这种古式社会的交换形式的主要目的之一，是他的“道德的结论”，这与本书的目的不同。以莫斯为代表的人类学者、社会学者，乃至之前提及的一些历史学派、美国制度学派和当下主张“社会偏好”（social preferences）理论的经济学家都非常强调礼物交换中显露的道德性质，认为礼物交换避开了商品交换中的功利主义性质，其行为是出自一种非自利性质的动机。进而推论现代商业经济忽视了道德维度，礼物经济与现代社会的商品经济不同，其不能用功利主义的框架来解释（莫斯，2005，第155—157、165页）。拉德克利夫-布朗也指出安达曼岛人的礼物交换中经济目的是其次的，“而他们的礼物交换真正能够起到的作用，是精神上的作用。交换的东西会使有关双方产生一种友好的感觉，如果达不到这一点，目的就没有实现”（拉德克利夫，2005，第62页）。

本书的观点是，这种返祖式的理解有失偏颇。诚然，就如古德利尔所言的，交换是很重要，但是交换不是人类生活的全部（古德利尔，2007，第245页）。不过却不能由此推论说追求经济利益的动机和道德之间存在着必然的冲突，以至于要回归到古老社会的习俗惯例才能避免人类社会沦落为丧失道德的经济机器。

根据礼物博弈的分析，结合相关的人类学证据即可表明，蕴含在礼物交换背后的行为动机依然是一种自利的本能。只是礼物经济作为一种古式社会的习俗，笼罩着原始宗教信仰的神圣化表达而遮掩了这种本能，但却不表示其不存在。人有欲求，这是一个一般事实；为了满足欲求人要采取行动，这也是一个一般事实。富有争议的实际上是上述一般事实背后的价值判断：什么样的“欲求”？

因此，笔者认为要摒弃功利主义的思维方式，即追求效用的思维方式，是不可能的，因为这是一种反人性的主张。而那些批判个人行动自利假设——即“经济人假设”（homo economicus）——的学者，很大程度上混淆了“一般事实”和“价值判断”之间的区别。

商品经济中的功利主义性质与礼物经济中的道德性质并不存在必然的冲突，二者之间存在的只是一种表现形式上的差异。礼物经济之所以会呈现出强烈的道德伦理性质，是因为当不存在现代形式的法律规则约束时，古式社会中个体行为通常通过种种非正式约束进行调整，其中最重要的非正式约束就是宗教，原始宗教信仰的神秘主义特质将个人的身份与不具有人身属性的物权紧紧捆绑在一起，从而呈现出一种强烈的行为伦理（人伦规范）特征——这正是莫斯非常看重的一种性质。现代商品经济则由于强烈的非人身属性，[25] 而被认为变得冷漠、无情、不道德。

可是正如前文已经表明的，这种与宗教思维密不可分的礼物经济观念，更确切地说是在古式社会的特定情势下个人对于外在世界的理解方式而已。作为一种理解，此类观念影响个人行为决策，构成个人选择的约束条件，进而外化成为一种道德力量——休谟意义上的道德力量，这样一种推论无可厚非，其正是上一章所述意向性理论的现实反映。但是过分强调其礼物经济观念的道德属性，甚至脱离具体的社会环境夸大道德教化的作用，这不是社会科学研究应当具有的、严肃的学术论证。只不过是充满人文主义精神的批判罢了。

综上所述，从经济学制度分析的角度来看，原始宗教信仰在礼物经济中首先起到的作用，是一种朴素的所有权观念而非其他。正如礼物博弈所证明的，礼物交换的核心特征是对财产权利归属的确认。但是，要让古式社会中的人们具有一种我们现代人所理解的那类抽象的、法权意义上的产权观念，是不可想象的。[26]根据本书第二章给出的制度分析框架，现代产权观念的形成，只可能是行为主体在有关财产权利的现代法律制度约束下，长期产权实践的结果。古人也存在产权实践，但是其约束条件却不同于今人，其观念自然也不同于今人。所以尽管从规则的形式和相应的实践行为来看，古式社会和现代社会存在许多相似之处，但二者在本质上是相异的，即从观念角度考察二者是相异的。

最终，从人类学、考古学和历史学的资料中，本章能够得出的结论只是：对古人而言，神圣的权利——不仅仅只是经济权利——背后必然需要某种神圣力量的支撑。物上凝聚着所有者的灵魂，这是一种以原始宗教的思维形式对抽象财产权利结构产生的具体理解。这类思维模式在前现代社会中普遍存在，哪怕在现代社会中也能寻得其观念残留。[27]对于古人而言，产权观念就是伴随着原始宗教的思维模式而起源的。正是由于物品上携带着人的本质的一部分——这是比任何世俗力量都更为强大的超自然力量，产生了对于所有权观念的朴素理解，“这种所有权被表述、被设想成一种精神的关联”（莫斯，2005，第 23 页）。库朗热（Fustel de Coulanges）

有关所有权的宗教起源的论述更为确信，他认为，“私产的观念出自宗教本身”，土地是以宗教的名义而成为家庭的私产，进而“大多数远古社会所有权的建立，都是由于宗教的原因”，“所有权是家庭宗教不可避免地带来的一种制度”（库朗热，2006，第52—56页）。[28]

一切都似乎是如此自然而然，古人“只凭信仰，就直截了当地达成了所有权的观念。所有的文明都源于此，因为正是通过这一所有权，人类改天换地，并使自身变得更加完善”（库朗热，2006，第56页）。产权观念是人类社会制度的基础，只有当产权观念形成之后——哪怕其是不明确的、模糊的、被迷信的气氛所笼罩的，政治制度、经济制度、法律制度等人类社会的正式关系才能够建立起来。如洛克所言，“统治的基本根据和原则必然依靠财产权的起源”（洛克，1982，上篇，第63页），而首要的政治权力就是“为了规定和保护财产而制定法律的权利”（洛克，1964，下篇，第4页）。就经济方面来说，所有权观念形成之后，其他一系列的经济观念——价值、利润、契约——也会随之以相似的方式、相似的模式出现，进而影响种种以这些观念为契机的经济行为，比如说生产、土地占有、继承，等等。在礼物经济中，所有权得到确认之后伴随而来的是所有权的流动：礼物交换。礼物交换的机制将如下看似违背“公平”的行为证明为是适当的：某项资源“应当”属于自己；将“属于”自己的东西流转出去，并保证有更好的“不属于”自己的东西流转回来是合宜的；不通过自身的劳动，“属于”自己的物品却不断增加并不是出于贪婪。当然，宗教信仰也能为交换的“不合理性”正名。物品的交换伴随着个人身份属性——人的本质的一部分——的交换，因此物虽然流转了，但是人与物之间的联系仍然以超自然力量的形式附着于物之上。正是超自然的灵力确认物品归属的合法性，也正是这种灵力确保了物品送出后必然会带来物品的返还，并且这种赠予—回赠机制会确保交换行为的周而复始，财富因此而积累。这样，围绕着人与人之间的交往行为，以及对神秘力量的信仰，二者的结合确立了一种原初形式的所有权观念，进而促成一套以原始宗教信仰为核心的交换机制——赠礼与回赠的制度。“一切超越所赠实际价值的馈赠都有一种灵魂的价值意义，我们同样也可以用这种价值意义来解释或揭示不是外表上的等值互赠，而是接受馈赠所形成的内在约束。”（西美尔，2003，第 90 页）在现代意义上的财产、法律以及市场制度出现之前，围绕礼物交换而形成的机制成为一套维护财产所有、物品交换和财富增值的经济系统。

或许正是出于对物品流转现象的观察，促使人类学者将礼物经济与商品经济联系在一起。可是必须要强调的是，从法权角度来考量的话，礼物交换与商品交换存在着本质的区别：商品交换包含所有权的转移，但是礼物交换中权利转移通常是不完整的。[29] 或许莫斯提及的库拉（Kula）圈贸易是一个特例，因为这种延续至今的礼物交换形式确实出现了赤裸裸的牟利形式（古德利尔，2007，第 103 页）。不过就像一些人类学者所推断的，这可能是由于现代世界对当地古老社群的外部冲击所致。而更为合适的解释是，礼物交换背后所维护的产权制度本身就能够激发逐利的行为——只要存在特定的情境条件。

至于社会学者所关心的礼物经济强烈的伦理色彩，则可归结为两个原因：一是礼物交换作为一种惯例，遵循惯例的行为本身就会带来一种自发的道德情感；另一个原因则是礼物交换中浓厚的原始宗教信仰氛围所引发的在超验层面上对信仰和道德的体悟。二者相结合，促使礼物交换具有商品交换所缺少的"人性"：不是物品的交换而是灵魂的交换。

在现代社会，由于经济已经完全脱离于宗教，成为社会中一个独立系统，而宗教也已经由古式社会中代表社会整体的角色退缩为社会中的一个部门，商品经济自然不可能如礼物经济那样引发强烈的伦理情感。但是，现实中大量的商业惯例所引发的规则伦理，在现代惯例经济（conventional economies）中依然存在（韦森，2002，第 63 页）；一些社会中残存的礼物经济遗产依然发挥着重要的影响，例如人情交换、关系网络，等等。因此，在现代社会的经济制度以及市场体系中仍然蕴涵着伦理因素，蕴含着情感因素，不可能是全然道德无涉的。只是必定要以另一种不同的形式，与现代社会规则相契合的形式表达出来。不同的时代、不同的社会，有着不同的、发挥着经济职能的社会系统，与之相应的社会伦理也表达为不同的形式。

礼物交换与商品交换各自分别代表着与不同社会制度相契合的经济行为。礼物交换的习俗是古式社会的产物，其中蕴含了诸多的社会功能，即莫斯所称的"总体呈献"，经济功能只是其中的一项而已。一切制度的因素——政治、法律、经济——都被包容在以宗教信仰体系呈献的种种仪式、习俗和惯例中，这是古式社会制度一体化的特征，“社会需要一种固定的尺度，需要情感陪伴，需要神圣性，其必然性表现为舍此别无其他选择，有了它们，社会规范展示出一种新的聚集状态”（西美尔，2003，第 84 页）。西美尔（Georg Simmel）这里所指的“它们”就是与世俗规范混同在一起的宗教规范。在古式社会中，世俗的一切规范都是需要伴以某种宗教的仪式规则方能成立。从这个意义上来说，宗教就是制度，经济制度只是这一总体制度的子集。随着社会的演化，当一系列经济习俗作为正式规则而独立之时，礼物交换的经济功能也随之转移到商品经济之中。但是由于礼物交换本身并不单单只是一种经济交换机制，因此在商品经济时代，礼物交换仍然存在。在现代社会，礼物仍然承担着非经济交换性质的功能，个人的身份、情感以及社会交往关系仍然部分借由礼物往来而传递。但因此而拔高礼物交换的伦理属性，贬斥商品经济缺乏道德内涵，无论是从理论还是经验上来说，都是不合理的。

第四节　余　论

通过对礼物交换的分析，本章的结论是：（1）礼物交换的核心是财产权利归属的确认，物品交换仅仅是其作为整合的社会制度的功能之一；（2）根据礼物博弈的推导，在产权竞争中，观念（信心程度）扮演了最为关键的角色，而这一观念因素在人类学材料中体现为一种宗教观念，即古式社会中的人们理解外在世界的方式；

（3）正是由于礼物交换中以宗教信仰形式表达的权利观念，将其与现代社会的商品交换相区别；（4）这种产权观念的形成与作为惯例的、仪式化的礼物交换机制密不可分，不过其一旦产生，便会反作用于人们的交往关系，形成礼物经济下特有的一系列行为模式。

所以礼物经济是特定社会状态下的制度性事实。从历史来看，早期社会大量的风俗习惯最初都是由古老的神圣力量所决定的，常人不能违背。而习俗的演变有自身的逻辑，当处于古式社会的情境下时，人们不得不从神秘的信仰力量中寻找合法性的证明，但是随着时间的推移、条件的变换，礼物交换的经济功能必然会为自身寻找到新的均衡点，新的合法性证明。不只是经济的领域，政治的领域、法律的领域都是如此，这时就会出现制度变革。

因此礼物经济的消失、商品经济的出现，可以视为经济制度演化的结果。随着时代的发展和社会的变迁，礼物交换已经越来越难以承担其经济功能。一方面礼物交换带来的是实质性的财富积累。精神力量越强大，会带来越多的财富，因此原始社群中的首领、祭司往往通过礼物交换获得大量财富（Malinowski，1921）。可是另一方面，礼物交换下的经济观念所能承受的财富积累是有极限的。这种极限体现在两个层面：首先，个人的灵魂是有限度的，每一次赠礼与回赠都代表着自身人性的流失和非自身人性的接纳，这种流失和接纳皆不是无限的，最终会转化为极端的财富破坏行为，例如夸富宴中的散财行为（莫斯，2005，第94—95页），这就意味着现代社会的那种资本形式的财富积累在古式社会是不可想象的；其次，群体之间的灵魂交流是有限度的，礼物交换要能够成立，必须满足一个特定的前提条件，交往的行为人之间有着相应的信仰共识——他人必须认同我的信仰，这就在一定程度上限制了礼物交换的范围。第二个层面对于社会发展而言影响尤为重要。萨林斯（Marshall Sahlins）曾指出，礼物交换往往是在亲属之间进行的，随着亲属关系距离的延长，交换者变成了陌生人，商品交换也就出现了（Sahlins，1972，pp. 175—176）。这就是通过血缘关系、亲族关系、地区关系、种族关系、国族关系逐步扩展的贸易网络背后的观念共识。现代社会的发展是一个不断开放的秩序扩展过程，在这一过程中，礼物经济的观念约束将会成为社会进步最大的阻碍。

莫斯提及的库拉圈贸易和夸富宴，可以如其所言被视为总体呈献体系的延伸，但也可以被称为经济交换功能在逐渐摆脱礼物交换的限制。夸富宴中种种在今人看来似乎毫无逻辑可言的散财行为，导致了两种结果：一方面促进了财富的循环流通，另一方面则注定了在这类社会中个人财富的规模不可能太大。[30] 而库拉圈贸易则进一步体现了向商品交换的过渡。库拉圈贸易属于一种大范围的交换贸易（Malinowski，1920），尽管信仰仍然在其中发挥着主要作用，“魔力总是与技术操作相互交织在一起，并且对于土著的思维来说也是成功完成任务绝对不可或缺的因素”（Malinowski，1920），但是其中也开始出现大量商品交换的雏形要素，比如说“货币”[31]、信用（莫斯，2005，第 67 页），等等，从而变得越来越像现代的商品经济。

“只要社会、社会中的次群体乃至社会中的个体，能够使他们的关系稳定下来，知道给予、接受和回报，社会就能进步”（莫斯，

2005，第182页）。莫斯最后从礼物中所得出的结论也是本章最后想要说的，一个社会的习俗惯例所具有的观念力量是推动或阻碍社会进步的重要因素。这种力量曾经是以宗教信仰的形式而存在的，只是如今这种形式已经褪去了神秘的外衣。但是笔者更想强调一点，褪去宗教信仰的外衣之后，并不意味着现代社会的制度距离道德越来越远，也不意味着现代社会的制度距离信仰越来越远。

本章注释：

1. 这一分析框架的最佳表达，就是霍布斯的《利维坦》(*Leviathan*，1651）和洛克（John Locke）的《政府论》(下篇）(*The Second Treatise of Government*，1689）中构建的从自然状态进入社会状态的论证。参见：霍布斯（1985，第92—97页）和洛克（1964，下篇，第5—12页）。

2. 也正是因为如此，如后文所表明的，笔者认为人类学材料中大多数被社会学者、人类学者归结为“互惠贸易”的现象，贸易仅仅是人们行为的结果而已，实质指向的是产权（资源归属）问题。

3. 包括萨格登教授本人在最近十余年间也进行了大量实验，为这类观念因素的解释搜集了许多可量化的经验证据。

4. 作为比照，对于人类学家来说，将经济现象和人类学解释相结合，似乎能够更好地对经济学理论存在的缺陷发起冲击，从而出现较多的研究原始社会经济的著作，例如弗思（Firth，1939）和赫斯科维茨（Herskovits，1939），以及在国内影响较大的萨林斯（Sahlins，1972。中译本为萨林斯的《石器时代经济学》)。

5. 本书所使用的“原始宗教”(primitive religion）是相对于“高级宗教”(higher religion）而言的概念。笔者早年是直接借用了历史学家汤因比（Arnold J. Toynbee）的理论，即从宗教崇拜的三个对象——自然界、人本身、超越于自然和人之上的绝对实在，所做出的分类。对于自然的崇拜是原始宗教的特征，又称“自然崇拜”；对于后二者的崇拜是高级宗教的特征，并且高级宗教自身即具有一系列的社会制度性质。参见：汤因比（1998，第27—29页）。但是近几年来笔者对于汤因比的这一宗教分类愈来愈存有疑虑。因为如果详细考察当前各主流宗教的教义和实践，实际情况可能并非如此简单，尽管“超验信仰”确实是当前主流宗教（也就是汤因比所指的高级宗教）共有的特征。不过就社会科学来说目前还很难有更好的宗教分类体系来取代汤因比的分类，所以为了分析上的便利，本书还是保留了这样一种分类形式，可是如果其含义所指与汤因比原本的意思不同，笔者会具体指出。

6. 例如一些田野调查地区的原始经济事实上已受到现代经济的冲击，而有一些原始经济现象并不具有普遍性，比如特罗布里恩群岛的库拉（Kula）圈（古德利尔，2007，第82—103页）。

7. E. E. Evans-Pritchard的中文译名有译作“普里查德”，也有“普理查德”，本书从前一种。但具体引文中以所引文献为准。

8. 人类学对于“互惠”的理解与经济学存在很大的区别。经济学上“互惠”指的是一种合作关系；而人类学上的“互惠”根据哈维兰（William A. Haviland）的定义，“指大致相等价值的物品和服务得以交换的两方之间的交易”（哈维兰，2006，第204页），亦即强调一种“平等相待”的观念。

9. 莫斯的上述推断不仅意味着道德领域与经济领域相对立，司法体制亦站在经济事务的对立面。这样一种观点不仅是反经济的，更是反常识的。

10. 这种“属于”，根据马林诺夫斯基提供的人类学资料来看，与我们现代人理解的“所有权”观念还是有所差别的。如果一定要以现代法权观念来框套的话，其只是部分体现了“所有”的含义。

11. 现代语义中，“所有权”是一个法权概念。而莫斯这段叙述中，就其所考察的对象——古式社会中的行为主体——来说，当然不具备这样的法权观念，其仅仅表达出一种“资源归属与谁”的理解模式，仅在此意义上可称之为是朴素的所有权观念。

12. 霍奇森（Hodgson，1998）认为采取演化分析就可以避免无限递归难题，这是一种“自欺欺人的”辩解。演化依然要假设某个出发点，否则当我们说“从无制度状态演化出某种社会制度状态”，“无制度状态”之前是否也存在着某种演化进程，那么“无制度状态之前的状态”又是什么，其又是从何演化而来的？这些都是难以解释的问题。当然，霍奇森还可以诉诸“习惯”这一人类本能，那么“本能”是否是演化的结果？如果是的话，那么又将陷入无限递归的情形；如果答案为否，那么霍奇森预设的“本能假设”和他批判的新古典理性人假设本质上没有什么不同，甚至从分析角度而言更加粗糙了些。

13. 本章中还未应用韦伯意义上的“理想类型”(ideal-typus)概念，只是严格字面上的含义——理想化场景，至于韦伯的“理想类型”，也称为“理想型”，则参见本书第六章。

14. 库克(1728—1779)，英国航海家和探险家。一生中进行了三次伟大的航行，分别是1768—1771年，驾驶三桅帆船“奋斗”号，航行至新西兰，并绘制出该岛的海图，还探测了澳大利亚东海岸；1772—1775年，做环球和穿过南极洲的首次航行，完成了第一次自西向东高纬度的环球航行；1776—1779年，旨在探索是否存在围绕加拿大和阿拉斯加的西北航道，但未成功，在夏威夷被波利尼西亚人杀死。本章选取的例子来自萨格登(Sugden, 2004, pp. 194—195)。萨格登教授使用的材料来自霍夫(Hough, 1994)，因此笔者又参考了后者关于库克船长的传记。

15. 该习俗的具体描述参见：Malinowski(1922, pp. 486—491)。

16. 当然礼物博弈的描述也可以使用其他形式，只要礼物竞争中产权竞争的核心不变，以及有其他的人类学材料予以佐证。

17. 当然，任何模型都是一种简化，未能顾及人类学的一些理论细节。比如说，莫斯就认为赠礼制度中夸富宴的形式是礼物经济高度发达时期才有的产物。不过仅从资源归属这一产权问题而言，早期的礼物赠予——莫斯所称的“总体呈献体系”(système des prestations totales)，和夸富宴是一致的。莫斯也承认，“夸富宴作为一种财富的散发，就是‘确认’的一种基本行径”(莫斯，2005，第73页)，即夸富宴作为对资源归属权利确认的作用不变。

18. 例如库克船长的例子中，库克船长这一方首先拿出自己的礼物赠送，对方的接受赠礼行为表明承认库克船长拥有船上资源的权利；而对于土著人回赠礼物的接受，则表明库克船长这一方对土著拥有岛上资源的权利的确认。而“布利地拉尤洛”的例子中，回礼的多少可用来确定胜利者。

19. 从这一角度看，该博弈类似于分割博弈或者纳什要价博弈。

20. 为了分析的简便，模型中暂时不考虑礼物本身的效用值，即假设双方赠予的礼物在资源中所占比例极小，其效用近乎为零。当然该假设可能与现实并不相符，尽管在现实中这一部分损失往往可以通过礼物回赠的形式得到补偿。不过在消耗战博弈中，礼物的作用主要在于表示投降的形式和对资源使用权利的确认而不是其价值本身。如果必须计算礼物的效用，那么分割博弈形式可能更为适合。此外还需指出的是，效用损失边际递增是与时间假设相关联的。而有些时候消耗战博弈未必需要以时间选择作为策略，例如夸富宴情形下，就可以用一次性消耗财富的数量作为策略，此时就不存在效用损失边际递增的情况。但用时间来进行比较更具一般性。

21. 演化博弈中的演化稳定策略实质上就是经典博弈中的纳什均衡，其必须具备两个条件：（1）均衡性，或者称“最优反应”（best-reply）；（2）稳定性，或者称“不受侵扰的策略”。具体解释和证明，参见：Weibull（1995，pp. 35—41），Sugden（2004，pp. 26—30）。

22. 第二节的礼物博弈模型主要论证的是赠礼这种形式的惯例，参见附录一。回赠惯例还不能完全等同于竞争者的产权规则，但是二者的形式和逻辑非常接近。为了简化论证，本书暂且不涉及回赠惯例的证明。

23. 当然，特纳也认为在有些仪式中这些情感会被刻意压抑（特纳，2006，第 38 页）。但是无论是被压抑还是激发，都会变成一种情感的力量，只是情感与仪式表现出的关系不一致而已。

24. 现代人类学研究表明，“mana”并不是一种如同“hau”那样的灵力。而是一种通常通过首领或者祭司而从鬼神那里获得的灵力的灵验性（Hocart，1914，1922；Schnepp，1932；Hogbin，1936）。但是这个词的具体含义一直存在争议，当代甚至有学者将这个词的含义与中国的“阴阳”结合起来，参见：Patterson（2000）。

25. 即以财产权利规定个人在社会中的地位，而非以个人的身份地位规定其财产权利。在马克思主义者的眼中，这是人的“异化”；在德・索托（Hernando de Soto）那里，则属于产权的六种效应之一，参见：de Soto（2000，pp. 58—60）。

26. 莫斯说罗马人和希腊人首创了个人权利和物权的区分。但是即便从古罗马的法律中也可以看到礼物经济中那种信仰权威的遗存。这一点莫斯也承认，对于罗马人而言，“物本身具有一种‘永恒权威’……”（莫斯，2005，第121页）。

27. 例如涉及婚丧嫁娶这些人生重大事务时的赠礼与回赠机制，以及一些重要权利的确认或者转让过程都伴随着相应的仪式（程序），这些程序不是为了确保安全，而是确保某种信念。

28. 库朗热这里所说的宗教，主要是指祖先崇拜。

29. 需要指出的是，在法权基础上对商品交换和礼物交换做出区分必须相当谨慎，理由是：（1）无论是现代社会还是古式社会，都缺乏统一的方式来衡量物品所有权是否完全流转，只能通过大量经验材料显示的结果做模糊的估计；（2）古式社会本就缺乏法权意义上物品所有权流转，经验材料仅显示物品流转，必须结合其他证据才能推断其与现代社会商品交换的差别。在接下来的第四章中，笔者尝试对二者区别做一种定性的划分。

30. 不过格雷戈里认为礼物交换有助于财富积累，甚至是资本积累的出现（Gregory，1980），笔者对此观点存疑。

31. 有关早期的“货币”问题，莫斯与马林诺夫斯基存在不同的理解。参见：莫斯（2005，第85—86页）。

第四章　羁于身份的权利：传统中国社会产权的性质

明尊卑爵秩等级，各以差次名田宅，臣妾衣服以家次。

——《史记·商君列传》

第一节　问题的提出

如第三章所述，产权（property rights）是人类社会持存之根本，东西方皆然。“没有人能够怀疑，划分财产且稳定其占有关系的惯例，在任何情形下都是建立人类社会所最为必要的条件，并且当人们就订立和遵守上述规则达成同意之后，对于建立一个和谐与和睦的完善社会来说，便几乎没有多少事要做的了”（Hume，2007，pp. 315—316）；“民之为道也，有恒产者有恒心，无恒产者无恒心”（《孟子·滕文公上》）。[1]

不过与上一章相比，本章关注的是社会中既存的具体财产权利安排，而非广义上的产权制度起源。这类狭义的产权概念在经济学界的标准解释可参照阿尔钦为《新帕尔格雷夫经济学大辞典》所撰写的产权词条，“产权是一种通过社会强制实施的选择某种经济物品使用用途的权利。私有产权是归属于个人的产权，它可以通过转让以换取对其他物品类似的权利。私有产权的效力取决于强制实施的可能性及为之付出的成本，这种强制有赖于政府、日常的社会行动以及通行的伦理和道德规范”（Alchian，2008，vol. 6，p. 696）。[2]

在法律上，产权通常对应的概念是“所有权”（ownership），依照《中华人民共和国物权法》第三十九条，所有权是指“所有权人对自己的不动产或者动产，依法享有占有、使用、收益和处分的权利”。

除了上述两个标准化定义之外，也可参考德·索托那类形象化的界定和阐述，“产权是一个概念，像能量一样，无法直接体验。纯粹的能量看不见摸不着。同样也没有人能看见产权。只能通过能量和产权产生的效应，来体验产权”（de Soto，2000，p. 47）。所以德·索托将产权解析为六种效应（de Soto，2000，pp. 47—62）：（1）确定资产的经济潜能，（2）用单一系统整合分散的信息，（3）使人权责明晰（accountable），（4）使资产便于交换（fungible），（5）建立人际关系网络，（6）保护交易。

然而我们面临的问题是，传统中国社会的产权形态似乎无法融入上述任何一种解释之中。

通过简单对比有关产权现象的史料记载，就不难发现其中的困难。[3]

首先，“溥天之下，莫非王土”（《诗经·北山》），这是传世文献中引用最多的语句之一，与此相近的表达是“封略之内，何非君土”（《左传·昭公七年》）；“六合之内，皇帝之土”（《史记·秦始皇本纪》）。这些表述通常被解读为传统中国社会是“君主私有制”。[4]

其次，“一兔走，百人逐之，非以兔也。夫卖者满市，而盗不敢取，由名分已定也”（《商君书·定分》）；“一兔走街，百人追之，贪人具存，人莫之非者，以兔为未定分也。积兔满市，过而不顾。非不欲兔也，分定之后，虽鄙不争”(《慎子·逸文》)。这两段文字则显示出极强的财产私有意味，且有青铜器铭文为证。现存铭文中有不少记录了关于土地交易和纠纷争讼的案例，较具代表性的如倗生簋（集成 4262），[5] 记录了一桩在西周官员见证下发生于格伯和倗生之间的土地交易，并铸器以“用典格白（伯）田”。[6] 按照现代经济学和法学的理解，土地既然能够合法交易，[7] 那么至少具有事实上的“私有产权”性质。[8]

再次，同样是《商君书》记载，“故为国任地者，山陵居什一，薮泽居什一，溪谷流水居什一，都邑蹊道居什四。此先王之正律也，故为国分田数小”(《商君书·算地》)；“其山陵薮泽溪谷可以给其材，都邑蹊道足以处其民，先王制土分民之律也”(《商君书·徕民》)。其中“为国分田”“制土分民”这些词句都是国家授田予民的明确表述，这就表明至少在《商君书》成书年代——一般认为是战国末期，就出现了“公有制”或“国有制”的产权形态。[9] 出土文献中亦有“授田”制度的证据，如睡虎地秦简《秦律十八种·田律》有载，“入顷刍稾，以其受田之数，无豤（垦）不豤（垦），顷入刍三石、稾二石”(睡虎地秦墓竹简整理小组，1990，释文第 21 页)；银雀山汉简《守法守令等十三篇·田法》有“州、乡以地次受（授）田于野”的记载（银雀山汉墓竹简整理小组，1985，释文第 146 页）。这就印证了在传统社会，国家确实对土地产权拥有控制权——至少当时的法令是如此规定。[10]

有鉴于此，目前在探讨我国传统社会产权性质问题的研究中，出现两类趋势：一类是移植成熟的现代产权理论来梳理中国社会的产权史料与现象，例如曹树基等（2010）、龙登高等（2013）的研究；另一类则是承继黄宗智（2005a；2005b）的观点，认为中国社会不适用于西方理论——现代产权理论具有典型的西方特色和形式，必须完全从中国经验出发另创中国式理论，陈锋（2012；2014）、桂华和林辉煌（2012）以及谢小芹和简小鹰（2014）等人的研究即是如此。

如何认识传统中国社会财产权利的性质，[11] 是本章的主旨。

笔者认为，研究中国社会的产权首先是一个定性问题，而进行定性分析既要避免陷入生搬硬套以西方历史经验为基础的产权理论的窠臼，也要避免德国历史学派的流毒——盲目强调中国经验的特殊性。必须从特殊经验中去发掘一般性事实的存在，才是社会科学研究应当持有的立场。因为就经验而言，每一个社会皆有其特殊性，与社会中每个行动主体利益攸关的产权现象尤其如此。但这并不意味着看似千差万别的表象背后就不存在某种共通的逻辑可循。在本书第三章中，“礼物交换”和“商品交换”就是看似完全不同的经验事实，但正是通过寻找两类现象背后相同的逻辑，才让我们明确礼物交换的实质。在这一章中笔者就是希望通过分析传统中国社会的经验材料，来寻找这种具有一般意义的产权性质。

本章的结构内容安排如下：在第二节中笔者将对到目前为止有关传统中国社会产权问题的研究文献进行简单梳理；并在第三节中结合具体的经验材料——清代闵北土地买卖文书——来反思这些文献中所反映的观点；然后在第四节笔者将解析传统社会产权现象中

的一般性事实，并以此为依据界定这类财产权利的性质；最后第五部分是本章的余论。

第二节　传统中国社会产权研究文献概览

据笔者管窥所见，我国学界有关传统中国社会财产权利性质的讨论，大致可分为三个时期。早期是围绕着史学界称为“五朵金花”之一的“中国封建土地所有制”问题而展开的。[12] 在这次讨论中，对于传统社会产权属性的认识，大致可分为两类观点。[13] 一类观点认为我国传统社会是封建土地国有制，如侯外庐（1954）就持有一种“王有制”的观点，认为“君王是主要的土地所有者”；而韩国磐（1959）从国家授田原则出发，认为这是一种土地国有制度。第二类观点则认为传统社会是封建土地私有制，其中又可分为两派：一派认为这种私有制是“地主私有制”，如束世澂（1957）、高敏（1960）、张传玺（1978）和胡如雷（1979）等学者都认为，传统社会存在土地兼并问题、土地买卖现象，这些都说明当时土地并非国有或君主所有，而是一种地主所有制形式；而侯绍庄（1957）和刘毓璜（1960）等学者则认为除了存在地主所有制外，我国小农经济中长期存在大量的自耕农，因此“自耕农小土地私有制”也占据了相当大的比例。

最终，这场讨论奠定了接下来数十年间学界有关我国传统社会产权形态认知的主流观点，即“地主私有制”（张越，2016）。当然，也有少数学者提出不同意见，如秦晖所主张的“关中模式”——

关中无地主、关中无租佃、关中有封建（秦晖和金雁，2010，第44页），[14] 持有的就是自耕农"小私有制"观点。

不过王家范（1999a，1999b）开始反思上述理论，这是学界有关传统社会产权性质讨论的第二个时期。王家范先生认为，过去我国史学界所认识到的那种传统社会的"私产"现象，实际上只是"私人占有"，因为在皇权之下，没有任何个人——豪强地主或自耕农——能够防止权力对权利的掠夺。缺乏制度保障的"私产"不能称为"私有制"，其实质仍然是"国家主权是最高产权"（王家范，1999b）。程念祺（1997；1998；2000）也持相似的观点，认为中国古代是土地国有制，但并不稳定，因为"中国古代的土地国有制，强调的是国家主权及其意识形态。它在本质上，是把土地的所有权从属于国家主权，把土地制度纯粹地意识形态化。而它所忽视的，是制度制定的法理，以及必要的制度安排与组织"（程念祺，1998）。李朝远（1986；1988；1990；1994）对西周青铜器铭文所做的一系列考察则为上述观点提供了证据支持，从铭文中可知周王确实为最高土地所有者，诸侯在周王之下只拥有部分权利，李朝远称之为"领主制封建等级土地所有制"。杨师群（1993；1997；1998；1999；2000；2003a；2003b）则研究了中国古代各时期的产权史料，并以西方古代社会作为参照系进行对比，认为我国古代存在财产私有的事实，却无相应的法律制度和法律意识，"在民间社会经济运作的小秩序中，我们似乎模糊地感觉到自耕农土地私有权的存在，而在国家专制统治的大格局中，实际上自耕农往往并无土地私有权可言；就是说自耕农的产权形态在一定程度上必须服从国家大格局的运作规则，这时自耕农就被剥夺了排他的任意处置权”（杨师群，2003a）。

近年来随着产权研究的深入，学界对于传统社会产权性质的探讨也开始摆脱数十年来所有制思维的羁绊，不再强调“公”“私”之争（李根蟠，2014），而是转向对经验材料的深入挖掘，出现了大量考察产权形态实际运作的文献，这是传统社会产权研究的第三个时期。

其中江太新（1990；2000）较早地利用清代各地方契约和税收底册材料对传统观点进行了反驳，认为至少就清代前期的史料来看，宗法关系对地权约束不强、土地买卖频繁。赵冈（2002）亦利用统计资料来佐证自己有关中国古代土地私有的观点，认为传统中国不存在大地主经济，地权往往集中到一定程度就会趋向于分散，所谓“地主”是私有产权下土地自由买卖的结果。胡英泽（2008；2011）则以“鱼鳞册”为材料来重新考察“关中模式”，认为秦晖所言关中地区土地地权分散、流转缓慢的结论是由于资料使用不当所致。

耿元骊（2008；2010）、陈明和刘祖云（2014）通过进一步的文献梳理肯定了杨师群的观点，即我国古代无明确的产权制度，文献中的产权现象实则为赋税制度，“赋税是国家最根本的政治资源，土地之于传统国家统治的实际功用首先体现为其上的产出和税赋，这就导致了土地制度往往是作为租税制度的副产品出现的”（陈明和刘祖云，2014）。

20世纪80年代，杨国桢利用明清土地契约文书，并结合现代法权理论，开创性地研究了永佃权和“一田两主”等地权问题（杨国桢，2009）。[15]此后，李锡厚（1999）、曹树基等（2010）、龙登高（2009）、戴建国（2011）、杜恂诚（2011）、春杨（2011）、曹树基（2012）以及龙登高等（2013），也皆以现代法权理论作为参照系，试图解释传统中国产权之特征。例如李锡厚（1999）、戴建国（2011）和春杨（2011）的研究引入现代法权理论的相关概念来分析宋代田宅典卖、明清田土找价回赎等问题；曹树基等（2010）将传统社会产权界定为“残缺产权”，就是以现代意义的刚性产权制度作为参照系而形成的比照；而杜恂诚（2011）认为上海租界地区的“道契”制度才是一种真正意义上的完整产权；龙登高等（2013）则使用现代产权概念将明清时期的田土买卖分解为一套包含“胎借—租佃—押租—典—抵当—活卖—绝卖”等多样化形式在内的地权交易体系，并结合土地交易史料认为当时的地权交易已经突破了传统社会“基于身份关系的交换”（personal exchange）（龙登高，2009）[16]。不过与国内学者侧重于探求中国经验与西方理论之间的契合性研究不同，国外学者如曾小萍（2011）、埃里克森（2012）等人则注意到了中国经验与西方理论的背离之处，譬如曾小萍认为清代政府确实承认私人产权，但这类私产不同于西方概念，其权利属于家庭而非个人（曾小萍，2011，第21页）。

林济（2001；2003）代表了另一种研究趋势，通过对中国近代乡村财产习俗的研究，他提出了一种“财产祖有”的观点，认为无论是家族公产还是家庭私产，其本质上都是“祖先私有”（林济，2001）。[17]与此观点相似，桂华和林辉煌（2012）、陈锋

（2012；2014）、谢小芹和简小鹰（2014）以及徐嘉鸿（2014）等“华中乡土派”学者纷纷使用“祖业观”“祖业权”等概念来探讨中国传统社会产权观念对当代的影响。[18]他们认为西方产权理论（以经济学为代表）不适用于中国传统社会的产权经验；从中国经验中所反映出的产权观念仍然在左右着当代中国农村地区的产权实践，与现代产权规则的施行相抵触，且这种影响不容忽视。

第三节　反　思

“我曾经想过一个最简单的问题：一个中国传统家庭的财产归谁所有？在没有分家之前，或没有遗产继承之前，所有子女似乎都享有部分收益权，但都没有处置权，这是很明显的。但能说父家长拥有所有权吗？从道理上说，他只是代表全家拥有它，必须从全家的整体利益去支配它。似乎只能说是‘家庭所有’。一个只管自己消费而不顾一家老小的家长，从情理上，我们不会认可为他是合格的家长。但这样的家长，在中国历史上可惜不少。再说，子女没有所有权，那凭什么分家时他必须取得其中的一份财产呢？其中不是隐含了一个早已预伏的前提：全家的财产里，他也有一份，只是必须按大家认定的习惯法则，由家长来决定时机和份额”（王家范，1999b）。

王家范先生的这段论述反映出我们在分析有关传统社会的产权材料时所普遍面临的一种困难：古代中国的产权现象是一种颇为复杂的社会事态，冠之以任何当代的产权理论似乎都有一叶障目之嫌。接下来笔者将以清代闽北地区的土地买卖文书为例，反思上一节所提及的产权理论，以厘清产权分析思路。

笔者选用的资料出自杨国桢（1982a；1982b；1982c）分三期刊载于《中国社会经济史研究》的《清代闽北土地文书选编》。笔者只取用了其中土地买卖文书部分，共81件。[19]

之所以采用闽北土地文书作为研究材料，理由有四：一是这批文书是杨国桢先生于1979年从三千多件契约文书中辑选而来，所涉案例非常具有代表性；二是闽北山区在历史上其经济地理位置具有参考价值，一方面作为福建地区的“粮仓”，传统农业经济发达，另一方面自明清以降又受到商品经济的冲击影响，因此该地区的田土买卖更能凸显传统中国社会财产权利的某些典型特征；三是这批资料时间跨度长，历经从1654年（顺治十一年）到1911年（宣统三年）二百多年时间，基本上能代表整个清代时期该地区地权关系的态势；最后，该文书材料相当成熟，除了杨国桢外，其他学者也多次采用，例如江太新（1990），文本自身引发的异议甚少，所以若能从中发现某些新的线索，则更具有说服力。

通过考察这批文书资料，笔者认为前述学者观点中至少存在三个问题。

首先是早期学界产权讨论中的“公”—“私”之辩。笔者认为从“公有”“私有”角度来认识中国社会的财产权利本质上仍然是基于西方经验传统。因为所谓“public”（公）与“private”（私）的划分源自古希腊的城邦政治。当一位自由民作为“公民”参与城邦事务时，其处理的是“公”领域的关系；当他作为“家父”进行家政管理时，处理的则是“私”领域的关系。而在古希腊罗马这些城邦国家将家庭财产作为决定公民政治权利的重要基础之后，财产私有的观念才逐步成熟，并相应地激励了保障财产权利的法律规则的完善。[20]但是反观中国，却从来没有这样的传统。在中国历史上，至少商周时期并未产生“私”之观念，因为在甲骨文、金文中没有“私”字（杨师群，2003）。[21]而对应的“公”字古义为贵族之爵号，即“公侯”之意。[22]《诗经·小雅·大田》中所言的“雨我公田，遂及我私”，以及先秦文献中“公作”与“私作”之辨，[23]皆反映出一点：中国社会传统观念中的“公”代表着国家、社会所肯定的正式规则、秩序，而“私”是在官方律法之外的非正式约束、潜规则。[24]延伸开去，在汉唐契约中经常见到类似“官有政，民私要”这样的语句，[25]正是反映出传统社会对“私有”属性的一种普遍认知。汉唐之后，随着官府开始逐步承认私契，将私契作为诉讼证据并对私契课税，明清时期的契约文书中已经看不到这样的语句，但是从闽北契约中仍然能见到“系两家甘允，各无异说”（康熙年间第4件、乾隆年间第1件等）这样的用语，表明此时田土买卖仍旧维系于一种私约性质（杨国桢，2009，第18页）。当财产权利依赖于正式规则缺失下的非正式约束而存在时，“公有”“私有”这样的划分就失去了意义。

其次，是西方产权理论的移植问题。是否能够直接运用源自西欧历史经验的产权概念来解析传统中国社会的产权资料呢？例如中国特有的地权交易形态，“典”，即有赎回权的土地转让，[26]戴建国（2011）将其纳入现代物权理论的解释，认为出典人出让的是使用权；而龙登高等（2013）则认为典是他物权的交易，并且进一步细化，将典与胎借、租佃、押租、活卖、绝卖等做了区分，“地租交易谓之胎借，土地使用权交易谓之租佃，他物权交易谓之典，押租介乎佃、典之间，担保物权交易谓之抵押，所有权交易谓之买卖”，从而建构起一套多样化的地权交易体系，并认为这套交易系统在清代地权市场已经成熟。[27]

倘若现代产权规则能够适用于分析传统社会的产权经验，那么即便不存在成文法的明文规定，也应当能够找到与之相匹配的史料予以佐证。但是在闽北土地买卖文书中，两个十分特殊、却又具有典型意义的案例引起笔者的注意。

案例一：

一块名为“大新源”的田土买卖。该土地交易在闽北文书中最早见于乾隆十二年，由罗恭智将此“祖产”卖于赵天若，[28]并约定十年之内原价赎退，若过十年之外，不得赎回（乾隆年间第5件）。按照前述学界理论，这是标准的典。不过仅三年之后，罗恭智便与赵天若立找贴契，要求找价银十二两，并且特别注明，“所找所贴，二比情愿，自找之后，听凭买主永远管业，卖主向后不得取赎，以及登门索找讨贴，任凭买主过割收产入户，卖主不得阻当异说”（乾隆年间第7件）。[29]据龙登高等学者的观点，这属于一次性找断交易，当为“绝卖”，所有权在此时发生了转移，后续也不应再有回赎、找价等行为。然而，乾隆二十五年，罗恭智以同一田土再立找贴断契，此时买主已不是赵天若，而是赵宜珪，从文书内容和姓氏上判断应为赵天若后人。也就是说，即便原买主过世，该土地产权仍未彻底交割，原卖主仍可向在世后人找价。此外，该契约依然注明为找断契，卖主不得再找（乾隆年间第14件）。[30] 可是七年之后，罗恭智又一次向赵宜珪重找，尽管所立文书还是写明找断贴契，不得再找（乾隆年间第17件）。乾隆三十六年，名为罗启玉、罗启亮二人，就土名“大先源”的田地向赵宜珪找价。尽管名称有所出入，但从文书内容来看，这块“大先源”即为“大新源”之笔误，罗启玉、罗启亮之先父即为罗恭智。也就是说，在原买卖双方均已过世的情况下，罗氏家族仍有权向赵氏家族招贴，此外文书中强调这是“休心断骨契”，永不再找（乾隆年间第20件）。之后从乾隆三十七年的一份找贴契中可知，该田土在同年（三十六年）被赵宜珪卖于刘子龙，[31] 并在一年后向刘子龙找价一次，当然契中依然声明是“找断”，不得再找（乾隆年间第22件）。意料之中的是，两年之后，乾隆三十九年赵宜珪又与刘子龙立找断契（乾隆年间第24件）。由此，这块“大新源”的土地在二十七年时间里转手两次，找贴至少七次（其中一次招贴契未收入，但有记载）。

案例二：

乾隆五十六年，一块名为“水角壠”的土地买卖。卖者为刘应菁和其侄子刘兆荣，该田土注明为刘应菁兄之遗产，田皮田骨一并卖于林长标。此处一个值得注意的细节是，该土地买卖文书间隔一月立契两次，分别为乾隆年间第34、35件，其差异之处除了地价银有少许差别外，主要就是前一件文书中写明是“卖断契”，后一件只写“卖契”，由此该土地交易应属于“活卖”性质。所以一月后，刘应菁、刘兆荣再与林长标立找断契，且找价甚高，原卖地价为纹银62两，找价却要34两。也就是说该田地在一月内涨价超过50%(乾隆年间第36件)。两三年后，林长标将“水角墘”卖于刘子飞，并于三月之后向刘氏找贴，立找贴断契(乾隆年间第38件)。[32]但是两年之后，刘应菁再次向林长标立贴断契(嘉庆年间第1件)。[33]注意，此时林氏已经将田地转手，但契约仍然成立。不过紧接着就是林长标向刘子飞立找断契(嘉庆年间第2件)。一月后，刘汉宝为“水角墘”地块向其族侄刘应菁立找杜断契(嘉庆年间第3件)，该文书中写明这块土地最早其实是从刘叔汉宝处买得，但尽管数次转手，最初所有者的田土权利仍未割断。[34]十二年后，一位名为林胜德的人向刘子飞就“水角墘”这块田地再立找贴断契(嘉庆年间第9件)。从文书内容可知，此人为林长标之子，且契中写明该田地之前就已“经找数次”，但和前例相似，后人依然有权不断找价，并且三年之后又一次立找贴断契(嘉庆年间第11件)。

从上述两个特征性案例中就可以发现，前文所述的那些法权理论在面对这些经验材料时几乎完全无用。像“胎借、租佃、押租”

这些问题因为涉及本章没有讨论的租佃文书，暂且不论。至少就“典、活卖、绝卖”这些地权交易形式来说在闽北土地买卖文书中根本难以分辨：注明绝卖，仍可找价；注明找断，仍可一找再找，所谓“不得再找”这些用语，形同虚设；且无论经多少人手，土地权利仍依稀维系于最初权利人——无论在世与否，连绵不断、难以割绝。所有这些现象，毫无现代法治规则可循，照搬现代产权理论难以解释这些十分具有“中国特色”的材料。

那么，是否能够得出结论说，不存在一般化的理论，只存在特殊经验，认识中国社会的产权，只能从中国经验出发得到所谓的中国式理论呢？这正是本章要反思的第三个问题。如果以中国经验特殊论的观点来分析闽北文书，那么我们得不到任何可确定的认知，只有一堆模棱两可的材料堆积。[35] 比如从这些文书中可以发现，是否在契约中附上“回赎”条款，并不构成“典”与“卖”的区别；曹树基等（2010）从石仓契约中发现的“标明回赎时间的卖田契，都不存在找价的问题”这一经验规律在此也不适用；[36] 而黄宗智（2007，第63页）、春杨（2011）所讨论过的“找贴”时限问题，亦不确定，乾隆年间第21件文书表明，一块田土在崇祯年间出卖，康熙六十一年招贴一次，乾隆三十七年再次找断，远远超出清代律法30年时限的规定。[37] 关于“回赎”的期限，黄宗智（2007，第67页）看到宝坻案件材料中最长可达77年，但是在闽北文书中一块名为“冷岩仔”的土地，康熙年间出卖，嘉庆十六年赎回，远远超过了77年的时限（嘉庆年间第13件）。[38] 如此种种，不一而足。如果说我们希望从中国经验中发现特殊的理论，那么这种特殊理论又为何物？黄宗智说这是“前商业逻辑”（2007，第67页），华中乡土派的学者说这是“乡土社会”的传统（桂华和林辉煌，2012）。但是从闽北文书材料所反映出的经验现象中，笔者所能感知到的恰恰是一种类似龙登高等学者所言的、有悖于传统的现代市场化交易逻辑——土地交易明显地显示出一种“趋利”特征：越是经济发展迅速时期（例如乾隆年间），土地流转愈频繁、地价波动愈剧烈，找价情况愈演愈烈。完全有悖于安土重迁的“前商业”逻辑和“乡土社会”传统。所以说仅仅依靠经验，并不能让我们真正理解传统中国财产权利的本质。

第四节 中国式产权：宗法财产权

本书一以贯之的观点是：要认识传统社会财产权利的性质，就必须从具有特殊性的经验材料中找到蕴涵于其中的一般性事实。那么从闽北文书中能够发现何种一般性事实呢？笔者认为至少有两点。

一是宗族在传统社会财产权利实践中无所不在的影响。“在乡族共同体内部，个人的活动和对其土地和财产的支配是存在的，亦即有私人土地所有权，但私人的土地权利受到乡族共同体的限制和支配”（杨国桢，2009，第4页）。几乎所有研究中国传统社会的学者，都会注意到财产权利的行使或多或少都夹杂着某种“宗族”（lineage）关系。[39]不过也有学者认为在商品经济冲击下，宗族关系对财产权利的约束已趋松弛（江太新，1990），甚至突破了“基于身份关系的交易”（龙登高，2009）。

那么闽北文书中所见的情形又是如何呢？当年江太新先生在运用闽北文书时以土地买卖双方是否是同姓（亲房）作为标准，判断宗族在土地交易中的约束力。共统计文书77件，计得异姓间交易61件，占79.2%，因此得出结论认为土地交易突破了宗族桎梏，趋向于自由买卖（江太新，1990）。

笔者认为这样的统计过于草率。而且以此推论，如果土地交易大多在异姓间进行，那么按理说经过一段时间之后，同姓聚居村落必然会转变为异姓混居村落。可是实际情况却并非如此。就如江太新（1990）中所见，像徽州这类土地交易极为频繁的地区，宗法关系似乎也是时强时弱，并未打破同姓聚居的局面。

如果以现代产权规则下的交易作为参照系，来比照传统社会，那么笔者认为土地买卖文书中出现以下5类情形中任何一种，皆为“受限产权”：[40]（1）附带回赎条件（明文约定或实际有赎、退情形）；（2）找贴、找断契；（3）亲族间买卖（包括同姓和异姓）；（4）契中写明亲房优先但不受；[41]（5）附带“亲房不相干涉”条款。其中（1）、（2）条表面看来与宗族无关，但是这类中国特有的土地转让规则能够得以执行的现实基础正是来自宗族组织所规定的身份关系，以及由此而形成的财产祖有、荫庇后世的权利观念；[42]而（4）、（5）条江太新认为只是格式条款无实际意义。但笔者要指出的是，如果是纯粹现代意义的私有产权，那么这些限制个人财产处分自由的格式条款根本就不会存在，其形式上的存在本身就是宗法关系影响的体现。

所以按照上述5类条件，笔者对闽北文书81件契约重新进行梳理，结果如表4.1所示：

表4.1 清代闽北地区土地买卖情况

时期	非受限产权的契约	受限产权的契约				
		亲族间买卖	附带赎回条件	找贴、找断契	写明亲房优先但不受	附带“亲房不相干涉”条款
顺治至雍正年间	2件	2件	7件	无	3件	11件
乾隆年间	无	4件	10件	15件	6件	21件
嘉庆年间	无	2件	4件	7件	3件	9件
道光至宣统年间	4件	2件	6件	1件	3件	5件
合计	6件	10件	27件	23件	15件	46件

资料来源：《清代闽北土地文书选编》(1982a；1982b；1982c)。

由于有些契约文书中具有上述5类情形中的2类以上，所以受限产权契约的统计有重复计算。但是无任何约束的田土自由买卖——即可视为符合现代产权规则的土地交易契约，仅有6件，占7.4%。其余75件契约中所见的土地买卖，地权均受约束。这就足以说明宗族组织的重要性，它实际上是财产权利是否能够得以实践的客观基础。

第二个一般性事实是“财产祖有”的观念。在闽北文书中，“承父遗下”“承祖遗下”“父手遗下”这类用语极为常见。但更为重要的是，这类用语并非普通的修辞，而是表达出当时人们对于“为何一块田土归我所有”“为何我有权处分特定田土”“为何我能够对已卖出土地索取权利”，等等产权事态的主观认知，即“财产祖有”

的观念。[43] 如上节所述的第一个案例，卖主罗恭智最初并未提及他是如何获得“大新源”这块田土的处分权的，但是在经过数次找价且原买主已过世的情况下，十三年后的招贴契中明确指出这是“祖产”。换言之，在罗恭智的理解中正是“财产祖有”的观念赋予其充分、正当的理由能够向买主后人再度找价。

只有认识到这一点，才能够解释为何传统社会中土地交易会出现那种权利转移藕断丝连、难以割舍的现象；才能够厘清土地最初权利人及其后代所拥有的那种跨越时间、无限追索权的合法性基础究竟是什么；才能够明白“典、活卖、绝卖”这些交易形式为何在当时的实践中总是混同在一起，以至于不能使用现代产权规则将其条分缕析。[44] 因为“土地的最后绝卖，特别是世代相传的土地的绝卖，虽然不是绝对禁止的，但被认为很少可能。这种土地，在理论上的确没有被认为完全是占有者或所有者的个人财产，而一般都认为它是占有者的家庭或宗族的遗产”（林济，2001）。

在第二章中笔者曾指出，作为切实有效的制度事态，必须具备三个条件：（1）可观察的行为之常规性；（2）遵循行为常规性之具体实践；（3）遵循行为常规性之意向。

现在，从闽北土地买卖文书中所反映出来的一般性事实，我们可以：（1）观察到当时人们在私约关系下占有、使用、收益及处分田地的通常行为模式（行为的常规性）；[45]（2）通常情形下皆以宗族组织为基础施行这类产权行为；（3）当行为人采取此类行动时，他们对交易行为本身及其标的物（田土）的主观认知持有一种“财产祖有”的观念。

综上所论，笔者将传统中国社会的财产权利定性为“宗法财产权”(lineage property rights)。

在此补充几点说明。首先，从笔者使用的英语名称中就可以发现，准确的称谓应当是“宗族产权”。但是由于汉语语境中“宗族产权”有一种“集体产权”的含义，出于上一节对“公”“私”之辨的分析，为了避免造成不必要的混淆，笔者采用了“宗法财产权”这一对译。

其次，特别要强调的是，“宗法财产权”之“宗族”指的是“世系”而非“血缘”意义上的组织（钱杭，2009），亦即“宗法”原初之意，“别子为祖，继别为宗，继祢者为小宗。有五世而迁之宗，其继高祖者也。是故祖迁于上，宗易于下。尊祖故敬宗，敬宗所以尊祖祢也”(《礼记·丧服小记》)。[46] 也就是说，笔者认为传统社会中的宗族最重要的特性就是一个按身份等级秩序为原则进行世系建构的组织，早已突破了那种原始的、以血缘关系为纽带的组织形式。

由此可以推出最后一点，即“宗法财产权”的核心是要说明传统社会的财产权利是一种以身份关系作为基础的资源安排：并非是个人的财产决定了其在社会秩序中的身份，而是其身份决定了个人对于有价值资源的可控制能力。这是东西方产权制度在实践中的最为关键的区别。这也就能够解释第三节开头王家范先生所思虑的问题，作为宗族组织中的一员，个人的财产权利取决于他的身份。“一家之长”对于财物的处置权利肯定高于子女，但更大的“家长”，一族之长亦能干涉族内成员的财产权利，进而上升到国家层面，皇帝是最高的“家长”，因此皇权当然能够干涉个人产权。不过倘若按此等级秩序回溯，可以发现世系的尽头就是“祖先”，所以理论上而言祖先才是最终的权利人，拥有完整意义的财产权利，所有在世者不过是作为祖先的代理人在行使着财产权利。

第五节　余　论

本章是一次初步尝试，目的是希望从经验材料的梳理分析中，对传统中国社会的产权制度做出定性分析。

正如本章开篇所指出的，目前学界对传统社会产权资料的处理存在两大误区：一是不加区别地套用现代产权理论来解构传统社会的产权形态，这样的做法不仅曲解了前现代世界的产权现象，而且建立在此基础上的所谓定量分析也难以让人信服；二是盲目强调经验的重要性，并希望从中提取出独一无二的“中国理论”，这种曾经为德国历史学派和美国制度学派所倡导的研究进路潜在危害性更为严重，因为其不仅强调中国经验的特殊性，而且故步自封，似乎只有从“乡土社会”中内生出来的社会制度才是合理的——这是“华中乡土派”的主要观点之一。从制度变迁的角度来说，曾经存在过的制度形态、制度观念虽然会影响到当前的制度形态、制度观念，但不意味这种影响就是合理的。对于正处在转型关键期的中国社会来说，此类理论主张只能是一种观念上的阻碍而非进步。

当然，本章的分析并没有完结，至少还遗留下两大问题，笔者将在今后的研究中做进一步的探讨。在此暂且先将这两个问题提出。

第一个问题是，在社会制度变迁过程中“宗法财产权”的影响机制。时至今日，我们仍然能够体会到这种传统社会的产权制度在当代中国根深蒂固的影响。正如华中乡土派的学者在田野调查中所见到的，“尽管农民对土地的占有和支配实际形态随着制度变革而变化，而他们骨子里关于土地产权的认知却保持了稳定性”，“我们可以看到不论是祖坟山、祠堂及所在土地、林地、荒山、老宅基地、责任田都共同反映出农民对于‘祖业’的认知，而祖业观虽然与国家界定的产权观念相冲突，却构成了一种‘地方性共识’，影响着国家的法律实践”（陈锋，2012）。因此，深入分析“宗法财产权”对个体行为的影响，对于我们理解中国社会的特征性事实至关重要。在此，笔者只是简单地指出，“宗法财产权”由于其最终权利人是“祖先”，而在世族人只是代为行使财产权利，这就类似于一种“委托人缺位的代理制度”。从这一角度出发，以德·索托所言的产权效应作为参照系，或许可以发现东西方产权制度实质上的差异，并能认识到那些看似混乱的传统社会产权现象背后其实存在着一套清晰的统一逻辑。

第二个问题是“宗法财产权”中三个要素——财产权利、宗族和祖先观念——之间的互动过程。首先要指出的是“祖先崇拜”其实是传统儒家观念中硬核性质的内容。[47]科大卫和刘志伟（2000）对于华南宗族意识形态基础的研究为我们提供了回答该问题的线索。简言之，在传统社会中，财产权利的行使以宗族组织为基础，宗族组织的维系依赖于儒家观念，儒家观念的维持又需要行使财产权利所提供的经济基础；反过来，财产权利的施行增强了宗族组织控制资源的能力，宗族组织为了维系自身又进一步培育和巩固传统观念，而这类传统观念意识又为财产权利的合法性提供人情伦理的支持。由此，三者之间的互动过程构成了一个自我施行的产权制度复合体。

本章注释：

1. 本书所用传世文献，其中儒家经典一般均参考中华书局版《十三经注疏》，非儒家之诸子百家经典一般均参考中华书局版《新编诸子集成》。如有特例，则以书末所列参考文献为准。

2. 该词条在新版《新帕尔格雷夫经济学大辞典》中未做任何改动，与旧版相同。

3. 从法律意义上而言，现代财产权利包括物权——不动产和动产、债权、专利权以及其他财产权利。但是当学者们在讨论传统社会时，通常会集中于"土地权利"（即不动产权利的一部分），这与传统社会的特殊性有关。在传统社会，由于技术、法制和观念等主客观因素的限制，对行为人而言土地是最为重要的财产。所以在本章中，如无特殊指明，"产权"一词的具体指称对象一般为地产。但需要特别指出的是，本章所讨论的产权性质就逻辑上而言也可以适用于一般意义上的财产权利，尽管某些产权形式在前现代社会并不存在。

4. 当然，亦有学者认为这属于公有制或者国有制。关于学者观点的争论，详见本章第二节。

5. 有关金文资料笔者参考的是香港中文大学出版社的《殷周金文集成释文》，简称《集成》，后附编号为该铭文在《集成》中的编号。

6. 铭文中用"典"字，表明该青铜器具有档案记录的性质，参见：李峰（2010，第20页）。根据李朝远（1990）的考证，面世西周青铜器铭文内容涉及土地交换的有八件，除了已经提及的倗生簋以外，还有裘卫盉（集成

9456）、九年卫鼎（集成2831）、五祀卫鼎（集成2832）、曶鼎（集成2838）、鬲比鼎（集成2818）、鬲比盨（集成4466）和散氏盘（集成10176）。但据笔者所见，其中曶鼎记载的是曶和匡季之间盗取庄稼的纠纷，要求用五“田”作赔偿，不直接涉及土地交易，不过仍反映土地产出物之归属问题。其他七件则与土地交换、土地纠纷以及周王分封土地冲突相关，且与此类内容相似的青铜器铭文应当还包括鬲比簋盖（集成4278）。

7. 这些铭文中记载的交易均有周王本人或周王代理人（政府官员）见证，而非私相授受。

8. 例如赵冈和陈钟毅（2006a，第16—18页；2006b，第32页）就持这种观点，认为土地既然能自由买卖，而且有契为证，就是存在私有产权的最好证据。但是他们考证的土地买卖始于战国后期，认为秦国商鞅变法正式将土地买卖合法化。最新的史料证据显示出土地的合法转让至少自西周起就已出现，尽管当时的土地交换仅限于贵族之间，而且以周王或周王的代理人参与为要件。

9. 后世传世文献中还有对上古社会“授田”制度的描述，例如《汉书·食货志》言，“民受田：上田夫百亩……”。但是这类描述缺少可靠的旁证，暂且存疑。

10. 至于这种控制权的实际效果，另当别论。

11. 有必要指出，本书所指的“传统”和“现代”，并非时间序列意义上的区分——例如1911年之前是“传统社会”之后是“现代社会”这样的划分，而是一种制度意义上的分类。因此尽管本章探讨的是“传统中国社会产权”，但并不意味着当代我国社会中就不存在类似的产权事态。

12. 严格来说当时讨论的“所有制”问题和我们今日所言的“产权”还是有所区别的，但主要是受时代因素所限，并不影响分析的结论。

13. 启循（1979）对当时有关封建土地所有制的讨论做了简要的综述，文中将各家观点归为三类，其中“封建地主土地所有制”和“自耕小农土地所有制”从产权属性上来看都属于“私有制”，因此笔者将二者归为一类。

14. 笔者引用文献——《田园诗与狂想曲》，是秦晖和金雁于2010年出版的新版，但是“关中模式”的观点早在20世纪80年代就已经提出。

15. 同样，笔者参考的是杨国桢于2009年出版的修订版《明清土地契约文书研究》，该书最初出版于 1988 年。

16. 龙登高（2009）一文中将“personal exchange”翻译为“人格化交换”，这实际上是我国学界长期以来的一种错误理解。因为“personality”可以译为“人格”，表示“人的属性”，但“人格化”的汉语本意是童话语言创作惯常使用的一种方式，赋予动植物等非人生物以人的特征，例如小动物会说人话等，与英语形容词“personal”的意思相差甚远。

17. 林济这一观点，应当与科大卫和刘志伟（2000）有关华南宗族研究的理论密切相关，因为财产祖有的观念源自传统地方社会祖先崇拜的社会信念（social belief）。

18. 笔者所见“华中乡土派”这一称谓，是来自谢小芹和简小鹰（2014），但这一名称应该有更早的出处，笔者未及考证。“华中乡土派”主要是以贺雪峰为代表的、来自华中师范大学中国农村问题研究中心（CCRS）的农村社会学者、人类学者与政治学者。并且谢小芹和简小鹰（2014）一文认为“祖业观”是该学派原创性观点，但这其实是忽视了华南研究学者早期的贡献。

19. 这批文书档案中还有一批土地租佃文书，笔者没有讨论。

20. 所以著名的罗马“十二铜表法”中，五表为“私法”（民法），“公法”（刑法）只有两表。

21. 据笔者查询，出土文献中“私”字最早见于邵宫和（集成 10357），“和工工感少半升十两”，裘锡圭先生将“和”考订为“私”字，参见《新金文编》（第 949 页）。不过，该器虽收于《殷周金文集成》，但学者多将此器归于战国时期。另写于战国晚期至秦始皇时期的睡虎地秦简《秦律十八种·司空》中也有“或私用公车牛”的字句（睡虎地秦墓竹简整理小组，1990，释文第 49 页）。

22.“公”甲骨文写作㕣（合集 27149，胡厚宣、郭沫若等编，第 9 册，第 3351 页），《说文解字》中言：“平分也，从八，从厶……韩非曰：背厶为公”（许慎，卷二上，第 36 页），不过需要注意，这已经是战国时期的解释。而甲骨文中“八”意为分开，“口”意为自己的地方，即自己所管理的地方之外，大约在西周时期该字引申出贵族爵位之意。

23. 譬如，“农民不饥，行不饰，则公作必疾，而私作不荒，则农事必胜”

(《商君书·垦令》)。

24. 所谓“公田”即公侯贵族之田产，这是得到国家权力承认的，在此田土上的劳作为“公作”，因此“公田”绝不是“公有产权”，而是贵族获得国家授权的财产。在“公作”之余，开垦“公田”之外的田土，即为“私作”，所以“私田”也不是“私有产权”，而是在国家正式授权的田土之外私自耕作的“民有”土地。

25. 例如吐鲁番文书中就常见有这种表述，尽管具体行文或稍有差异，参见：韩森（2008，第25页）。

26. 关于“典”的一般意义上的理解，黄宗智（2007，第61页）、孔迈隆（2011，第46页）等学者的表述基本接近，学界对此也已形成一定的共识（曹树基，2012）。

27. 换言之，龙登高等人的观点认为，在清代传统经济内部，已经孕育出现代化市场交易的制度形态。

28. 要注意的是，在这份最早的买卖文书中并未特别说明是祖产，而是在13年后的找价契中才注明“承祖遗下有粮田一号”（乾隆年间第14件）。

29. “找贴”“找价”，含义相同，即土地卖售、银货两讫之后，卖主又再度要求买主支付额外的溢价银。各地文书中称呼略有不同，但这类现象在经济繁荣期、地价波动时很常见。一次性的找价又称为“找断”，即以后不再找贴。

30. 该文书内容还透露出，在乾隆十八年罗恭智就已经再次找贴（前次是乾隆十五年）。

31. 因为缺少赵宜珪与刘子龙的买卖契，笔者不能确定罗氏后人的找价契是在赵宜珪卖地之前还是之后订立的（土地转手后再被前卖主索要加价的行为在当时亦屡见不鲜）。

32. 笔者未见卖地契，只见找贴断契。找契中书“本年十月”卖地，但该契却是立于乾隆六十年一月。所以这里应有误，要么是“十一月”误作“一月”，要么不是“本年”而是前一年卖地。

33. 该文书中断契字人名为“刘应青”，从内容来看，应为“刘应菁”之误。

34. 将此案例和第三章中莫斯有关礼物经济的论述结合在一起，可以发现何其相似。

35. 当然，反驳者也可以说，这是由于笔者的分析样本过小所致。不过我相信，如果坚持当年德国历史学派或是美国制度学派所倡导的经验特殊论来处理材料，随着样本的扩大，这种不确定性的境况只会是变得更加严重。

36. 即第一个案例中乾隆年间第5、7件文书所反映的情况。

37. 所谓“30年时限”，由乾隆十八年例所定，“嗣后民间置卖产业，如系典契，务于契内注明回赎字样，如系卖契，亦于契内注明绝卖永不回赎字样。其自乾隆十八年定例以前，典卖契载未明，如在三十年以内，契无绝卖字样者，听其照例分别找赎。若远在三十年以外，契内无绝卖字样者，但未注明回赎者，即以绝卖论，概不许找赎。如有混行争告者，均照不应重律治罪”（姚雨芗、胡仰山，1987，第三卷，第987页）。当然，春杨（2011）也承认，30年期限的法律规定在实践中往往难以执行，他解释为是“地方官员在执法中灵活变通”。

38. 文书中未说明是康熙何年卖地（原卖契丢失），但即便是从康熙六十一年开始起算，到嘉庆十六年也长达89年。且这块土地发生过争讼，乾隆年间第21件文书中所涉即这块田土，文书内容明确指出在康熙六十一年有关这块田土的招贴（最初买卖发生于崇祯年间）官府做出过判决，认为招贴有效。

39. 笔者对于“宗族”一词的理解，采取的是钱杭（2009）的观点。将“宗族”对译为“lineage”，在弗里德曼（Maurice Freedman）1958年出版的代表作《中国东南的宗族组织》（*Lineage Organization in Southeastern China*，中译本出版于2000年）中就已使用，并成为国际学界一种通行译名。但是国内到目前为止依然有很多学者将“宗族”对译为“patriarchal clan”或“patriarchy”，这实际上反映出国内许多学者对于我国传统社会中的宗族组织属性的理解仍然停留在西方家长制理论的基础上。然而无论是传世文献还是出土文献，都找不到类似西方家长制社会的“宗族”解释，这实在是学界一个很古怪的现象。要么是我国学者对西方家长制的理解有误，要么是对我国传统社会的宗族形态理解有误，要么只是单纯的翻译错误。

40. 此处所言“现代产权规则下的交易”，简单来说就是如果依照现代法律规定某物归属于某人所有，权利人即可合法地处分财物，也就是前述德·索托所称的“正式财产制度”(formal property system，de Soto，2000，p. 44)。倘若处分权受限，且受限原因不是由于法律规定之特殊、例外等情形，那么即可认为是前现代意义上的“受限产权”。

41. 即先询问亲房是否购买，无人愿受之后再卖于异姓。

42. 在不少契约文书中都明确写道，支持卖主“回赎”“找贴”诉求的，并非官府律法或是非法强制，而是“亲房言谕”“亲友劝谕”。这显示出当时的宗族组织在土地交易中实际上发挥着非正式约束的作用。

43. 有兴趣的读者可与上一章礼物经济下那类基于原始宗教信仰的、系于灵魂关联的产权观念做比较。需要特别指出的是，“祖先崇拜”是原始宗教的基本形式之一。

44. 其实“一田两主”的现象更能说明这种“财产祖有”观念在传统社会产权实践中的影响，不过由于这一论题所涉资料十分丰富，到目前为止笔者仍然在整理相关材料，所以本书暂不做讨论。

45. 尽管这类行为模式以现代产权理论看来相当混乱、“残缺”。

46. 亦可见，“别子为祖，继别为宗，继祢者为小宗。有百世不迁之宗，有五世则迁之宗。百世不迁者，别子之后也；宗其继别子之所自出者，百世不迁者也。宗其继高祖者，五世则迁者也。尊祖故敬宗。敬宗尊祖之义也”(《礼记·大传》)。二者意思相近。

47. 注意，这里所指的是“儒家观念”，而非士人阶层所持有的“儒家思想”。关于“观念”的“思想”的区别，笔者采纳的是金观涛和刘青峰(2009，第 3 页) 对于“观念”的界定。

第三部分：制度与观念的协同演化

第五章　高利贷之惑：经济制度变迁中的观念变革

历史，就是人。资本主义的启蒙者，就是高利贷者们。他们是未来的商人，是时间的商人，是从15世纪开始，如阿尔贝蒂（Léon Battista Alberti）所定义的那样——金钱的商人。这些人是基督徒。让他们在资本主义的门槛上踯躅的，并不是尘世教会对于高利贷的判决，而是恐惧。是对于地狱的、令人焦虑不安的恐惧。在一个任何意识都是宗教意识的社会，障碍首先——或者终极的——是宗教的。通过炼狱而逃离地狱的希望，让高利贷者得以推动13世纪的经济和社会朝着资本主义发展。

——勒高夫（Jaques Le Goff，2007，第105—106页）

本书的第二部分围绕着产权制度性质的分析，论证了观念因素在制度结构中的重要性。在有关财产权利的探讨中，笔者关注的重心是定性研究，即区分不同时代、不同社会状态下产权制度的特征，进而论证了本书的制度分析框架的观点之一，即比较不同社会相似制度的关键，在于厘清其观念因素。

不过，观念在制度中发挥作用的机制究竟为何，是否如马林诺夫斯基所认为的那样，仅仅是一种单纯的心理反应（Malinowski，

1936)?

要回答上述问题，必须进一步探究社会制度运作的内在机制，这构成了本书第三部分的内容。笔者讨论的重点将转移到观念因素与制度型构过程的相互影响机制，即第二章中业已提出的想法：制度形塑行动个体对于外在世界的认知，而行动个体有关外在世界的认知模式又反作用于制度，从而构成了制度和观念的协同演化过程。

本章探讨的主题是欧洲中世纪纷繁杂乱的诸多经济事实中一个颇具迷惑性却又饶有意味的特征性事实：高利贷。围绕着这个充满隐喻、象征、困扰和矛盾的经济事态所产生的大量在现代人看来毫无意义的争论和实践，恰恰反映出了观念因素在制度变迁过程中所扮演的举足轻重的角色。

本章的结构内容安排如下：首先简要概述中世纪欧洲的历史背景，可以发现在这一时间段内欧洲社会制度发生了整体性的大转型，然而转型的进程却并非一帆风顺；通过辨析种种史实，笔者认为欧洲在中世纪后期衰退的原因主要在于精神而非物质层面，即观念上的阻碍；为了证明这一点，笔者选取了中世纪时期经济领域的特征性事实之一——高利贷之争，作为例证；通过应用规范预期模型，笔者将证明在禁止高利贷现象中观念所发挥的作用；本章的第四节着重探讨教会在当时高利贷争议中所扮演的角色，与传统观点不同，笔者认为，正是通过教会在当时社会道德领域的权威地位，才逐步促使人们开始接纳新经济形态的观念；最后是本章的结论。

第一节　历史背景

欧洲中世纪是死水一潭、一成不变的黑暗千年，这种源自彼特拉克（Francesco Petrarca）的、文艺复兴式的观念如今早已被废弃。相反，目前学界普遍的观点认为，中世纪是一个处于不断变革中的时代。从11世纪到13世纪，欧洲经历了一系列大范围的社会变迁，或者更确切地说是复兴。既有政治制度上的变革，城市自治制度的复兴（基佐，2005，第130—148页；皮雷纳，2006，第109页）；[1] 也有法律上的变革，罗马法的复兴（哈斯金斯，2005，第158—181页；伯尔曼，2003，第51页）；还有思想上的变革，文化的复兴（哈斯金斯，2005，第71—95页；Heer，1966）；乃至是教会的变革，教宗格里高利七世（Pope Gregory VII）的改革（雪莱，2004，第203页）。[2]

然而除了政治文化领域的变革之外，更为重要的则是经济上的变革。中世纪盛世三百年间存在过长期的经济增长阶段——尽管并非是持续的。在这一时期大量的经济史实都说明经济的高速发展，人口增长、市场扩张、城市复兴、商业贸易繁盛、对外贸易规模扩大、城市和农村专业分工扩展、工业化生产的兴起、各类经济管理制度的出现（商法、市场监管、货币制度），等等（皮朗，2001，第24—35页；汤普逊，1963，下册，第161—207页；布瓦松纳，1985，第162—207页；诺思和托马斯，1999，第46—48页）。到13世纪，欧洲中世纪达到了巅峰，诺思与托马斯（Robert P. Thomas）称之为"欧洲在经济上真正觉醒的时期"（诺思和托马斯，1999，第 62 页）。经济觉醒带来的影响是整个欧洲社会经济制度的巨大变革，“到十三世纪初，西欧的政治经济结构已基本上改变了十世纪时的状况”（诺思和托马斯，1999，第 48 页）。庄园经济制度衰退，城市经济和城市制度的诞生，社会的经济结构“按照一种不同的模型已被织入了新线”（汤普逊，1963，下册，第 445 页），近代社会具备了其所需要的一切构成元素（皮雷纳，2006，第 134 页）。因此，汤普逊（James Westfall Thompson）既把 13 世纪当作中世纪的结束，又把它当作近代时期的开端（汤普逊，1963，下册，第 443 页）。

如果从制度演化的角度来看，从西罗马帝国崩溃到君士坦丁堡（Constantinople）陷落的这千年时间里，[3] 在东西方文化、政治、经济和军事的激烈冲突下，欧洲社会制度整体经历了一次从前现代世界向现代世界转型的巨变，尽管表面上显示出一种停滞状态。欧洲中世纪盛期的一系列转变都标志着古式社会习俗惯例的崩溃，新制度的诞生。在笔者看来，绝不能以静态的眼光去衡量欧洲中世纪的历史现象，相反这是一个处于不断变化进程中的动态世界。因为中世纪中出现的各类制度，无论是政治的还是经济的，它们所起的作用类似于一种应对外部环境急剧转变时的过渡手段，一方面是对古代世界习俗惯例的保留，另一方面又是向新时代的转变。作为欧洲中世纪最重要的制度——封邑制（Feudalism），一直以来就是一种不稳定的制度（诺思和托马斯，1999，第 45 页）；[4] 而最主要的中世纪经济组织形式——庄园制（Manorialism），在中世纪初期保留着古代农村社会组织形态，维持着自给自足的经济模式，但随着经济的发展逐步走上了专业化生产的道路，传统的自然经济模式面对中世纪城市经济的复兴而渐渐衰落，却又为农业资本化打下了坚实的基础（布洛赫，1991，第 79—118 页；汤普逊，1963，下册，第 358—406 页；皮朗，2001，第 56—80 页；诺思和托马斯，1999，第 29—35 页）。

也正是因为如此，许多学者从中世纪的经济实践中隐约发现了我们这个时代最重要的制度——资本主义——的身影，从而把资本主义的起源追溯至中世纪，尽管按照布罗代尔（Fernand Braudel）的观点，就史实本身而言很难进行这样的回溯。因为直到 20 世纪初，"资本主义"作为一个政治术语，在与"社会主义"的政治论争中冒了出来并开始流行之前，学者们很少使用这个词来描述从 16 世纪到 19 世纪作为社会整体形态的新经济系统（布罗代尔，2002，第二卷，第 242—244 页），所以也就无从谈起在更遥远的中世纪，已经具备了"资本主义萌芽"。[5]

不过倘若放宽一些用语上的苛求，在 20 世纪学者的一般用语上来使用"资本主义"这个词，即指一种与前现代世界不同的经济现象，那么就不能否定新经济的种子已经在那时生根发芽：许多具有现代经济形态的实践确实出现在了中世纪盛期。罗伯逊（H. M. Robertson）曾把中世纪描述为"经济发展的前资本主义阶段"（Robertson，1996，p. 33），在这一时期大规模的商业企业、纯粹追求经济利润的理性组织以及四处寻求盈利机会的流动资本都已经出现（Robertson，1996，p. 36）。皮雷纳对中世纪的资本主义则持有更加确信的态度：12 世纪的经济复兴显示出资本在社会中的力量；

11 世纪末一个商人的生平则体现了“资本主义的精神”；而在城市自治过程中出现了一个新的阶级——“资本家”（capitanei，皮雷纳，2006，第 66、75、111、139 页）。汤普逊指出包含着近代特征的欧洲在 13 世纪已经出现（汤普逊，1963，下册，第 443 页），“而就意大利而言，资本主义因素早在 11 世纪就已清晰可辨了”（汤普逊，1992，第 565 页）。所有这一切都似乎表明现代资本主义已经从中世纪盛世的欧洲经济体内诞生。

笔者赞同布罗代尔的看法，对于“资本主义萌芽”之类的问题应当持谨慎态度。所以不能如皮雷纳、汤普逊等学者那般确信，把资本主义的诞生——事实上也意味着现代世界的诞生——提前到中世纪。但同时也不能否认，自 11 世纪开始，欧洲各经济体内部确实发生着微妙而重要的变化，这些变化在当时看来或许微不足道，然而却孕育出了现代社会的种种生产方式和生活实践。依照韦伯对于现代资本主义的定义，[6]“（形式上的）自由劳动力的理性资本主义组织”（韦伯，2010a，第 163 页），[7] 确实能够在中世纪欧洲找到相应的形态。理性的工业组织形式随着 12 世纪商业的发展在欧洲内陆已经大量出现（汤普逊，1963，下册，第 196 页）；而作为理性的会计制度，12 世纪末就有关于城市会计的记载（皮雷纳，2006，第 131 页），13 世纪意大利的簿记方式已经相当流行（汤普逊，1992，第 614 页）；而理性的管理法则在中世纪各大市集上均可见到（汤普逊，1963，下册，第 201 页）；城市的复兴则使得市民阶级兴起（皮雷纳，2006，第 84—106 页；汤普逊，1963，下册，第 407—442 页），从而带来了大量的自由劳动。因此，根据韦伯所列现代资本主义的条件（韦伯，2006a，第 174 页），至少可以得出结论：在欧洲中世纪盛期，现代资本主义经济形态的许多要素已经处于成长之中。或者换作制度变迁的博弈论语言来说，新的均衡确已具备出现的可能。

然而，人类社会历史的进程从来都不是一帆风顺的。在经过三百年的高速前行之后，历史的车轮突然滞缓了下来。中世纪达到了她的顶峰，也开始走向了她的衰败：汤普逊的《中世纪经济社会史》（*Economic and Social History of the Middle Ages*（*300–1300*），1928）到 14 世纪结束，赫伊津哈（Johan Huizinga）的《中世纪的衰落》（*Herfsttij der Middeleeuwen*，1919）从 14 世纪开始。在这之后，欧洲向人们显示的是一段停滞、萧条、纷扰时期，瘟疫、灾荒、战争以及被异教徒毁灭的恐惧笼罩着欧洲基督教世界。直到两百年之后，方才看到新的均衡——现代资本主义——开始诞生。

这不由得让人们产生深深的疑问，究竟是什么放缓了中世纪盛期的经济发展与制度变革的步伐，是什么阻碍了新世界的出现？诺思与托马斯在《西方世界的兴起》（*The Rise of the Western World*：*A New Economic History*，1973）中以人口增长为主要变量描述欧洲经济发展，因此他们将 14 世纪的这次转折的原因部分归结于 13 世纪末的大饥荒，部分归结于中世纪制度变革的缓慢（诺思和托马斯，1999，第 69—90 页）。饥荒在中世纪欧洲确实是频繁发生的事件，11 世纪就是一个饥荒严重而又广泛蔓延的时期，12 世纪中期以及末期饥荒遍及全欧洲。根据汤普逊的记载，11 世纪有两次大饥荒，12 世纪则有五次，而 13 世纪只有一次（汤普逊，

1963，下册，第405—406页）。如此看来12世纪才是饥荒最严重、人口锐减的时期，却又是经济高速增长的时期，以“马尔萨斯陷阱”（Malthusian trap）理论来看，这岂不是一种矛盾？因此人口增长问题似乎并不能完满解释中世纪晚期的经济停滞问题。而归结到制度原因，可以发现，12世纪随着经济发展而涌现出来的大量制度在10世纪之前的欧洲是闻所未闻的，即使更久远的古代世界有过类似的制度也与其在本质上完全不同（汤普逊，1992，第587页）。也许以工业革命之后的时代发展来看，中世纪的制度变革是相当缓慢的，但是如果将参照系换作中世纪之前的人类社会，那么毫无疑问，欧洲在中世纪盛期的三百年时间里所发生的制度变革不仅不是缓慢的，甚至可以用“巨变”来形容。那么问题依旧：这样一个迅速转变中的社会为什么就突然陷入长达二百年之久的停滞呢？

皮雷纳认为，尽管天灾人祸对于14世纪的经济衰落有很大影响，但主要的原因还是要从经济组织本身来探讨：14、15世纪出现了一系列经济与社会的对抗（皮朗，2001，第185—197页）。这种对抗从表面上来看，是新旧两种制度之间的对立，是古老的封邑制与庄园经济面对新兴政治与经济制度的抗争。在这场斗争中，整个中世纪社会逐渐消逝了。但是如果再进一步深究12、13世纪的社会变革，这些抗争是否真的是经济停滞的原因呢？似乎更有可能的情况是：这一系列的抗争与经济停滞一样，都是某个更为基础的原因所导致的结果。

如果再考虑中世纪衰落期的历史，可能事实会更清楚一些。从

14 世纪到 16 世纪，在欧洲发生的影响最为深远的史实，除了战争所带来的技术进步外，便是揭开现代世界序幕的两大运动：文艺复兴与宗教改革。这两次运动在一点上是共通的，它们矛头所向的不是物质世界的社会革命，而是精神世界的革命，是观念上的革命。在经济发展停滞期，我们见到的却是思想上的一次巨大变革，这难道还不足以说明问题的实质吗？

第二节　高利贷之恶

"有一些历史学家认为，12、13 世纪的经济社会变革比以后任何一场革命都更为重要，甚至比文艺复兴或宗教改革运动更为重要，因为它比这两场运动更深刻地改变了欧洲的经济环境和社会结构。"（汤普逊，1992，第 7 页）这是汤普逊在《中世纪晚期欧洲经济社会史》（*Economic and Social History of Europe in the Later Middle Ages*，1931）的绪论中所做的论断。这段话已经表明，中世纪盛期出现的经济变革不仅仅只是物质层面上的变革，其还为中世纪后期的思想变革奠定了基础。所以，既然物质层面的原因尚无法圆满解释为何现代世界的出现会遭受阻碍，那么就应当探寻精神层面的变革。

从启蒙时代留传下来的一种普遍看法是，欧洲中世纪时期思想上落后闭塞，阻碍社会的进步发展，而教会应当为此负主要的责任。[8] 面对经济变革中的社会环境，传统观点认为教会是保守落后势力的代表，其宣扬的教义精神处处与新经济格格不入。原因是教会一直被视为以土地为基础的古代农业经济的维护者，“Homo mercutor vix aut numquam potest Deo placere”（商人的经营固然无罪，但总非上帝所喜）[9]。所以早期许多学者认为，与农业文明相适应的教会观念永远怀疑社会变革，与商业精神始终不能相容（皮朗，2001，第25—26页）。而根据韦伯的解释，这种对经济发展造成的阻碍正是一种传统主义的阻碍，“传统主义、传统的神圣不可侵犯以及对于自祖宗流传下来的那种商业和工业的绝对信赖，乃是一切伦理和所产生的经济关系的开始”（韦伯，2006a，第222页）。并且，“传统这道障碍仅仅靠经济动机是克服不了的”（韦伯，2006a，第223页），其还需要精神上的冲击——在韦伯的理论中即新教伦理。韦伯的这一判断似乎就可以解释为何12世纪的经济变革必须与之后两百年间的思想变革相结合，才能真正孕育出现代社会。

不过，笔者的疑问在于，是否确实是由于教会的保守观念、迷信巫术的阻挠，才延缓了欧洲历史前行的步伐？在西罗马帝国崩溃之后的社会秩序重建过程中，欧洲教会曾发挥了巨大的作用。昔日代表着社会进步力量的教会，到中世纪中期之后是否真的转变为倒退保守势力？重新审视中世纪后期的历史，笔者发现很多学者把教会的负面形象与另一个“反动”现象捆绑在一起：即12世纪随着商业复兴、经济变革而出现的教会禁止高利贷运动。

首先要说明的是，欧洲中世纪所指的“高利贷”（usury）和我们今日理解的那种超过法律规定、收取过高利息的借贷行为不同，而是泛指一切利息借贷行为，所以“usury”在中世纪的语境下更确切地就是指一般意义上的“利息借贷”。

正是在中世纪货币经济高涨时期，在高利贷最流行的阶段，出现了以教会为代表的反对高利贷运动的高潮。与国内一些学者（赵立行，2001）的看法相悖，尽管对于高利贷的控诉贯穿基督教历史始终，但是早期教会并不是非常重视高利贷问题。[10]对于高利贷问题真正进行系统分析直到11世纪才出现（Kirschenbaum，1985），教宗关于高利贷的立法始于12世纪（Stow，1981），即1139年的第二次拉特朗公会议（the Second Council of the Lateran，Nelson，1947）。从12世纪开始，每一次公会议“都为教会阻挡高利贷浪潮的墙壁添砖加瓦”（勒高夫，2007，第19页）。到了第二次里昂公会议（the Second Council of Lyon，1274）和维也纳公会议（the Council of Vienne，1312）时期，教会对于高利贷的立法达到了顶峰（Tawney，1926，p. 58）。可以说，与整个中世纪经济盛世相伴的，就是禁止高利贷运动。而随着中世纪的衰落，禁止高利贷运动相应地式微，直到宗教改革之后，才再度出现反复。[11]

反高利贷运动出现的现实原因，可能与当时铸币权的混乱以及货币经济繁荣而引起的货币供应短缺有关。中世纪欧洲的铸币权并不是由国家垄断，而是分散在地方领主手中，这使得在中世纪经济繁荣时期出现了大规模的货币贬值（韦伯，2006a，第154页）。一方面是货币的贬值，而另一方面又是日益兴盛的贸易活动对货币产生的迫切需求，反而促使一种稳定的货币经济发展起来（汤普逊，1963，下册，第204页；皮朗，2001，第104—110页）。经济的扩张、货币经济的发展以及持续的货币供给不足[12]促使了古老的放贷业务又再一次兴盛起来（George，1957），但这次人们所面对的却是一种全新的经济形态。商业的复兴、经济革命、反高利贷运动，三者在同一时期出现，这绝对不是巧合。“理性的经济乃是一种以货币价格为取向的、切事的经营（sachlicher Betrieb），而货币价格则起自于人类在市场上的厉害斗争”（韦伯，2004b，第515页，着重标记为原文所加）。如本章第一节所述，中世纪盛期发生了新旧经济制度的转换，那么很明显货币的经营——即高利贷问题——必然会成为斗争的焦点。因此在勒高夫看来，西方世界从12世纪到19世纪，没有任何现象比高利贷更能展现经济与宗教、金钱与救赎之间的爆炸性混合（勒高夫，2007，第1页）。而从观念史的角度出发，资本主义兴起的核心问题亦建立在关于高利贷的争论之上（Taeusch，1942）。所以，围绕着高利贷问题的争议，集中体现了当时社会整体经济观念正在发生着的微妙变化。

那么，是否如韦伯和托尼的思路一样，中世纪教会代表着农业时代的思维模式，其严格禁止放贷取息的规定，阻碍了资本主义的兴起呢？是否如汤普逊所认为的那样，中世纪教会的这些经济实践，“对于中世纪社会的物质幸福，是具有一种损害的影响”（汤普逊，1963，下册，第323页）呢？是否只有当思想的复兴突破了宗教禁锢的牢笼之后，“现代性在那些神圣的禁忌中举步维艰地开辟道路；历史巧妙地在宗教权力的镇压下找到了在尘世成功的途径”（勒高夫，2007，第1页）呢？

历史留给我们的答案显得模糊不清。的确，遗留下来的历史文件证明教会曾不遗余力地采取各种形式禁止高利贷行为；尽管历史上许多宗教都存在反高利贷的主张，但恐怕从精致程度而言没有哪一个能够同经院哲学的理论相比拟。可是在一系列禁止高利贷的立法相继出台之后，到16世纪人们迎接资本主义曙光的时候，教会的高利贷禁令不仅在实践上而且在教会法令中都彻底被废除——1576年的教宗通谕实际上是对放贷取息的承认（Taeusch，1942）。[13]那么，教会反高利贷运动真的阻碍了欧洲货币经济的发展，进而阻碍了欧洲文明的进步吗？或者更确切地说，中世纪教会真的是严格地反对高利贷者吗？

首先，无论教会是出于何种目的颁布高利贷禁令，有一点是可以明确的：反对高利贷对于教会的利益来说没有任何好处。事实上，当中世纪经济达到顶峰的时候，中世纪修道院制度也达到了高峰；当货币经济替代古老的自然经济的时候，修道院成了"中世纪时代的第一批银行家"（汤普逊，1963，下册，第208、251页）。也许对于银行机构的历史起源不应如汤普逊那般肯定是来自修道院的放贷业务，但是至少从当时的抵押放贷业务为修道院带来的丰厚利润来看，禁止高利贷不符合它们的利益。而对于罗马教会来说，其"在某种意义上乃是中世纪最大的金融机构"（Tawney，1926，p. 42），"教会本身有可能是欧洲最大的债主"（George，1957），因此禁止放款取息的政策反而有损于教会。中世纪后期教宗甚至依赖佛罗伦萨的商人理财，当15世纪经营信贷业务的两大意大利家族破产时，教宗也深受其害（汤普逊，1992，第387页），正可以说明教会的利益与利息借贷紧密相连。

其次，在高利贷实践上，与当时的世俗国王们相比，教会的态度甚至显得更为缓和。例如，根据教会的文件记录，教宗实际上是允许犹太人有偿放贷的，只要利率是“适度的”；而到了13世纪，教会也开始允许普通人放款取息，同样只要遵守适度的利率即可（Stow，1981）。与教会的做法相反，中世纪的国王们对高利贷却逐渐采取越来越严厉的态度，[14]例如，路易九世（Louis IX，1214—1270）在13世纪就全面禁止犹太人放贷，亨利一世（Henry I，1068—1135）、爱德华三世（Edward III，1312—1377）、腓力三世（Philip III，1245—1285）、腓力四世（Philip IV，1268—1314）等都实行过类似的反高利贷政策（Stow，1981）。尽管国王的反高利贷举动很可能包含着其他的政治、经济动机，但是作为对比至少可以认为，教会在对待高利贷问题上似乎存在着理论和实践的矛盾。事实上，“自12世纪始，面对高利贷活动的兴盛，教会内部即出现了‘严禁’与‘弛禁’之争”（孙诗锦和龙秀清，2007）。

或许皮雷纳的观点可资一说，教会禁止高利贷是由于世俗信贷业务的发展严重损害了教会的利益，因为曾经作为欧洲最大的信贷者的教会“从13世纪初期以后就很少贷款给别人”（皮朗，2001，第124页）。所以反高利贷运动可能表明教会意图夺回自己在新经济形势中丧失的利益，重塑自身在新世界中的地位。许多学者都支持这一看法，但问题在于，如果皮雷纳的判断是正确的话，那么当时的高利贷商人应当处在与教会对立的立场才对。可是与大多数人的直觉相反，中世纪的教会与商人们尽管存在着种种抵牾，但是在高利贷问题上却出奇地立场一致。例如，意大利的银行家们“并没有简单地漠视高利贷法令，相反他们努力去遵从这些法令”

（de Roover，1967）。乍看起来这似乎是颇令人费解的现象，不过却说明，教会虽然高举禁止高利贷的旗帜，但反高利贷的主要力量并不是来自教会，而是来自普通民众的支持。

汤普逊认为，随着中世纪经济变革的到来，“人民的经济实践拒绝遵守这些教会的教训了”（汤普逊，1963，下册，第 323 页）。然而事实并非如此，对于普通民众来说，他们对于新经济情势的理解需要耗费漫长的时间。无论欧洲中世纪的人们对于教会的实际信仰程度如何，教会有关反对高利贷的禁令却深入人心。勒高夫在搜寻中世纪高利贷资料时，发现两类文献经历了根本性变革，一类是“大全”（sommes）或者“听告解者手册”（manuels de confesseurs），另一类是范例（exempla）。这两类文献中高利贷和高利贷者出现的频率非常高（勒高夫，2007，第 4—6 页）。这两类文本虽然都是针对神职人员而写，但目的却是面向世俗民众布道传教所用。尤其是范例这类警世性文本，常常用于为讲道者的布道提供素材。范例中有关高利贷者丑恶面目的刻画生动形象且非常流行，这至少从侧面反映出当时民众对于这一话题的欢迎程度。而当教会衰落，布道难以激发民众热情的时候，宗教文化中的高利贷者形象又转而进入到世俗文化之中，莎士比亚戏剧《威尼斯商人》中高利贷者夏洛克的丑恶形象，直到现在仍然打动人心，就是最好的证明。另一方面，中世纪建筑中随处可见的对于高利贷者憎恶形象的塑造也见证了当时教会反高利贷运动的群众基础（Little，1971；Baumann，1990）。除此以外，世俗司法机构也更偏好利用教会来制约高利贷行为，例如在英国的司法实践中，从 12 世纪开始，有关高利贷者的诉讼都是交给宗教法庭负责，受教会法约束。直到1485年，世俗法院仍然不做出任何有关高利贷的裁决，除非要判决高利贷者死刑（Helmolz，1986）。但是最强有力的证明莫过于来自中世纪世俗立法方面的资料，无论对教会法规有什么样的批评，在高利贷问题上，“教会的教义与商业界的公共政策之间并没有尖锐的冲突”（Tawney，1926，p. 50）。

因此本书的观点与早期学者的看法稍有不同，笔者认为，中世纪以教会为首开展的反高利贷运动更确切地来说是一场来自民众的运动，教会只是扮演了一名代言人的角色。教会既不是这股反经济运动的始作俑者，也不是坚持反高利贷政策的中流砥柱，禁止高利贷对其并不一定有利，相反正是来自民众的力量推动着反高利贷运动的高涨。

但这还不是问题的关键，问题的关键是，民众对于高利贷的普遍厌恶其实是与当时的经济大环境和经济实践相悖的，从长远来看是不符合他们的利益的。如果经济史家们的评论是正确的，高利贷的兴起反映了货币经济的繁荣，因而代表着经济发展的趋势，也是历史进步的趋势。[15]那么为什么会出现逆经济潮流而动的反高利贷运动呢？如果说反高利贷情绪的高涨意味着对伴随经济革命而兴起的新型财富观念的厌恶，即利特尔（Lester K. Little）所称的“自愿贫困化”（Little，1978），那么为何在中世纪盛期民众会出现这种普遍的厌恶情绪呢？进一步还可以追问，这种厌恶情绪是否成为阻碍欧洲经济发展的因素之一呢？

第三节　规范预期理论：借贷博弈

所以现在有必要解释这股逆经济潮流而动的抵制思潮。在货币经济已经高度发达，而货币供给又存在短缺的条件下，按照经济学标准的供给与需求理论，[16]有偿借贷是顺应经济发展之举[17]，中世纪普遍的高利贷实践也印证了这一点。但既然是有利的行为，又为何会引发普遍的反感呢？进一步说，这种行为是符合经济发展之举，那么民众又为何会逆经济利益而行动呢？

个人的行为是否会逆现实利益而动，这个问题从常识而言答案不难给出，但又是常常被经济学家忽视的问题，即经济利益的主观属性。萨格登曾经指出，人类行为不能完全以物质利益来解释，[18]"每个人遵守相应的规则取决于他的信念，相信别人也会遵守该规则"（Sugden，2000）。换句话说，扩展到宏观层面，一个社会中个人之所以会遵循社会规则，部分是由该社会所流行的观念意识决定的。因此，如果一个社会的意识形态中存在着抵制新兴财富现象的观念——比如说货币经济，那么是否会随之而产生抵制高利贷的运动呢？

为了证明这一点，笔者采用萨格登的"规范预期"（normative expectations）模型（Sugden，1998；2000；2004）来进行分析。[19]

"规范预期"理论的一个特征是区分了"物质收益"（material payoffs）和"主观收益"（subjective payoffs）。假定社会中存在两类群体，一类是放贷者，一类则是借贷者，而两者之间的借贷行为构成一个博弈。假设放贷者为A，借贷者为B。A的策略集合

为 $\{L_1, \cdots, L_m\}$；B 的策略集合为 $\{R_1, \cdots, R_n\}$。按如下规则定义 A 和 B 的物质收益：如果参与人 A 选择策略 L_i 而参与人 B 选择策略 R_j，那么 A 的物质收益表示为 $u(i, j)$，相应的 B 的物质收益为 $v(j, i)$。令 $p=(p_1, \cdots, p_m)$ 为 A 的策略的任意概率分布，令 $q=(q_1, \cdots, q_n)$ 为 B 的策略的任意概率分布。本节采取萨格登的符号简化形式（Sugden，2004，p. 214），令 $u(i, q)$ 表示如果 A 选择策略 L_i 而 B 根据概率分布 q 来进行策略选择时 $u(i, j)$ 的期望值；令 $u(p, j)$ 表示如果 A 根据概率分布 p 来进行策略选择而 B 选择策略 R_j 时 $u(i, j)$ 的期望值；令 $u(p, q)$ 表示如果 A 根据概率分布 p 进行策略选择而 B 根据概率分布 q 进行策略选择时 $u(i, j)$ 的期望值；因此物质收益 $u(i, j)$ 转化为行为人 A 的主观收益 $u(i, q)$, $u(p, j)$ 和 $u(p, q)$；相应地，对行为人 B 的主观收益 $v(j, p)$、$v(q, i)$ 以及 $v(q, p)$ 赋予同样的意义。

在通常的博弈理论中，如果要表达行为人的主观态度对于其行为的影响，一般采取的方式是对其效用值做出修正，即把一种“道德考量”嵌入到效用指数之中（Sugden，1998）。但是反高利贷行为与这种情形可能还存在些微差别，更为准确地讲，笔者认为中世纪经济繁荣时期出现的对于高利贷的普遍憎恶情绪与其说是“道德问题”，不如说是“信念问题”。规范预期理论用行为人的主观收益来表示个人行动的动机，用萨格登的话来说，这其中“不仅仅考虑物质收益还考虑参与人对他们相互交往行为的看法。正式来说，主观收益取决于物质收益和信念”（Sugden，2004，p. 215）。因此，规范预期模型符合本章的分析需要。

现在考虑规范预期模型的均衡，可以用概率组合（p, q）来确定博弈的均衡。根据萨格登的理论，（p, q）被解释为一个群体状态，“在某个给定的时刻，对潜在参与人群体的行为的描述；p 和 q 描述了随机选择的行为人能够被预期到的、分别扮演角色 A 和角色 B 时候的行为”（Sugden, 2004, p. 215）。假定欧洲中世纪时期的群体状态假定为（p, q），并假定在博弈的某种情形下，参与人 A（即放贷者）选择采取的策略是 L_k，[20] 那么 A 的行为对 B 造成的影响为 $v(q, k) - v(q, p)$。同样，如果 B（借贷者）选择策略 R_k，他的行为对 A 造成的影响用 $u(p, k) - u(p, q)$ 来定义。很明显，模型中行为人之间的相互影响是通过物质收益的期望值来描述的。$v(q, k)$ 是给定 B 根据概率分布 q 来选择他的策略而 A 选择策略 L_k 的条件下，他的物质收益的期望值；$v(q, p)$ 是当参与人 B 不知道参与人 A 实际会选择哪项策略时，B 的物质收益的期望值。通过上述定义可以发现，当 A 选择策略 L_k 而不是根据概率分布 p 来行动时，A 的行为对 B 造成的影响是 B 的预期物质收益的净增长。[21] 这意味一个社会中习俗观念的维持性力量，表明当人们遵照既有的规则行为时，其行为会符合他人的预期，即表现为使得他人预期物质收益净增长，尽管行为本身影响的效应可能是正值也可能是负值。同样，B 的行为对 A 的影响也可以做如此理解。

这样，由于存在行为人相互之间的影响，并且这种影响能够通过人们对于既定规则的预期而产生实际的效应，那么个人行动的后果就不再仅仅是对自身物质收益的度量，还会考虑根据当下的习俗自身行为可能对他人造成的影响，并将该影响加入到个人的行为动机中去。假定这种习俗考虑是一种共同知识，那么他人也会预期到行为人会顾及其行为对他人的影响。现在，就放贷行为而言，如果A的放贷行为对B造成的影响是消极的，相对于B先前的预期来说，[22]A使得他的境况恶化，并且双方参与人皆意识到这一点。然而，这种消极影响正是A想要避免的，这是当行为人考虑到人与人之间相互影响时的一种正常心理假定，因此可以用主观收益来表示这种想要回避消极影响的偏好。令$U(k;p,q)$表示在群体状态(p,q)中A从选择策略L_k中得到的主观收益；令$V(k;q,p)$表示在群体状态(p,q)中B从选择策略R_k中得到的主观收益。根据萨格登的观点（Sugden，2000；2004，p. 216），假定：

$$U(k;p,q)=f[u(k,q),v(q,k)-v(q,p)] \tag{5.1}$$

以及

$$V(k;q,p)=g[v(k,p),u(p,k)-u(p,q)] \tag{5.2}$$

其中$f(\cdot,\cdot)$和$g(\cdot,\cdot)$都是有限值函数。假定$U(k;p,q)$随着$u(k,q)$的上升而递增，当$v(q,k)-v(q,p)$为负时，$U(k;p,q)$随着它的绝对值的下降而严格递增，当$v(q,k)-v(q,p)$为正时，$U(k;p,q)$随着它的值的变化而保持不变。对$V(k;q,p)$也做同样的假定。这样就得到了一个回避他人厌恶的模型：当其他条件都相同时，每一方参与人都更偏好他的选择策略所造成的影响是非消极的，并且假定在那些消极影响中，较少些消极影响更受到偏好。也就是说，根据假设，每一方参与人都寻求最大化他自身的预期物质收益，并且最小化对他的对手造成的任何消极影响。

按照萨格登对于规范预期模型的定义，以及演化博弈分析有关均衡的定义，如果 p 是对 q 的最优反应并且反之也成立，那么一种群体状态（p, q）就是一个规范预期均衡（Sugden, 2004, p. 216）。这意味着规范预期均衡是用预期的主观收益来评价的，而主观收益是随着概率的变化而变化的。这里的概率可以理解为一个社会中某种行为的流行程度，在高利贷例子中即放款取息行为的流行程度，这实际上也就是一个社会中某种行为规范是否通行的程度。

现在根据规范预期模型把借贷博弈形式化。借贷模型的其他假设与一般性的演化博弈模型一致，即随机选择的两类行为人周期性地重复进行博弈。假定放贷人 A 现在面临两项决策：他是应该如基督教伦理所教导的兄弟情谊那样借钱给他人不取息，还是像犹太人或者伦巴第人（Lombards）那样放款取息。[23] 在这个博弈中，假定借贷人 B 实际上没有决策需要做出，他只需要根据 A 的决策来行为：是否要支付利息。这样就可以把该博弈看作一个单方面的博弈模型，收益矩阵如表 5.1 所示：

表 5.1　借贷博弈

		B 的策略
		支付利息
A 的策略	放贷取息	a, b
	放贷不取息	c, d

该收益矩阵中效用的具体数值依然是不重要的，但是其表明：通过选择不收取利息而非收取利息，A 承担了成本，但是同时给予了 B 利益。因此可以赋值为 a、b、c、d。(a, b) 代表放贷人 A 放贷取息时 A 与 B 各自的收益；(c, d) 代表放贷不取息时 A 与 B 各自的收益。其中，a、d 大于零且 $a>b$, $d>b$, $a>c$, $d>c$。而 A 承担成本相对于自身获得利益的大小，则由 c 与 a 之差来体现，$a-c$ 的差值大小可以表明市场上货币的需求程度，进而体现行为人所受到的物质激励。现在应用规范预期模型来推导借贷博弈的均衡。假设放款取息无论如何都会对借贷人产生消极影响，那么放贷人 A 的主观收益就是：（1）物质收益；（2）对借贷人 B 造成的影响乘上某个正数 α。两者加总。当 A 对 B 造成的影响为零或者是积极影响时，他的主观收益简单地就是他的物质收益。[24] 令 p 为在一个社会中，扮演角色 A 的行为人选择不取息的概率，那么参与人 B 的预期物质收益为 dp。如果放贷人 A 选择取息，那么他的主观收益的期望值为 $a-dp\alpha$；如果选择不取息，他的收益为 c。因此，如果 $p\alpha<(a-c)/d$，放贷取息就是较优的策略；如果 $p\alpha>(a-c)/d$，则不取息是较优的策略。很明显，根据演化博弈论，该博弈存在两个 ESS。[25] 首先 $p=0$（A 类型参与人总是选择放贷取息的群体状态）是一个规范预期均衡，无论 α 的值为多少。即意味着如果全社会的人借债都必须支付利息，即放贷取息成为一种全社会接受的惯例，那么这样的行为就不会引起反感。但是如果 $\alpha>(a-c)/d$，则有另一个规范预期均衡——$p=1$，每一个人都不会从借出的钱款中收取利息：这是一个基督教理想中的友爱社会。

借贷博弈解释了即便在一个货币经济高速发展、高利贷盛行的社会中，也会产生与经济趋势相悖逆的行为：只要放款取息没有成为每一个人所恪守的原则，没有成为一个社会所恪守的原则，那么这种行为就有可能激起一种憎恶的抵触情绪，这种情绪并非来自经济利益的驱使，而是一种观念驱动。

第四节　教义与高利贷观念的变迁

借贷博弈解释了反高利贷运动中民众力量的观念因素：并非是教会的禁令，而是支撑禁令的那种源自古老农耕时代的经济观念，即本书第三章讨论的礼物经济观念阻碍了人们对于新经济形态的接纳。毫无疑问，所谓高利贷的憎恶情绪只是一个靶子，一个被放大的象征性符号。禁止高利贷、对高利贷者的谴责，凸显了凝聚在制度变迁过程中观念与现实的冲突。反高利贷运动只不过是一个表征，但是却因为涉及经济系统中最为利益攸关的那一环节——货币，而成为一切抵触新经济革命情绪的众矢之的。勒高夫曾列举过中世纪禁止或者鄙视的职业，几乎所有与生产性活动无直接关系的职业都遭受过歧视（勒高夫，2007，第 50 页）。[26] 但是这其中又有哪一项堪与高利贷相比呢？中世纪的高利贷问题集中体现了 12 世纪经济大转型时刻出现的意识形态障碍。而 14、15 世纪的历史表明，正是这股思想上的保守力量延缓了 12 世纪的经济革命，延缓了现代世界到来的步伐，延缓了资本主义的诞生。没有其后几个世纪观念上的革命，纯粹的经济力量还远不足以将欧洲社会推入现代世界的轨道。因此，从中世纪向现代世界的转变还不仅仅是人口、环境、技术、战争等客观因素推动的进程，它比一些学者所假想的要微妙和复杂得多（Riemersma，1952）。

在理解了个人抵制高利贷的行为动机之后，再度审视教会的角色，就会发现有关教会在这场声势浩大但最终归于失败的反高利贷运动中所起的作用。早期学界的认知过于片面，忽视了社会观念的影响。传统观点通常即便不是持批评态度，至少也是采取一种历史学家式的客观立场，[27]认为中世纪的信仰，即便其与当时的社会环境相符合（Tawney，1926，p. 50；皮朗，2001，第 11 页；阿什利，1998，第 206 页；Taeusch，1942；George，1957），也由于未能跟上经济发展的步伐，阻挡了制度转变的进程（汤普逊，1963，下册，第 323 页；皮朗，2001，第 127 页）。

本章的观点是，教会反高利贷运动的出发点来自社会的道德基础——中世纪的经济伦理。整个中世纪经济伦理的特征简单而言，就是“防止富有的金钱借贷者剥削农民和手艺人之所需”（Riemersma，1952）。而中世纪教会作为“人间一切事情的法官”（熊彼特，2001，第一卷，第 126 页，着重标记为原文所加），在中世纪的教权社会中“居于显赫而重要的地位，并曾掌握着经济上与道德上的支配权”（皮朗，2001，第 10 页）。所以无论教会出于利益考虑对新经济形势持怎样的看法，其都必须担当起责任，执行与自身社会地位相契合的社会伦理规范。这样，“教会接受了这种盛行的情绪，赋予它一种宗教上的重要意义，并使之体现在这样一套体制中，这就是在讲道坛上宣扬经济道德，在告解室里强调经济道德，最后，通过法庭强制实施经济道德”（Tawney，1926，p. 51）。这导致的结果自然是“中世纪的经济伦理不允许讨价还价、抬高价格和自由竞争，而以公平价格的原则和保证每一个人的生活机会为基础”（韦伯，2006a，第224页）。这样的经济伦理观显然使得教会与商业社会的营利精神格格不入，“自经济领域内苗长出一种首尾一贯、体系化且伦理的生活方法论，完全受阻于中古制度化教会的权宜手段……”（韦伯，2005，第265页），“教会自始至终认为商业利润是得救的障碍”（皮朗，2001，第26页）。然而尽管如此，皮朗随后又得出结论，“宗教也许大大刺激了许多商人去攫取财富，然后再把它奉献给上帝”（皮朗，2001，第47页）；因此在中世纪文明的发展进程中，“世俗精神与最强烈的宗教热忱结合起来”（皮雷纳，2006，第145页）。从这些学者的论断中似乎能推出一个自相矛盾的结论：教会秉持的经济伦理确实与经济变革不相容，但是缺少了教会的教义信仰，经济变革也无法发生。

事实上，在任何社会的制度变迁过程中，都能见到类似的观点，在社会中占主导地位的力量、观念或者组织，既代表了保守的力量又促使了社会进步。用演化博弈的思维来看，它们所起的作用是维持着均衡漂移过程中社会的稳定性。

然而，笔者并不满足于这样一种模棱两可的结论，因为这类结论对于宗教信仰在制度变革中所起的作用实际上并没有说出任何东西。如果进一步从演化的视角观察欧洲中世纪的制度变迁，根据上一节的模型，其中两个变量无疑是最重要的：一个是策略选择的概率分布 p，另一个是度量行为人之间影响关系的正数 α。正是这两个变量影响着博弈的均衡。其中概率分布 p 表示某种行为方式在社会中的流行程度；正数 α 则可以称为“阵痛指数”，表达社会观念对于现实经济形态变迁的接受程度。如同模型所表明的，可能产生两种均衡：放贷取息的均衡与放贷不取息的均衡，或者说高利贷合法的惯例与高利贷非法的惯例。很明显，根据模型，前一种均衡要求 $p = 0$，这在礼物经济观念占主导的社会中是不可能的。[28] 但是倘若 $\alpha > (a - c)/d$ 不成立，即 $\alpha \leqslant (a - c)/d$，那么至少均衡会向放贷取息的均衡转化。也就是说，单单从现实角度来考虑的话，除非所有人都实行放贷取息，否则都会可能由于存在一种社会观念的抵制而产生禁止放贷的行为；然而倘若社会观念发生变化，即 α 发生变化，至少会使得均衡向允许放贷取息的方向漂移，亦即使得人们能够接受某种利率水平的借贷行为。这正是历史发展的方向。[29] 所以笔者的观点是，中世纪经济变革时期教会在精神领域发挥着重要的作用，而这种作用主要是通过教义所传达的精神力量改变了阵痛指数 α。亦即，以教会教义形式表达的信仰意识促使民众逐渐在观念上认同新的经济系统。

首先需要澄清两种常见的误解。第一，中世纪教会在经济伦理上表现出来的无法适应于现实变革的表象，与其说是它代表了一种保守的观念，不如说体现了既有惯例的自发力量更准确些。如第三章所述，古式社会的礼物交换既是一种表达信仰的宗教仪式，也是一种交易的惯例。在礼物交换的惯例之下，最重要的商业精神并不是营利，而是“平等相待”。[30] 欧洲中世纪早期教会所做的一切努力并不是建立一个新欧洲——当时没有任何力量能够做到这一点，而是恢复古代世界的传统，当然也包括建立在礼物经济观念基础上的商业惯例。正如布洛赫（Marc Bloch）所言，在这个“信仰时代”建立之初，“天主教还没有完全渗透到普通民众中去”，民众的“宗教生活也浸润在各种信仰和习俗中”（布洛赫，2004，第155—156页）。中世纪教会那些与现实经济相悖谬的经济伦理只是“一种惯例，它与中世纪社会理论的一个重要原理相符”（Tawney，1926，p. 45）。因此，贯穿中世纪教会经济思想的最主要内容，就是与该惯例相符的两个概念：公平价格和高利贷。[31]

中世纪的商业复兴所引发的经济革命，事实上是两种经济形态之间的转变：从礼物经济转向利润经济。勒高夫在描述中世纪高利贷问题时，通过乔巴姆的托马斯（Thomas de Chobham）的话，指出高利贷控诉的观念基础在于礼物经济。[32]并且借鉴了马林诺夫斯基关于礼物交换的观点，“诚然，13世纪西方的经济并不等同于20世纪初特罗布里恩群岛土著的经济。尽管前者更加复杂，然而在一个建立在基督教和封建‘关系网’上的社会里，‘互惠’概念仍支配经济交换理论”（勒高夫，2007，第12—13页）。所以，被诸多学者判断为代表中世纪欧洲时代精神的观念力量，实际上正是源自礼物经济。规范预期理论已经表明，当人们的行为与这种观念力量相矛盾的时候，其行为动机并不完全取决于物质利益。这就是勒高夫在《钱袋与永生：中世纪的经济与宗教》（*La Bourse et la vie*：*Economie et Religion au Moyen Age*，1986）中极力刻画的中世纪的人们为了适应经济现实的改变，在观念层面所引发的阵痛。在利特尔的《欧洲中世纪的宗教贫困和利润经济》（*Religious Poverty and the Profit Economy in Medieval Europe*，1978）一书中，也描绘了中世纪盛期所经历的精神危机，他同样把这次危机归结从礼物经济向利润经济转变时导致的观念上的冲突。在本章的借贷模型中，即体现在阵痛指数 α 上。

第二，与许多学者的看法相反，中世纪教会在高利贷问题上表现出来的态度，不是一个简单的宗教道德问题，即认为是基督教有关兄弟情谊的道德观阻碍了人们对于金钱交易的理解。要证明这一点并不困难。诚然，基督教的道德观确实不允许放贷取息，这一点在《旧约》思想中体现得很清楚。[33] 基督教早期教父反对高利贷的思想基础即是《旧约》，其基于的正是一种基督教的道德伦理观（Maloney，1973）。但问题是，在中世纪轰轰烈烈的禁止高利贷运动中，早期教父的思想并未占有重要地位（Taeusch，1942）。事实上，始自 11 世纪的有关高利贷问题的再次反思并不仅仅是停留在道德的角度（Kirschenbaum，1985），中世纪反高利贷的理论基础首先是法学层面的，然后才是道德层面的（Rosenmeier，1990）。

综上所述，笔者认为，中世纪盛期之后制度变革进程的突然滞缓，主要是由于从古老的经济制度之中孕育而生的观念力量束缚了新经济系统的发展。古代习俗（礼物交换）遗留下来的平等交易问题，极大地影响到了中世纪的人们对于金钱交易的看法（Riemersma，1952），从而产生了一种社会化学效应，其剧烈反应集中到了高利贷问题之上。

最后的问题就是，教会真的是这种保守的观念力量的支持者吗？从教会支持禁止高利贷的行为来看，答案似乎是肯定的。但是如果再深入检视一下中世纪教会教义中有关高利贷概念的变迁，看到的则可能是另一种回答。

关于中世纪时期高利贷的定义，最简便地来说即是指“仅仅且单单只是为了获得一笔有保证的借贷的返还，收取超过且高于借出数目部分的报酬”（Kerridge，2002，p. 5）。对于现代社会中的人们来说，很清楚“高利贷”与“利息”不同，也与“利润”不同。但是对于中世纪的人们来说，在当时的经济观念下，上述概念其实并不是很容易区分，甚至在英国到了伊丽莎白一世（Elizabeth I，1533—1603）时代，“高利贷者”也意味着一切放贷取息的人——即便是很低的利息（Draper，1935）。对于“利息”观念的认知转变完成要迟至17世纪（George，1957）。正如本章第二节就已说明，中世纪反高利贷运动最初禁止的是一切形式的放贷取息行为。

中世纪教会对于高利贷问题的解释来自两大权威：一是《圣经》，二是亚里士多德（Aristotle）。《圣经》是中世纪欧洲一切人和物的权威。但是从《圣经》文本中高利贷争论所能借鉴的经文并不多，除了《旧约》的四篇文本外，主要就是《路加福音》（6：34—35）。[34] 在中世纪，《新约》中的这段要求借贷不取息的文字显得最为重要（勒高夫，2007，第17页），但也仅是如此而已。其余则要依赖经院哲学家们的解说。

中世纪后期经院哲学关于高利贷理论的权威来自阿奎那（St. Thomas Aquinas）。阿奎那对于高利贷问题的解释有两个特征。第一，阿奎那将高利贷与公平（正义）价格问题紧密相关交织在一起，“贷放金钱来收取高利这件事本身就是不公平的”（阿奎那，

1998，第16页），即从法律意义的“正义”维度而非道德维度否定高利贷；第二，阿奎那有关高利贷问题的解释落脚点在于货币本身的性质，这完全是基于亚里士多德的理论：是货币的性质决定了高利贷的不合法性。而亚里士多德关于货币性质的讨论主要出自两个文本，一是《尼各马可伦理学》的第5卷第5节，货币的作用是一种价值尺度，用来“公约万物”（亚里士多德，1999，第113页）；另一个是《政治学》第一卷的第九章和第十章，以货币为中介的贸易不应产生货币（亚里士多德，1965，第27页），钱商强使货币来增殖的方式是最不合乎自然的（亚里士多德1965，第32页）。诚然如有的学者所认为的那样，亚里士多德关于“货币不能生殖”的思想确实与古代世界的农业经济形态相关，但是以阿奎那为代表的中世纪经院哲学对古希腊思想的阐发，却体现出一种迎合新经济形态的思想萌芽。

阿什利（W. G. Ashley）曾认为教会在12世纪后再度重视高利贷问题是与罗马法研究的复兴有关（阿什利，1998，第199页），但事实上教会在关于高利贷问题上思考并未受到古代罗马法太多的影响（Taeusch，1942）。并且正如韦伯所认为的那样，现代资本主义的一切特有的制度都不是归根于罗马法，而是源自中世纪本身（韦伯，2006a，第214页）。罗马法研究的复兴不是复活了古代世界的法律，而是创造了符合新时代社会发展所需要的法学。同样，在关于高利贷问题上更是如此。经院哲学家们对高利贷问题的反思不是复活了古代世界的货币思想，而是创造了现代世界的观念。

关注观念史的学者发现，中世纪盛期突然开始强调一个观念：

正义。“13 世纪是一个讲求正义的世纪”，国王们以正义为美德，镇压犹太人高利贷活动的路易九世“左手中第一次出现了作为象征的正义之手”（勒高夫，2007，第 24—25 页，着重标记为原文所加）。“公平的价格”“公平的工资”，这些与公平价格理论相关的命题并不是简单地对古老的平等赠礼—回赠思想的反映，而是代表了一种新型思维模式正在出现。确实，高利贷是不道德的，高利贷违反了货币的自然性质，高利贷的交易背离了赠予和回赠的平等性。但这些理由还远远不够。之所以要禁止高利贷，是因为高利贷是一种有悖于正义的罪孽。“承认高利贷实质上的非正义性，标志着在研讨高利贷问题的历史上出现了一个转折点。”（奥布莱恩，1998，第 398 页）这一概念是 12 世纪之后所独有的，这意味着对于高利贷的分析开始脱离传统的道德领域，进入了科学研究的领域，尽管看上去仍然披着神学的外衣。从第三章的分析中已知，自发演化的习俗中所具有的观念力量，往往采取一种“道德的”形式。因此，当经院哲学家们对于高利贷问题的思考脱离道德领域，进入法律的、科学的、经济的领域的时候，实际上起着一种潜移默化地改变观念意识的作用。高利贷是一种盗窃行为（勒高夫，2007，第 24 页），但高利贷者偷盗的不是别的什么东西，而是时间。货币依赖时间生殖，但是时间是属于上帝的财产（Taeusch，1942；勒高夫，2007，第 41 页）。这类看似诡辩无用的经院哲学教义，却逐渐地引入了一种新的思维方式。对于“正义”的思考、对于时间性质的思辨所促成的，是“自然法”的思想引入了高利贷的分析之中（Kirschenbaum，1985），是种种新价值观念的建立——信用、风险、不确定性（勒高夫，2007，第 83 页）。

切莫以为中世纪的经院哲学家们在高利贷问题争论中所耗费的巨大精力只是一种学究式的浪费，事实上这些已经逐渐被历史淡忘的思考产生了切实的效果。尽管阿奎那谴责高利贷，但却为现代货币经济的发展以及人们接受这种货币经济留下了余地：他承认了容许放贷取息的形式（阿奎那，1998，第 17—19 页）。无论是在实践中还是在思辨中，这都为后世的高利贷观念演变打开了通路，因此在中世纪晚期涌现出来的形形色色的商业投资方式，并不存在与高利贷禁令抵牾之处（阿什利，1998，第 260 页）。世俗商业事务中人们"发明"了各种形式来绕过高利贷禁令，比如阿奎那提及的"合伙关系"，基于"损害"的赔偿，"延迟"付款的补偿，等等。在阿奎那的基础上，后世耶稣会的高利贷决疑论更是在实践中起到了重要的作用，到了 16 世纪时，最终高利贷问题无论是在道德层面还是在教会法和教义中都得到了正名（George，1957）。[35]

思想改变了现实，现实又再度改变思想。经院哲学看似毫无意义的思辨逻辑却实实在在地改变了整个社会的经济观念。中世纪的商业之都佛罗伦萨到了 14 世纪时世俗法院就开始介入到高利贷禁令中来，为种种商业行为铺平道路（Becker，1957）；都铎—斯图亚特时代的英国，终于有高利贷者获得了受人尊重的社会地位（Shipley，1976）；意大利经过了四百年的沧桑，高利贷者终于从最受鄙夷的身份一跃而成为"商业王子"（Merchant Prince，Nelson，1947）。现代学者也许对中世纪存在的各种千奇百怪、烦琐、无意义的信用交易方式感到不可理解；也许对经院哲学家在经济问题上，特别是在高利贷问题上复杂的决疑论会认为是一种无益的诡辩术。但正是这些被普遍认为是为传统辩护的“诡辩术”以及相伴随的累赘的经济实践，缓慢、曲折、艰难地在改变着古老的传统，改变着民众的观念。当民众容纳了高利贷者，当民众接受了“利息”的概念，当民众理解了“风险”的含义，新型的货币经济终能跨越当时社会对于新经济系统在意识形态上的阻碍，向“资本主义”前进（Riemersma，1952）。

没有什么能比高利贷问题更容易体现宗教教义与经济行为之间的关系（Nelson，1947），也没有什么能比高利贷问题的斗争更能体现教义的信仰意识所发挥的巨大力量。当古老的习俗渐渐崩溃，新的均衡却由于受到旧习俗意识形态的障碍而难以形成的时候，正是这种蕴含在教义中的观念力量，以一种执拗却易于被人们接受的方式，引领人们思维的转型，接受全新的经济系统。这正是教义在制度变迁过程中所发挥的作用，对于人们的观念转变而言，教义的这种作用可以说是至关重要的。这一点通过与犹太教对待高利贷的态度做对比就能得到证明。在人类历史早期，所有的宗教都曾谴责过借款放贷的行为（韦伯，2005，第 260 页），[36] 但是唯独基督教最先从中衍生出了现代货币理论。古代宗教对待高利贷的态度使得古代社会商业实践采取一种实物借贷的形式来规避宗教禁令（韦伯，2006a，第 168 页），这种形式与礼物经济的观念相符。而犹太教则采取另一种规避方式：高利贷问题在法律上是正当的，但是在宗教上是不正当的（Kirschenbaum，1985）。这种二分法虽然使得犹太人可以合理地对外人从事高利贷活动，但是也使得犹太人的经济观念实际上一直停留在古代商业观念的行为模式之上，所导致的也就是韦伯所称的“贱民资本主义”(pariah-capitalism)(韦伯，2010a，第264页)。

第五节 余 论

“一种经济系统，只有在经历了所有类型的障碍长跑以后，才能取代另一种系统”(勒高夫，2007，第105页)，勒高夫如是说。资本主义，不仅要经历从礼物经济到利润经济的商业机制变革，还要经历与之相伴的观念变革，才能真正诞生。在本章中，笔者并不想断言说中世纪的高利贷者们代表真正的资本主义精神，也不想断言中世纪教会面对经济变革时发挥的完全是积极作用，更不想断言从中世纪到现代世界的制度变迁完全是宗教信仰的功劳。笔者只是想说明，在社会的演进过程中，宗教或者是类似于宗教的文化因素，可以具备一种超越于习俗惯例的强大意识力量，正是这股力量引领着契合于社会演变的观念演化。这就是卢曼(Niklas Luhmann)所言的“与选择性关系中的建构(constitution)与消减(reduction)的结合联系在一起的”宗教功能；“宗教的功能所指涉的是社会必须加以解决的某个特定问题”，“人们按宗教的方式来体验世界”(卢曼，2003，第36—37页)。卢曼把这种机制称为教义学的功能，“宗教教义学的宗旨是要解释那些与不确定的事物相关的经验与行动；它把这种解释提高到一个普泛化的水平上，从而满足社会对结构相容性的要求”(卢曼，2003，第50页)。中世纪教会教义对于高利贷问题的阐释以及伴随而来的经济实践的变化，正是卢曼上述理论的最好例证。

也许有人会怀疑教义所具有的这种看似超验的意识作用是否存在，也许有人会说，中世纪的高利贷问题只能说明教会为顺应现实而无奈做出改变。确实，笔者无法否认这样的观点。经院哲学家们，包括阿奎那自己在内，谁能想到“正是在该时期经院学者的道德神学和道德法规体系内，经济学才获得了即使不是独立的也是确定无疑的存在，正是他们比任何其他人都更接近于‘创立’科学经济学”（熊彼特，2001，第一卷，第 157 页）呢？宗教法规学者谁能意识到他们正是“近代经济学的助产婆”（阿什利，1998，第 261 页）呢？甚至下一章将要分析的新教伦理也与中世纪神学脱不了干系，可是中世纪的神学家们谁又能预见到他们的思想将会与新世界的伦理观交织在一起呢？[37] 事实上，“只有当一种立足于社会合目的性或事实性之上的行为，看上去是从宗教那里吸取其道德律令时，这种形式过程的实现才最具有深远意义”（西美尔，2003，第 94 页）。

汤普逊说，“近代社会的根源是深深扎根于中世纪时代的历史里。中世纪历史是近代所承袭的遗产”（汤普逊，1963，下册，第 459 页）。熊彼特（Joseph A. Schumpeter）也说，“封建社会包含着资本主义社会的所有胚芽”（熊彼特，2001，第一卷，第 132 页）。但是所有这些种子都不会成长，如果没有观念上的变革发生的话。运用规范预期理论的借贷博弈模型已经揭示出这一点：人不仅仅是作为这个世界的行动者而存在，他必须首先是这个世界的理解者。

倘若无法理解种种未知的现实，他便会以一种保守的习俗惯性而行动。然而，观念上的变革早已蕴藏在神学体系之内。“欧洲的道德和智力的发展基本上是神学的发展”；经院哲学的诞生“孕育了近几个世纪中的近代欧洲神秘主义和灵性主义、哲学上的理性主义和唯物论”（Heer，1966，p. 70）；因此，“中世纪的经院科学包含着文艺复兴时期的世俗科学的所有胚芽”（熊彼特，2001，第一卷，第132页）。等待信仰所铺垫的条件成熟，看到的便是迎接现代世界诞生的两大运动：文艺复兴与宗教改革。“资本主义精神”，只有在此时才有可能。

业已发生的历史指示着尚未出现的未来。现代世界在资本主义经济制度影响之下诸社会已经发生或者正在发生制度巨变，难道就没有丝毫欧洲中世纪的影子吗？一切社会制度处于转型过程之中的时候，被经济学家所忽视的意识形态基础往往会爆发出巨大的力量。这种力量可以起到促进作用，也可以是毁灭性的。唯一不同的是，人们能否再度拥有一个如中世纪教会那般的道义权威和信念，来抚平人们面对制度变迁时的心灵阵痛，指引人们走出观念困境。

本章注释：

1. 皮雷纳（Henri Pirenne），比利时历史学家，他的名字另一个中译是“皮朗”。本书正文统一为“皮雷纳”，引用的中译本参考文献中这两个译名均有，实则指的是同一位作者，请读者注意。

2. 按照目前罗马大公教会的标准中文译名，应作“额我略七世”。

3. 欧洲中世纪开始与结束的时间点在史学界一直存有争议，但通常指的是从5世纪到15世纪这样一个时间段。笔者在此采用的是较为常见的一种断代方法，即将西罗马帝国灭亡的476年作为中世纪的开端，将君士坦丁堡被奥斯曼土耳其攻陷的1453年作为中世纪结束的标志。

4. “Feudalism”国内长期以来译作“封建主义”“封建”或者“封建制”，但是欧洲中世纪的“Feudalism”与中国西周时期的“封建”存在本质上的差异，使用“封建”对译“Feudalism”造成对东西方历史认知的严重误解，这一点在国内外史学界渐已达成共识。因此本书采取李峰（Li，2003）、布洛赫（2004，第27页）以及冈绍夫（2016，第25页）的观点，“Feudalism”是封臣制和土地制度——采邑（feodum）或恩地（beneficium）——二者之间的紧密结合，依据该形式特征，译为“封邑制”。当然笔者也深知译名约定俗成的道理，所以特别强调：本书中所有“封邑制”“封邑关系”等词汇，对应的就是中文译著中常用的“封建主义”“封建关系”；所引中文文献中使用“封建”一词的，以原文为准。

5. 按照布罗代尔的考证，即便是马克思，一直到《资本论》（第一卷）出版时（1867年），都没有使用过“资本主义”一词，参见：布罗代尔（2002，第二卷，第242页）。

6. 韦伯的“资本主义”概念是一个复杂的逻辑综合体，其具体含义将在第六章进行分析。

7. 韦伯的经典作品，《新教伦理与资本主义精神》（*Die Protestantische Ethik undder Geist des Kapitalismus*，1904/1905），在国内已有多个中译本，笔者在最初撰写本章内容时主要参考的是陕西师范大学出版社的译本。现在本书全部相关引文更换为上海人民出版社的译本，同时还参考了广西师范大学出版社的译本以及社会科学文献出版社的译本，具体版本信息详见本书所列参考文献。

8. 本书中“教会”一般仅指“大公教会”，即国内通常所称的“天主教会”。严格来说，中世纪欧洲影响较大的教会组织还有“正教会”（国内通常称为“东正教会”）。

9. 这句话见于韦伯的《经济通史》（*Wirtschaftsgeschichte*，1923），被认为是来自阿利乌斯教派（Arianismus）的一句判词。中译本《经济通史》中的翻译与本书引文稍有不同（韦伯，2006a，第 224 页），本书的引文来自韦伯（2004b，第 516 页）的译者注。

10. 这一点从早期教会思想对于罪孽的排序中也可以看出来。早期教会认为排第一位的罪孽是“骄傲”，而与高利贷相关的罪孽“贪婪”，排序要在“骄傲”之后（Little，1971）。

11. 但是宗教改革之后、近代社会初期的反高利贷现象，无论是在现实层面还是在观念层面都与中世纪的禁止高利贷运动大为不同。这一点从托尼（R. H. Tawney）的论述中就可以发现端倪（Tawney，1926，pp. 155—168）。

12. 货币供给不足自 11 世纪末经济发展之后就一直是中世纪欧洲的一个大问题，一直到中世纪末期才得以解决（皮朗，2001，第 104 页）。

13. 此时相应地，却是新教徒开始承担起反对高利贷的任务，并指责教会在高利贷问题上过于宽容。

14. 当然部分原因在于中世纪后期欧洲内部以及欧洲和奥斯曼土耳其帝国之间的军事行动规模越来越大，战争、行政机构管理等因素使得王室财政支出急剧增加，迫使国王们想方设法增加财政收入，褫夺高利贷商人们的资财或是废除相应的贷款成为国王们解决债务危机时常见的备选手段。

15. 相关的历史资料也证明了这一点，12 世纪是货币经济高速发展时期，同时也是高利贷盛行时期。

16. 经济思想史上，最早的供需分析，正是出现在对货币现象的理解之中。

17. 有偿借贷还可以进一步细分为两种不同的借贷形式——消费借贷和商业借贷，各自产生的影响不同。在一些条件下，就“消费借贷”来看可能对经济发展会有负面作用。但要指出的是，中世纪禁止高利贷行为是“普遍性”的，最初并未区分消费借贷还是商业借贷。对于“消费”和“商业”两种不同用途的划分直到经院哲学对高利贷的性质进行系统化地理论分析后才出现。

18. 需要特别强调，笔者在此并没有主张当前一些经济学家的“前沿”理论，即认为民众的这类反应是一种典型的“非理性行为”。后文探讨的“规范预期模型”，仍然符合广义上的理性选择理论。经济学家目前对于何谓“非理性”，存在太多的认知误区，通常的做法是不符合新古典模型中的“理性经济人”假设，便标上“非理性”的标签，然而这是错误的观点。不过在本书中不可能深入探讨“理性”问题，因此暂且不论。

19. “规范预期”理论原初要解释的问题是惯例如何演变为规范（norm），即根据自利原则而形成的惯例如何具有了道德力量（Sugden，1998；2000）。而本章有关反高利贷行为的分析应用中，则侧重于另一个层面，即惯例所具有的规范性力量如何影响人们的行为。

20. 该策略可以根据借贷的利息多少来具体化，比如说放贷取息或者说放贷不取息，也可以是取高利息或者取低利息。

21. 即 $v(q, k) > v(q, k) - v(q, p)$。

22. 这里的“先前预期”，可以理解为是既有的社会习俗惯例所赋予的预期。

23. 犹太人和伦巴第人是中世纪从事高利贷业务的主要两类人群。

24. 数值 α 扮演的角色在一般性的规范预期模型中表示参与人“欲求避免激起怨恨的强烈程度”（Sugden，2004，p. 217），但是在本章的借贷模型中还有其他的含义，详见第四节。

25. 严格地说，该博弈共有三个均衡，除了上述的两个稳定均衡外，还有 $p=(a-c)/d\alpha$ 这一均衡状态。不过这一均衡状态在非对称形式的博弈下（“放贷者 A”和“借贷者 B”），是不稳定的，会受到任意通用策略的侵扰。有关对称形式的博弈和非对称形式的博弈，可以参考附录一。

26. 一直到 19 世纪，在有关价值理论、资本理论等等经济学核心论题的争论中，“生产性”与“非生产性”的划分都是一个重要的定性准则。本书第一章提及的凡勃伦的理论，所谓“有闲阶级”，也是以该标准来界定的。然而所谓“生产性”和“非生产性”的分类，却是人类社会早期原始经济境况下产生的认知。因为只有在早期社会的简单经济体中，才能够轻易而明确地区分哪些是生产性活动，哪些是非生产性活动。随着地区间贸易的展开、专业化分工的出现，经济活动变得日益复杂化、多样化。在一个复杂经济体中，很难清晰地分辨哪些是“生产性活动”，哪些是“非生产性活动”。所以现在如果还使用这一标准，就是典型地以前现代世界的经济观念来审视现代世界的经济生活。

27. 可能这其中德·罗弗（de Roover，1967）是一个例外。

28. 礼物交换要求确保交换的平等——赠礼和回赠的平等，高利贷这样的行为——不平等的物品交换（较少的货币带来较多的货币）显然违背礼物交换的观念。

29. 即便是在现代社会中，利率依旧是一个富有争议的问题，收取过高的利息仍然是受到抵触的一种行为，可是超过何种标准算是“高利率”，实际上部分仍然取决于不同社会对于货币经济的认知态度。

30. 参见第三章注释 8。

31. 正如后文将要指出的，“公平价格”（just price）是旧译，直译的话应该是“正义的价格”。“just”这个词汇在中世纪经院哲学中是一个法学词汇。换言之，这意味着中世纪的神学家们一方面承认传统习俗的力量，一方面又试图改造传统观念，将类似“公平价格”这类问题置于法学而非道德的思辨中。

32. “在所有的别的合同里，我可以期望并接受利润（lucrum）。就像我给你某件礼物，就可以期待某种回赠（antidtum）一样。也就是说，礼物的复制品（contredatum）。并且，我可以指望接受它，因为我曾经是第一个把它给你的人。同理，如果我借给你我的衣服或是家具，我可以收取一定的钱。那么，为什么当我借给你我的钱（denarios meos）的时候，这个逻辑就行不通了呢？”（转引自勒高夫，2007，第 12 页，着重标记为原文所加）。

33.《圣经》中关于高利贷问题至少包括五篇文本，其中四篇属于《旧约》，分别是：《出埃及记》（22：25）；《利未记》（25：37）；《申命记》（23：19）；《诗篇》（15：5）。

34. “你们若借给人，指望从他收回，有什么可酬谢的呢？就是罪人也借给罪人，要如数收回。你们倒要爱仇敌，也要善待他们，并要借给人不指望偿还，你们的赏赐就必大了，你们也必作至高者的儿子，因为他恩待那忘恩的和作恶的。”引自和合本《圣经》（《路加福音》6：34—35）。

35. 根据以韦伯“新教伦理”为代表的观点，新教徒对高利贷禁令的解除有很大的功劳。但这一观点存在疑问，有些学者认为新教徒对待高利贷并不是持赞成态度，甚至更严厉地禁止高利贷；加尔文（John Calvin）的学说是否真的为高利贷解禁开辟了道路也存在争论（Robertson，1996，pp. 111—132；Taeusch，1942；George，1957；Baker，1974）。毕竟，加尔文对待高利贷问题也仅仅是通过重新解释基督教伦理来理解，而前文已经说过道德维度事实上并不是高利贷问题的核心。加尔文区分了商业性质的高利贷和贫民的借贷，赞同前者反对后者（George，1957），但类似的思想在经院哲学中已经出现。并且，英国的加尔文教徒严厉反对高利贷（George，1957）。

36. 韦伯指出了两个例外，现代基督教和中国的儒教（韦伯用了“儒教”一词，这里指他的观点）。在高利贷问题上，或许也能看到中国传统社会的特殊观念。

37. 因为正是在中世纪的教义发展中，出现了这样一种信念，“自然应该为人类服务，因此宇宙能够也应该为了经济的目的而被控制”（诺思，2008，第122页）。

第六章 韦伯命题：新教伦理、经济理性与制度变迁

对于上帝，秩序的一切形式都要依赖他的智慧。

——怀特海（Alfred North Whitehead，2007，第 57 页）

“在一个民族精神发展的关键时刻，宗教往往在这个精神世界留下深深的印痕，而这个印痕永远也不可能抹平。”（布克哈特，2007，第 96 页）韦伯关于“新教伦理与资本主义精神”的命题，或许就是对布克哈特（Jacob Burckhardt）上述论断最强有力的呼应。而就本书的主题而言，韦伯命题是我们理解观念与社会制度之间内在关联的支撑性理论。可以毫不犹豫地这样说，如果韦伯命题是错误的，那么本书的核心理论架构便是错误的；然而如果韦伯命题是正确的，那么本书所主张的“深描的制度理论”在某种程度上可以理解为是在韦伯命题基础上的拓展。

笔者深知，就目前社会科学界主流的研究偏好而言，重申韦伯命题的重要性不仅不明智，甚至显得有些“反动”。事实上，韦伯的《新教伦理与资本主义精神》甫一出版所引发的争议，并非是赞同其观点，恰恰相反，当时德国学术界大多数人持反对意见。纵观整个 20 世纪，有关韦伯命题的讨论随着学界实证方法的兴起、“文化热”的出现，由热转冷再转热，由赞同转否定再转赞同，经历了一波又

一波的循环。进入到21世纪，对于该命题的看法似乎已经基本定型：韦伯探讨了一个很重要的论题，但是其使用经验材料是有问题的，其理论适用性也是有限的，或者说至少是不全面的。总而言之，就目前社会科学界的理论发展来看，韦伯命题已是一个过去时。

本章的主要内容是重新审视韦伯命题。笔者的观点是，到目前为止，学界——特别是经济学界——在有关韦伯命题的讨论中，严重忽视了韦伯对于自身理论内在的各个概念之间形式逻辑关系的论证，正是这一逻辑关系而非某个具体的观点才是韦伯命题的价值所在。[1] 所以本章的主题就是借由种种反对观点的论据，来重新梳理并论证新教伦理与资本主义精神之命题。并在此基础上，阐述源自宗教精神的伦理观如何转变为一种世俗主义的社会伦理观念，又如何与经济理性主义紧密结合，构成了我们这个时代社会制度的主观基础。

本章的结构内容安排如下：首先在第一节中笔者将概述各类针对韦伯命题提出的批评性观点，指出这些观点所存在的问题；然后在第二、三节中尝试重构韦伯命题，通过对“资本主义”“资本主义精神”和“经济理性主义”几个概念的梳理，笔者将韦伯命题以理性选择模型的形式重新表述，从形式逻辑角度论证韦伯命题的合理性；最后是本章的结论。

第一节　韦伯命题及其悖论

1500年，现代世界的开端。在这黎明时刻，发生了一系列事件——文艺复兴、宗教改革、地中海争霸、“教皇子午线”(Papal Line of Demarcation)、[2]地理大发现、产业革命、世界远洋贸易的拓展、旧帝国的衰落、世界性殖民帝国的诞生、民族国家的出现。所有这些或重要或琐碎、看似无关却又错综复杂地勾连在一起的事件塑造了现代世界的轮廓，其深远影响一直持续至今。到目前为止，经济学界仍然很少关注1500年，[3]现代社会最初百年间发生了许多事件，如何从经济学的角度进行解释，依旧存在太多的谜团。[4]不过有一点是确定的，自16世纪开始人类社会不同地区或早或晚，或缓慢或急速，或主动或被动，先后迈入了现代世界的大门。

何谓现代社会？对这个问题无论有多少相异的理解，至少有一点共识：现代社会，“不是经济嵌入到社会关系之中，而是社会关系被嵌入于经济体系里”(Polanyi，1957, p. 57)。资本主义，正是对这个以经济属性为其特征的社会的基本表述。

如何解释这一“我们现代生活中最具决定性的力量”(韦伯，2010a，第160页)，是无数人思考的问题：人类社会商品贸易的历史数千年，为何直到16世纪才出现以“资本”为核心的这股经济力量，它又是如何出现的；为何这种经济形式会席卷全世界；它是否是各种不同形态的社会经济发展之必然趋势；各类非资本主义社会如何面对资本浪潮冲击下的大转型；它是否是人类社会终极的经济形态；又或者后资本时代的经济制度将是怎样的一种模式？简而言之，借用西美尔式的修辞来说就是：资本主义是如何可能的。

解释这样一个宏大主题当然不是本章的目的，也不是本书的目的。在这一章中笔者所关注的是构成这一现代社会主导制度形态的观念基础问题。因为，正如前述章节中运用的制度演化的博弈分析所显示的，博弈均衡的选择——亦即某一特定制度的出现，要归结到博弈的初始条件，即初始状态中的“聚点”问题。从主观角度来理解的话，便是博弈参与人在进入博弈之时便已具有的一种观念共识。放到现实社会背景下，即取决于社会的整体意识，也就是韦伯所言的“时代的精神气质”（ethos）。因此，本章的研究是基于韦伯的立场，“现代资本主义扩张的动力问题，首先并不是可供资本主义利用的资本额来自什么源头，而是资本主义精神的发展，这一点至关重要”（韦伯，2010a，第195页）。

作为一种经济制度，资本主义的观念基础最重要的特征便是其彻底的世俗性，“俗世主义（secularism）是个人主义式的文明以及资本主义的基础”（华勒斯坦，2005，第58—59页）。这种彻底的世俗态度，曾得到过许多人的支持，也使得许多人感到深深的恐惧。支持者以启蒙主义者的进步观念来看待资本主义，经济制度的世俗化意味着社会机体中最重要的部门终于摆脱了古老腐旧的伦理枷锁，这为社会之发展预示了前进的方向；而忧虑者则把目光聚焦于这种新型经济形态所暴露出的祛道德化，以及随之而来的整合式的传统社会结构的解体，例如桑巴特（Werner Sombart）把资本主义的发展结局视为创造出了一头毫无节制的营利“怪兽”（Parsons，1928），托尼则认为资本主义是反社会系统的，因为缺少一个道德中心，及共同的社会目标（McCormack，1969）。无论怎样，支持者和反对者都同意，资本主义制度的精神气质，似乎已经完全摆脱了古代社会和中世纪时期的宗教影响，塑就并依赖于一种全新的观念形态。

然而在1904年和1905年，韦伯发表了在学术界和思想界引发巨大争议却影响持久的著作：《新教伦理与资本主义精神》。[5]在这篇文献中，韦伯的研究主题是“现代经济生活的精神与禁欲主义新教理性伦理观之间的联系”（韦伯，2010a，第11页），他分析并建立起了资本主义制度的观念基础与基督教新教信仰及其伦理之间的因果联系，即韦伯命题。《新教伦理与资本主义精神》自诞生之日起，便激起学术界的强烈反响，其中既有支持者（Maurer，1924；Fullerton，1928；Parsons，1928；1929；Troeltsch，1931；Hudson，1961；Hertz，1962；Hansen，1963；Little，1966；Forcese，1968；Warner，1970；Crowley and Ballweg，1971；Marshall，1980；Holton，1983；Inglehart and Baker，2000）；也有反对者（Tawney，1926；Fischoff，1944；Wax and Wax，1955；Mack et al.，1956；Hughes，1958；Rosen，1959；Lipset and Bendix，1960；Samuelsson，1961；Sombart，1962；1967；Bellah，1963；Stark，1964；Razzell，1977；Cohen，1980；Delacroix，1992；1995；Robertson，1996；Delacroix and Nielsen，2001；Adams，2001）；还有一些学者部分承认但试图修改或者扩展该命题（Walker，1937；Jonassen，1947；Greeley，1964；Wagner，1964；Means，1965；1966；Nelson，1968；Barclay，1969；Winter，1991；Davies，1992；Buck，1993；Hamilton，1995；Collins，1997；Barker and Carman，2000）。

韦伯命题所关注的是：究竟“精神气质”在资本主义文明的

发展中扮演了一个什么样的角色（Green，1973，p. viii），即观念的力量在现实社会制度动态演化过程中的作用。这并不是一个单纯的经济学命题，其中牵涉了历史学、社会学、人类学、经济学、神学乃至心理学等各个社会科学领域的研究主题；并且随着20世纪以后资本主义制度的影响遍及整个世界，更使得学界开始越来越关注资本主义制度的生成、发展与变迁等问题。越是这类综合性的命题，倘若提出一个单一或者看似单一的解释，便越是容易招致激烈的争议。而韦伯不仅将他的解释集中于观念力量对现实制度的影响，[6]更是进一步归结到宗教的原因，“是宗教影响的力量造成了我们今天所意识到的差异。虽然它不是唯一的力量，但它的影响却远远超过了其他任何力量”（韦伯，2010a，第210页）。如此决绝的论断自然会引起学术界的剧烈反应。

对韦伯观点持反对意见者大致上可以按时间先后分为两类。早期批评者们的观点集中于方法论批判和史实的考证上。比如一些历史学家就认为韦伯使用理想类型的方法研究资本主义制度之形成存在很大的问题，“理想类型的方法忽视了时间系数，或者至少是使得建立起时间序列的可能性削弱，因为该方法把数据压缩到了一起”（Fischoff，1944）；同时，苏格兰的例子成为众多学者反驳韦伯的最佳实例（Marshall，1980）。[7]而后期的批评则集中于从实证检验的结果中所发现的悖论。[8]例如，有的学者以加拿大门诺会教徒（Holdeman Mennonites）的经济实践为例，认为清教徒的伦理价值虽然鼓励他们从事私人经济活动，但是却遏制了大型资本主义的出现，形成了所谓的“小资本主义”（petty capitalism，Barclay，

1969)；有的学者则把韦伯命题应用于非西方国家进行实证检验，指出即使不存在新教伦理的情况下也能发展出资本主义(Bellah, 1963；Adams, 2001)；还有一些学者认为对韦伯命题进行经验研究之所以失败，要么是由于尚缺乏合适的理论模型来驾驭经验研究(Greeley, 1964)，要么是由于时代变迁，当代基督教已经发生质的变化，导致韦伯命题的失效(Wagner, 1964)。

除了上述全盘否定意见之外，还有越来越多的学者设法修改或者扩展韦伯命题，使其成为更具一般性、更符合现实的理论。科林斯(Randall Collins)提出了一个“新韦伯主义模型”(neo-Weherian model)——宗教资本主义，结合当代宗教经济学理论指出宗教组织在资本主义制度的形成中起到了重要作用(Collins, 1997)；另一些学者则希望把其他历史因素——科技革命、教育制度发展以及社会改革等——结合到韦伯命题中去(Means, 1966; Nelson, 1968)。

罗伯逊和萨穆埃尔松(Kurt Samuelsson)对于韦伯的批驳恐怕是最激烈也最具有代表性的两个例子。在《经济个人主义的兴起》(*The Rise of Economic Individualism*, 1933)一书中，[9]罗伯逊认为韦伯的思想是试图建立起逆马克思的逻辑链条，即不是经济基础决定思想观念，而是反过来寻找决定经济现实的心理因素(Robertson, 1996, p. xii)。基于此，罗伯逊提出了四点反驳。首先，清教教义并非如同韦伯所声称的那样鼓励资本主义发展(Robertson, 1996, p. 32)；其次，罗伯逊批评韦伯和托尼的观点，认为早在宗教改革之前就已存在资本主义的经济形态(Robertson, 1996, pp. 33—56;

McCormack，1969）；再次，罗伯逊与布伦塔诺（Lujo Brentano）的观点一致，都认为在资本主义的发展过程中，天主教扮演了比清教更为积极的角色（Robertson，1996，pp. 160—167；Walker，1937）；最后，罗伯逊认为资本主义的出现与宗教改革无关，宗教和资本主义看似存在关联是由于资产阶级的兴起而迫使宗教阶层向其妥协的产物（Robertson，1996，pp. 205—213；Parsons，1935；McCormack，1969）。

与罗伯逊的论证相比，萨穆埃尔松的《宗教与经济行为》（*Religion and Economic Action*，1961）则被更多学者认为是对韦伯命题做出了具有决定性意义的辩驳（Green，1973，p. xiii）。尽管萨穆埃尔松在该书中提出的不少观点只是罗伯逊理论的重复，例如宗教改革之前的资本主义、新教教义阻碍经济发展、北美工商业发展与宗教无关，等等（Samuelsson，1961，pp. 27—95）。但是其走得更远，萨穆埃尔松不仅批驳了韦伯的理论，同时他也不满意托尼与罗伯逊的观点，他从检验宗教与经济行为之间是否存在因果联系出发，认为宗教改革不仅没有促进资本主义的发展，相反还阻碍了其发展，托尼与韦伯所认为的宗教与资产阶级之间的关联只不过是一种伪善的修饰而已，掩盖了双方真实的动机（Samuelsson，1961，pp. 96—150）。

罗伯逊和萨穆埃尔松的观点已经概括了从“历史”角度来反驳韦伯命题的绝大多数理由。但也正因为是从历史视角提出的批评，使得他们多多少少并未触及韦伯命题的实质。许多学者业已意识到，韦伯命题的本意从来不是要证明宗教精神是资本主义的历史起源

（Forcese，1968；Marshall，1980），韦伯也从未声称新教伦理是资本主义诞生的全部因素（Parsons，1935）。作为历史学派的传承者，韦伯从来没有要为资本主义这一复杂经济制度的出现提供一个单一的解释，更没有试图证明新教创造了资本主义，“宗教也无法创造出某种经济状态，除非在既存的关系与厉害的情势中有导致——甚至是强大的驱力——如此一种经济变革的某些可能性。我们无法提供任何一个通则，可以简要说明涉及这样一种变革之诸种因素的实质力量的相对关系，或者可以简要说明它们彼此互相‘调适’的方式”（韦伯，2005，第253页）。正如韦伯自己所言，在《新教伦理与资本主义精神》中“论述的只是因果链上的一个环节”，“我们根本不打算坚持这样一种愚蠢的教条主义论点，即资本主义精神……的产生仅仅是宗教改革某些影响的结果，甚或资本主义作为一种经济制度乃是宗教改革的产物”（韦伯，2010a，第167、211页）。同时，他也并非要建立起与马克思的经济决定论相反的逻辑链条，“我们只是试图阐明，在我们这个仍处于发展中的现代世俗文化网络的形成过程中，在无数不同的历史因素错综复杂的相互影响中，宗教力量究竟发挥了什么样的作用”（韦伯，2010a，第211页）。因此在《新教伦理与资本主义精神》的最后，韦伯提及“我们还需要研究整个社会条件，特别是经济条件转而对新教禁欲主义的发展及其性质所产生的影响”（韦伯，2010a，第276页）。由此可以看出韦伯强调的是考察经济发展进程中精神因素和物质因素的相互影响，但又绝不是像有些学者那样只是简单地把二者糅合在一起（Walker，1937），而是要厘清其中存在着的因果逻辑关联。“我的目的当然不是对文化和历史进行片面的唯灵论因果解释以取代同样片面的唯物论因果解释。每一种解释都有着同样的可行性，然而，无论哪一种解释，如果不是把它用作一项研究的准备，而是把它用作一项研究的结论，那就同样不可能解释历史的真相。”（韦伯，2010a，第276页）

宗教只是韦伯宏大的资本主义综合理论体系中的一环而已，韦伯是在作为整体的资本主义历史宏大背景之下来谈论宗教精神之影响的，将《新教伦理与资本主义精神》和《经济通史》摆在一起，便会明白韦伯的用意（Collins，1980），也会明白为何奈特说在关于“现代资本主义”这一问题上韦伯远比其他学者更为重要（Knight，1956，p. 101）。而至于包括托尼在内的许多学者所持的清教教义问题[10]，必须要注意，韦伯不是唯教义论者，他并不关心宗教学者提出的行为准则，而更多地关注于普通信徒的行为动机。[11]托尼提及早期清教并不赞成商业事务（Tawney，1926，p. 213），但这并不是普通信徒的日常伦理，内行高手的宗教教义必须与普通信徒的宗教意识区分开来（韦伯，2006a，第228页）。[12]并且特洛尔奇（Ernst Troeltsch）也指出，新教信仰突破了僵化的教义限制，从而成为实践伦理的源泉（特洛尔奇，2004，第178、205页）。所以，追寻宗教信仰与经济现实的关系，至少从新教角度而言，就不能单纯只考察教义而不顾日常的伦理原则。但是从教义转向现实，许多学者都提出了宗教改革之前的资本主义问题。不过在韦伯看来，如果将“追求利润”作为资本主义的定义，那么不能否认“资本主义企业和资本主义企业家……都是非常古老且普遍的现象”（韦伯，

2004b，第 454 页）。但是尽管“在所有各历史时期中都可以看到各种不同程度的资本主义”，这些却只不过是韦伯所言的资本主义的“肇端”而已（韦伯，2006a，第 173 页）。韦伯所要分析的资本主义，乃是西方特有的理性资产阶级资本主义（rational bourgeois capitalism）[13]。特定的资本主义现象并不等同于资本主义制度，不理解韦伯的资本主义含义，那么历史中曾出现过的各类冠名以“资本主义”的现象自然皆不能够用作批判韦伯理论的证据。

其实，正像麦科马克（Thelma McCormack）所言的那样，如果将宗教改革运动视为一场社会运动——大多数学者的视角实际上正是如此，那么对于韦伯乃至托尼之观点的批评——诸如宗教教义的模糊性、宗教改革之前的资本主义以及新教和天主教各自对资本主义发展的促进作用——均可以成立。因为教义如果不模糊，社会运动就会缺乏灵活性，就会沦落为一种宗派运动；宗教改革前的资本主义原型可以被视为社会运动的前兆，如果没有社会运动出现，那么这些所谓的原型就什么也不是；如果社会运动生发于社会裂隙之间，那么毫无疑问，无论是新教还是天主教甚至其他社会组织都会对这场社会运动做出贡献，从而促进资本主义（McCormack，1969）。但韦伯命题并非是有关作为一场社会运动的宗教改革与资本主义发展之间关系的讨论，那么基于此而对韦伯所做的各种批评也就全然落空了。

或许，在韦伯所有的批评者中，比较特殊却也是最难辩驳的学者还是托尼。从某种程度上说，托尼并不是一个激烈的反韦伯论者。在《宗教与资本主义的兴起》（*Religion and the Rise of*

Capitalism, 1926）一书初版中，托尼在引言部分向韦伯表示敬意，并且其在全书中对韦伯的批评仅仅只是一个注释而已（Tawney, 1926, p. 311）。只是到了1937年版的前言中，托尼才又对韦伯的观点略微多加了一些否定性评论。并且正如前述所见，有许多学者把托尼的理论视为对韦伯观点的拓展而不是批评，认为二者处于同一阵线（Robertson, 1996; Sée, 1928; Hyman, 1938; Sombart, 1962）。如果进一步比较韦伯和托尼的思想，就会发现二人至少在以下三点上是相同的：（1）他们都承认宗教改革是社会观念变化的转折点（McCormack, 1969）；（2）他们都相信单单凭借经济因素难以解释现代世界所特有的这种经济制度，他们都想寻找资本主义的伦理基础（韦伯，2006a，第30页；Wilber, 1974）；（3）他们都承认新教神学在16世纪的社会环境下对资本主义的产生发挥了重要作用（Tawney, 1926, p. 199）。

托尼对韦伯的批评主要是认为其在夸大了清教影响的同时，又过分简化"资本主义精神"和"新教伦理"之间的关联（Taylor, 1927）。不过托尼在注释中对韦伯做出的三点批评并没有比前述罗伯逊和萨穆埃尔松等学者提供更多的意见（Tawney, 1926, p. 311），而且托尼对于新教神学与经济现实之间的关系描述，实际上可以说基本上与韦伯的分析相一致。[14]

托尼真正的撒手锏其实是来自他提供了另一套看似无懈可击的、完整的理论推导逻辑。他通过与韦伯相近的观点、翔实的历史考察，却得出了宗教与资本主义之间全然相反的逻辑：是资本主义的兴起促使了新教伦理的出现，而不是新教伦理促使了资本主义的兴起（McCormack，1969）。这一逻辑在一些学者看来更符合历史的判断。[15] 托尼的论辩理路更多是从现实社会环境的变革出发来论述人们的精神观念发生与之相适应的转变，而后精神观念的改变反过来又再度影响社会现实（Wilber，1974）[16]。这与韦伯的理论既有相似之处也有相异之处。相似之处在于他们都认识到物质和精神因素在制度的形成、发展与变迁进程中的相互影响。因此托尼反对罗伯逊把经济个人主义当作完全独立于宗教影响的世俗因素来分析，相反他指出清教伦理与经济个人主义之间存在关联（Wilber，1974）。相异之处则在于经济制度和社会观念二者之间如何相互影响，他们对于其内在机制的理解存在着根本上的分歧。托尼对资本主义制度的看法更接近于涂尔干（McCormack，1969），因此他以一种政治利益结盟的观点来分析经济与宗教之间的关联以及教会在宗教改革后的地位，认为清教运动是一场政治运动，是政治、经济与思想相互妥协的产物（Tawney，1926，pp. 173—175，201—211）。而至于社会的精神气质，"'资本主义精神'同历史一样古老，它并不像人们有时所说，是清教的产物。但它确实在后期清教的某些方面找到一种激励因素，这种因素激发了它的力量，增强了它原本就具备的蓬勃朝气"，最终资产阶级"通过赢得世界，他同样赢得了自身灵魂的救赎"（Tawney，1926，p. 225，247）。因此，根据托尼的观点，有关经济利益的世俗思想与清教思想之间的联系似乎只不过是一种偶然的、符合历史潮流的相互利用而已，二者之间不存在必然的逻辑关联。换言之，如果不是清教，任何一种当时流行的社会观念都可以被资本主义的经济情势所利用，用来为这种新经济正名。

可以发现，托尼这一观点本质上仍然是经济决定论的，其存在的问题也就是任何一种决定论观点皆固有的缺陷。既然认为宗教改革之后，由于种种因素的影响，“宗教已经从支撑社会大厦的基石转变成社会大厦的一个部分”（Tawney，1926，p. 273），那么为何在世俗精神如此强大的现代社会环境之下，他认为社会仍然需要宗教信仰来为人们的经济行为正名呢，为何日益流行的功利主义精神不能取代宗教信仰而成为时代的道德准则呢？奈特在评析托尼的观点时认为其似乎夸大了宗教与宗教组织之间的同一性以及教会行为和其他权力机关行为的差异性，因而并没有道出世俗和神圣在伦理问题上的差异（Knight，1956，p. 100），自然而然地推出经济力量需要向宗教精神借用道德资源这样的结论。

无论托尼的理论是否存在问题，他的历史考察却得到了后来许多实证研究的支持。需要指出的是，实证研究领域的争论其实比历史考察更加激烈，既有大量的反例亦有许多的正例。[17] 而这些实证结论无论是支持韦伯也好还是反对韦伯也好，其实很大程度上是一个技术问题而非理论考量，很多结论与预设的条件、模型的设计、数据的选取和处理有关，相同的数据经过不同的处理，也会得出相反的结论（Greeley，1964）。这倒是恰好说明了运用经验数据检验韦伯命题的学者都必须要非常注意韦伯研究方法中的那个特殊概念：理想类型。

“理想类型”是韦伯理论中极为重要的一种方法，韦伯在自己为“新教伦理”的辩护中也强调了该方法的使用（Davis，1978）。

这个方法本质上是对历史学派观点的妥协，既承认不同社会、不同时间段经验的特殊性，但又试图从特殊性中梳理出某种可一般化的理论和逻辑。在韦伯看来，要发展出适合于一切情形下一切个体的行为或行为模式的概念，对社会科学工作者来说是不可能的，但是社会科学的研究又需要这类概念，因此只能以简化历史数据且夸大这些数据的同一性的方式来构建理想类型（Greeley，1964）。这样，一个属于理想类型的经济概念就不会是对于实际存在的经济事实的客观描述，而是通过强调某一（些）特征并且通过把大量具有这类特征的个别现象综合起来而构建的理想观念图景（Diehl，1923），"是观察者头脑中特殊的建构，社会行动如果以完美的理性指向给定的目标，那么该社会行动会是怎样的"（Parsons，1929）。所以，理想类型不是对实际行为的具体描述，也不是对现实的简单抽象化，更不是能够被"证实"的假设，而是在"理想"而非实际的条件下，可能世界中事物呈现的图景。通过"理想类型"，韦伯的工作不是排除"价值"，而是通过"价值"理解社会行动（Parsons，1929）。如辛格（Milton Singer）所指出的，韦伯看重的不是某个独立现象的存在，而是基于特定价值体系之上的整体现象，其理论要放在具体的文化环境下去理解（Singer，1966）。

理想类型方法的使用，也就造成对韦伯命题进行实证研究会存在很大困难，这致使一些学者从对韦伯命题的批评转向对韦伯方法的批评（Kolko，1959；Razzell，1977）。不过在笔者看来，理想类型方法固然导致难以对韦伯命题进行实证检验——尽管不是不可能，却也说明从逻辑结构入手阐释韦伯命题可能是一种更为适当的分析理路。因为理想类型本身以及诸理想类型之间，必须存在某种内在的逻辑联系，构成一套逻辑体系，方能成为用作解释具体经验事实的研究方法。因此倘若能够证明这一套逻辑体系是有效的，就可以在某种程度上证明韦伯命题的有效性。

第二节　作为理想类型的“新教伦理”与“资本主义”

在《新教伦理与资本主义精神》一书中，韦伯对“新教伦理”与“资本主义制度”之间逻辑关系的证明大致可以分为四步骤。首先他列出一些统计数据证明资本主义性质的企业拥有者、领导者以及高级技术工人中，新教徒人数远远高于旧教派，然后通过该特征性事实进而把考察资本主义制度的着眼点集中于观念层面。第二步，他分别辨析了两类独特的精神现象，一是“资本主义精神”，二是宗教精神——路德（Martin Luther）的“天职”（Beruf）概念，但此时二者之间并未显示出具有逻辑关联。因此第三步是通过对新教实践伦理观——禁欲主义——的分析性考察，揭示出世俗经济行为与结合了天职观的新教禁欲主义伦理之间存在着紧密的因果关系。最后，韦伯通过对新教文献的梳理——以巴克斯特（Richard Baxter）为代表，建立起禁欲主义与资本主义精神之间的契合关系，论证宗教精神对资本主义制度的影响。在作为附录的《新教教派与资本主义精神》（即《宗教社会学文集》第二部分）中，韦伯主要是通过推衍出来的“教派”概念对《新教伦理与资本主义精神》中提出的基本观点进行补缀。

从上述层层递进的逻辑推导中可知，论证韦伯命题的关键在于两个问题：（1）什么是"资本主义精神"；（2）它与新教伦理之间存在着什么样的因果关联。这两个问题又由三个概念的解析所构成：（1）资本主义；（2）资本主义精神；（3）理性主义。接下来分别阐述之。

一、"资本主义"定义

要回答什么是"资本主义精神"，首先要定义"资本主义"。因为对于韦伯而言，资本主义精神是资本主义制度不可或缺的一方面，"归根究底，产生资本主义的因素，乃是理性的持久性企业、理性的簿记、理性的技术和理性的法律。不过，这还不算完全，我们还得再加上：理性的精神、理性的生活态度以及理性的经济伦理"（韦伯，2006a，第222页）。上一节已经提及，许多学者以资本主义现象先于新教伦理的出现这一论据来批驳韦伯的观点，笔者也指出这是由于误解了韦伯所说的"资本主义"，那么韦伯的资本主义究竟为何？

韦伯在很多地方都提及资本主义，然而却从来没有给出过一个明确的定义，而且他常常还在一种非常宽泛的意义上使用"资本主义"一词，即各个时代均能见到的、包含某些现代资本主义的特征却又与现代资本主义迥然不同的经济形态，这就使得他所谓的"资本主义"似乎有些语焉不详。他说，"只有在现代西方世界才能看到理性的资本主义经营，它们与市场经济结合在一起，拥有固定资本和自由劳动力，有着理性的功能专门化及其结合，在资本主义经营基础上分配生产功能"（韦伯，2010c，第一卷，第270页）；他也提到近代资本主义的基础是"遵循合理之营利经济的商业经营之有系统组织化的可能性"（韦伯，2005，第51页）；在附于《新教伦理与资本主义精神》一文之前的总序中，[18]韦伯试图界定其所言的西方特有的资本主义，"资本主义制度不外乎就是利用继续的合理的资本主义的'经营'（Betrieb）以追求利润或'利润率'（profitability）"，包括合理的资本主义经济行为、合理的自由劳动力组织以及合理的技术、司法与行政（韦伯，2004b，第451—459页）。但不论哪一种叙述，韦伯似乎都想尽可能完整地述及他所界定的这一经济制度的方方面面，最终却易于陷入冗长赘述之中，反而让读者迷失了方向。

韦伯有关"资本主义"给出的最简洁明确的定义其实是在他的《经济通史》中。在该书中，韦伯提出当代资本主义的特征，首先以"合理资本会计制度作为一切供应日常需要的大工业企业的标准"，这是资本主义制度的先决条件，在该条件之下必须包含六个要素：一是企业家占有一切物质生产手段，作为独立经营的私人工业企业可任意处置的财产；二是市场自由；三是资本主义的会计制度得到合理的技术之促进；四是存在可预测的法律体系；五是自由劳动；六是经济生活的商业化（韦伯，2010a，第174页）[19]。在这六个要素的基础之上，再加上韦伯在前述"总序"中提到的两个条件：西方独有的合理科学技术之发展以及法律和行政的合理结构（韦伯，2004b，第458—459页）。如此一个"1＋6＋2"的复合定义形式就构成了韦伯所言的"资本主义"。

毫无疑问，韦伯的资本主义是一个错综复杂的综合性概念，或者说是概念综合体。不仅其本身就是一个理想类型，其内在又由数个理想类型所构成，且这几个理想类型之间相互构成了几组函数映射关系。没错，基于经济分析的立场，韦伯界定的资本主义概念可以表达为一组函数式，而且其直指“理性主义”概念本身，“实际上，在上述的一切例子中，问题的核心是西方文化独见的、特殊形态的‘理性主义’的本质”（韦伯，2004b，第459—460页）。

二、资本主义精神

在明确了韦伯所指的“资本主义”之后，再来审视韦伯所言的“资本主义精神”。

在解释一般意义上的“资本主义”概念时，韦伯使用的是“社会学的理想类型”，而他的“资本主义精神”则属于“历史学的理想类型”，“一种在历史的现实中联结起来的诸要素的综合体，我们是从文化意义的角度把它们统一成一个概念整体的”（韦伯，2010a，第11页）。因而整部《新教伦理与资本主义精神》都可以视作韦伯试图将各类与资本主义观念相关的史料，以新教伦理的视角统合成一个整体。最终得到的“资本主义精神”含义是指：（1）追求金钱的活动本身就是目的，“个人理应让自己的资本增殖，好像这就是目的本身”（韦伯，2010a，第184页）；（2）这种对利润无止境的追求，是一种具有伦理内涵的时代的精神气质，因此在本质上不同于桑巴特所言的那种传统的对财富的贪欲（Loader，2001）；（3）其伦理内涵体现在这种精神本身所具有的神圣气质之中，

“一个人是为了他的事业才生存，而不是为了他的生存才经营事业”（韦伯，2010a，第 197 页）；（4）这种神圣气质，集中体现在天职（calling）观念上，“要尽到天职的义务，这一独特的观念事实上正是资产阶级文化的社会伦理中最具代表性的因素，在某种意义上说，乃是资产阶级文化的根本基础”（韦伯，2010a，第 186 页）；（5）最后，资本主义的这种精神气质就表现为在无限追求利润的同时又克制自身的欲望，从而内在地与一种禁欲主义的倾向联结在了一起。

因此，具有资本主义精神的资本主义经济制度的根本特征之一就是，“它以严谨的计算为基础达到理性化，以远见和谨慎追求经济成功……由此看来，资本主义精神的发展完全可以理解为作为一个整体的理性主义发展的一部分，而且可以从理性主义对于人生基本问题的根本立场中演绎出来”（韦伯，2010a，第 201 页）。

最终，韦伯意义上的资本主义精神的核心仍旧指向了理性主义。那么韦伯所言的“理性”指的又是什么呢？

三、经济理性主义

“理性”是韦伯文本中出现频率极高的词汇之一，因为他认为“理性主义是一个涵盖了全部不同事物的历史概念”（韦伯，2010a，第 201 页）。也正由于他似乎处处诉诸理性，其具体含义反而让人觉得难以把握。所以要理解韦伯所言的“理性”，首先需要将其解构。根据艾森（Eisen，1978）的观点，韦伯的“理性”由六要素构成：第一个要素是“意图”（purpose），韦伯所有的理性用语背后都含有目的性，即行为人为达成给定的目的而具有的有意识的意向性；第二个要素是“可计算性”（calculability），“如果手段与目的都服从于计算，那么我们就具有了目的取向的行为”（*zweckrational* action）；第三个要素是“控制”（control），其与“意图”和“可计算性”相关但在逻辑状态上不同于后二者，其既是指实现一项理性行为所采用的手段，也是指理性行为的目标本身；第四个要素是“逻辑”（logic），是日常行为中的逻辑，亦即在给定行为目的性的前提下，所采取的行为是“有意义的”——行为与目的相契合且有效，该要素的存在体现了理性行为各要素之间最显著的关联，也使得我们能够理解行为人的理性行为；第五个要素是“普遍性”（universality），“普遍性”源自“逻辑”要素，即无论特定情形下的经验内容如何变化，处理这些经验内容的逻辑方法始终得以成立，换言之，不同时代的人们对于具体行为目的性的理解或许是不同的，但我们始终在理解，这种认知模式本身的逻辑是可以共通的；第六个要素是“体系”（system），意味着相关的要素用最有效率的方式组织起来以获得所欲求的结果。

根据上述理性概念的六大要素，再依照卡尔伯格（Kalberg，1980）将韦伯的理性理论分为四大类：实践理性（practical rationality）、理论理性（theoretical rationality）、实质理性（substantive rationality）与形式理性（formal rationality）。这四类理性各有不同的含义与适用条件，那么对于资本主义精神与宗教精神而言，韦伯使用的是哪一类理性概念呢？

从韦伯界定资本主义概念的方式上来看，不难发现，他所要处理的是一种经济理性主义（韦伯，2004b，第460页），而这种经济理性所构成的西方特有的行为模式，事实上是一种形式理性的表现。[20]因此，要证明新教伦理与资本主义精神之间的逻辑关联，就必须证明或者证否“形式理性”与“新教伦理”之间的逻辑关联，亦即经济理性和宗教信仰的因果性命题。[21]

四、理性与宗教精神

韦伯的证明是通过两步来进行的：首先将路德的“天职”概念与新教诸派——特别是加尔文主义——的禁欲主义结合在一起；然后阐明经济理性与信仰之间所存在的逻辑关联——特别是从二者对个人日常行为施加的特殊约束力量中所体现出来的共性。在这一因果逻辑链条之中存在着一个关键概念，即加尔文主义的“预定论”（Predestination）。预定论教义基于一种超神性的宿命观（韦伯，2005，第246页），[22]其产生两方面的重要后果：一方面它把对现世行为的约束置于超越于现世的彼岸世界，日常伦理之宗教性上升为一种“信念伦理”，即要求“救赎乃基于一种具有核心性与持续性的人格性关系”（韦伯，2005，第247页），[23]从而对个人之行为形成一种超验的伦理约束力量；另一方面它又释放了个人的自由意志（free will），个人不再依赖神的恩宠获得救赎，而是依靠自己的意志获得救赎，从而激发个人积极投入现世生活。“预定无疑地会决定个人在彼世的命运，因此个人的‘救赎确证’主要乃取决于日常生活之德性的确证”（韦伯，2005，第249页，着重标记为原文所加），这样就把关乎神圣世界的信仰与注重俗世的经济活动关联到了一起。通过内含预定论思想的禁欲主义，构成了“现世内的禁欲”(innerweltliche Askese)，人生的日常生活中的奋斗成为救赎的确信，“为了获得这种自信，紧张的世俗活动被说成是最合适的手段。只有它才能驱散宗教疑虑并给人带来恩宠的确定性”(韦伯，2010a，第226—227页)。将此种禁欲主义与“天职”观相结合，就产生了路德宗(Lutheranism)所不具有的理性主义特征，“由于践行博爱只能是为了上帝的荣耀，而不是为肉体服务，那么博爱首先就要表现为完成自然法则(lex naturæ)所规定的日常工作，在这个过程中，完成这些工作便具有一种独特而客观的非个人属性，即服务于把我们的社会环境加以理性组织这一目的”(韦伯，2010a，第224页)，[24]“对于禁欲者而言的‘天职’，则在于：忠于理性的伦理秩序并恪守严格的合法性来从事经营”(韦伯，2005，第207页，着重标记为原文所加)。这样，“现世内的禁欲者”就成为一名韦伯意义上的理性主义者，“这不只是因为他理性地体系化他自己个人的生活态度，也因为他拒斥一切伦理上的非理性事物”(韦伯，2005，第208页)。信仰与理性——经济理性——之间的逻辑关联由此构建起来，最后韦伯再运用新教文献——主要是巴克斯特的文本——来证明禁欲主义与资本主义精神之间的因果关联。

综上所述，韦伯是从宗教信仰(预定论和禁欲主义)到伦理观，从新教伦理观到经济理性主义(俗世的职业精神)，从经济理性主义到资本主义精神，最后从资本主义精神到资本主义经济制度这样一个层层递进、环环相扣的论证逻辑，最终证明宗教精神对于资本主义制度之形成和发展所起到的促进作用。[25]

然而必须承认，在上述逻辑关系的证明过程中，韦伯的论述确实存在一些模糊不清的地方。首先，预定论与禁欲主义之间的关系并非是确定的，“超世俗上帝的概念并未就此决定了西方禁欲主义的方向”（韦伯，2004b，第 508 页）。[26] 倘若预定救赎并没有导致个人之意志自由的后果，预定论与现世的禁欲行为之间的逻辑关联恐怕就难以确立。其次，韦伯在论证禁欲主义与资本主义精神时，似乎存在着“理想类型”使用上的混乱。帕森斯已经指出韦伯在使用“资本主义”一词时存在着“一般意义上的资本主义”和具体的“现代资本主义”两种理想类型的混乱（Parsons，1929）。同样，韦伯所指的“资本主义精神”是属于历史学的理想类型，而其描述的“禁欲主义”更接近于社会学的理想类型，二者之间的逻辑关联是否能够直接建立起来？也正因为如此，韦伯最后需要通过历史文献来证明二者之间存在的因果联系对资本主义所产生的影响。但这造成了最后一个难题：韦伯有选择性地使用文献导致论证反而显得相对有些薄弱。这一点在最后一章中特别明显，韦伯证明新教伦理对资本主义产生的积极影响过于仓促了一些。[27]

但是上述问题的存在并不意味着韦伯命题是错的。如果可以：（1）确定预定论与个人意志自由之间的因果关系；[28]（2）证明宗教禁欲主义与体现资本主义精神的行为——二者皆为理性主义的行为模式——之间存在因果联系。那么韦伯命题的形式逻辑就可以得到确证。

要做到这一点，必须回过头来反观韦伯所言的理性构成要素。第一个要素确认的是人的行为总是存在着某种程度上的理性，给定行动的目的，手段的选择决定着理性的程度。第二个要素划分出“主观理性”和“客观理性”：如果仅仅是相信一项行动是最有效率的，则是主观理性；如果实际上该行动是最有效的，则是客观理性。第三个要素则将理性与“自由意志”联系起来，行为人自身的意志控制行为，不受外来因素的肆意干扰。第四个要素意味着可以建立起理想类型本身以及理想类型之间的逻辑演绎关系，从而理解行为人之理性行为。第五个要素实际上承认了建构一般性理论的可行性，而第六个要素则与通过理性化组织提高资源配置的效率相关。

根据韦伯的理性概念，可见其所言的经济理性主义事实上与经济学中的理性人假定完全契合，可以应用理性选择模型重构韦伯命题。因此在此笔者大胆提出，在明确行为人的行动遵循韦伯意义的理性前提下，给定一系列明确的约束条件，根据韦伯所提出的变量——“理想类型”，运用理性选择模型可能更易于揭示出韦伯命题的逻辑关联。

第三节　理性选择模型

这一节需要证明的是两个问题：一是预定论与自由意志的关系，这意味着预定恩宠会致使行为人积极参与俗世活动，以寻得救赎，这是促成现世内的禁欲的前提条件；二是禁欲主义的新教伦理与资本主义行为之间的逻辑关联。这两个问题分别需要两个理性选择模型来进行论证，最终要证明的是宗教伦理对资本主义所具有的影响。

“预定论为神自己决定各人一生将如何的永恒预旨，因神不是以同样的目的创造万人，他预定一些人得永生，且预定其他的人永远灭亡。因此，既然每一个人都是为了这两种目的其中之一被创造，所以我们说他被预定得生命或受死。”（加尔文，2010，第934—935页）

以上是加尔文在其《基督教要义》（*Institutio Christianae Religionis*，1536）中对预定论给出的定义。结合韦伯命题，笔者将之形式化为：当行为人已经确知一切都已注定，唯一不知道的是自己属于被注定的哪一种结果时，在这样的情形下其理性的行为选择将会是什么，是遁世救赎，抑或是积极投入尘世活动？

在理性选择模型中，上述情形实际上是纽康姆难题（Newcomb's Problem）的一个变体。[29] 纽康姆难题和预定论之间千丝万缕的关系早已有诸多论述。例如在霍尔特（Holt，2002）的文章评论中指出，纽康姆难题的实质是“预定悖论”（the paradox of predestination）。[30] 进一步，可以认为纽康姆难题就是预定论内含的理性决策悖论的一个形式化模型，并且通过纽康姆难题的解，自由意志和预定论之间得以建立起一种合乎理性的逻辑解释（Davis，1984）。

有关纽康姆难题的形式化论证目前在学界已有解，具体证明过程可参见笔者早年的拙作（方钦，2006）；有兴趣的读者亦可参看20世纪著名哲学家诺齐克（Robert Nozick）在长达二十年的时间里对该悖论所做的反思（Nozick，1997a；1997b；1993）。不过诺齐克尽管用反证的方式解出了纽康姆难题，但真正的形式化证明则是伯吉斯（Burgess，2004）给出的。因此在本书中笔者不再展开论证，只是给出简单的结论：当全能的神已然做出安排之后，留给行为人的理性选择，只有追求现世的成功以获得救赎的确证；因为“预定恩宠”完全独立于人之欲求，人之欲求所能达成的，仅是“因信得救”，所以唯一合乎逻辑的选择，便是依据自身的自由意志投入到积极的俗世活动中去。

赫兹（Hertz，1962）指出，预定论所包含的合理结论就是个人的行为不再是获得救赎的条件，而是获得救赎的结果；由此可以推出另一些学者的结论，预定恩宠的加尔文神学包含了自由民主的思想（Little，1966），甚至更进一步可以说这就是韦伯的自由主义理论（Palonen，1999）。

本节主要论证的是第二个问题，即禁欲伦理与资本主义行为之间的逻辑关系。预定论赋予了个人理性之解放，赋予了经济个人主义的信仰基础。但是如果没有与之相伴的禁欲主义观念，那么新教伦理与资本主义精神之间还是无法建立起明确的因果联系。因为预定论与自由意志之间的关联只是表明了资本主义精神中对于现世活动的积极投入、对于利润的无止境追求，却无法体现出资本主义精神另一方面的特征：对于自身欲望的克制。接下来笔者尝试构建一个理性选择模型，证明禁欲伦理与体现资本主义精神的特定行为选择之间存在因果联系。

在此严格按照韦伯本人所提供的材料及其他一些社会学研究资料来建构模型。首先假设行为人拥有财富数量为 w，其中用于私人消费为 c，私人消费给行为人带来的效用为 $u(c)$，且 $u'>0$，$u''<0$。由于新教禁欲主义思想构成了对私人消费极强的约束条件，因此必然有一部分财富会用于追求利润的经济行为——即投资，

“如果为了履行天职而尽义务，那么追逐财富不仅在道德上是许可的，而且是必须的”（韦伯，2010a，第262页）。在预定救赎得到证明的前提下，禁欲主义下的效用观念亦可以确定，“如果财富是在履行天职的劳动中获得的果实，那么它就是上帝赐福的标志”（韦伯，2010a，第268页）。所以在韦伯命题下，投资为行为人带来的效用可以分为两部分：一是经济行为本身的效用，二是救赎确证所带来的效用。除此之外，考虑到作为一种社会观念和社会普遍行为的外部性问题，模型中加上第三种效用，投资行为的社会性影响所带来的效用，即作为一名教徒身处于宗教团体中他人对其自身行为之评价所带来的效用——这也就是“教派”与资本主义精神之间的关系问题。韦伯在《新教教派与资本主义精神》中提及这一点。后世有很多学者从这一方面出发，试图修改或者拓展韦伯的观点，指出教派组织对于资本主义发展具有重要影响（Buck，1993；Collins，1997），所以第三种效用主要用来评价教派组织的影响。

假设投资的财产价值为 m，m 为连续的情形。每一单位投资由于经济行为本身而获得的效用值为 v_m，v_m 可能大于0也可能小于0。出于预定恩宠、荣耀上帝的行为而带来的效用为 rv_r，r 是行为人相信预定救赎的期望回报率——亦即对信仰程度的评价，v_r 为每单位彼世的救赎给行为人带来的效用，$r > 0$，$v_r > 0$。作为一种获利的心理动机或者一种神圣的信仰动机，假设 v_m 和 v_r 是外生给定的。

而教派组织对于其成员投资行为的影响，不仅与个人经济行为有关，还与该教派组织整体的经济行为相关。假设这种社会影响是行为人投资占教派组织总投资比例的一个函数 $p(m/M)$，其中 $p'>0$，$p''<0$，M 为外生给定，表示教派组织总投资不变。这就意味着行为人个体追求利润的行为相对于教派组织行为的关系决定了其投资行为的社会影响。个人经济行为与宗教信仰二者的效用假定应当容易理解。关键是教派组织的社会影响这一假定。笔者做出该假定的资料来源主要是两方面：一方面是韦伯对于美国教派的考察，美国教派"有助于在中产阶级（包括农场主）的各个阶层，扩散和保持资产阶级的资本主义商业精神气质"（韦伯，2010a，第 371 页）；[31] 另一方面是在本章第一节提及的加拿大门诺会的经济活动资料，门诺会对其成员的经济活动具有相当大的影响（Barclay，1969）。[32] 该假设中一阶导数大于零表示社会影响随着行为人投资比例的增加而增加，二阶导数小于零表示社会影响的增加程度是随着行为人投资比例的增加程度而递减的。这表示诸如一些清教教派既鼓励经济活动又谴责无限制地追求财富增长，也就是韦伯所指的清教鼓励合理获取财富，又谴责贪婪（韦伯，2010a，第 267—268 页）。[33] 社会影响给行为人带来的效用为 $v_p p(m/M)$，v_p 衡量个人从社会评价中获得的效用，$v_p>0$。

这样，行为人的目标函数为：

$$\operatorname*{Max}_{m}\ u(c)+(v_m+rv_r)m+v_p p\left(\frac{m}{M}\right) \tag{6.1}$$

$$\text{s.t.}\quad c+m\leqslant w \tag{6.2}$$

假定全部财富都用于消费和投资，即 $c+m=w$，代入（6.1）式，得到：

$$\text{F.O.C.}\ u'(w-m)=v_m+rv_r+\frac{1}{M}v_p p'\left(\frac{m}{M}\right) \tag{6.3}$$

（6.3）式表明，每增加一单位的投资，由于私人消费的减少给行为人带来的效用变化等于：（a）行为人投资获利带来的效用增加；（b）行为人相信预定救赎而带来的效用增加；以及（c）因行为人的社会影响增加带来的效用增加。

通过进行比较静态分析之后可以得出以下命题：

命题 1：行为人的财富越多，则他投资的财产也越多。

证明：（6.3）式两边对 w 求导，其中 m 是关于 w 的函数，得到：

$$u''(w-m)\left(1-\frac{\partial m}{\partial w}\right)=\frac{v_p}{M^2}p''\left(\frac{m}{M}\right)\frac{\partial m}{\partial w} \tag{6.4}$$

整理得：

$$\frac{\partial m}{\partial w}=\frac{u''(w-m)}{u''(w-m)+\dfrac{v_p}{M^2}p''\left(\dfrac{m}{M}\right)} \tag{6.5}$$

由于 $u''(\cdot)<0$，$p''(\cdot)<0$，$v_p>0$，因此可以从（6.5）式推出 $\partial m/\partial w>0$。命题 1 证毕。

可见在该模型中，财富的数量对于行为人追求利润的行为影响非常明显，追求金钱的活动本身就是目的。永无止境地追求财富，正是上一节分析的资本主义精神含义的第一条。

命题 2：如果行为人对预定救赎的信仰程度越坚定，那么他越会进行更多的投资。

证明：（6.3）式两边对 r 求导，其中 m 是关于 r 的函数，这是预定恩宠所导致的“现世内的禁欲”的应有之意。[34] 得到：

$$-u''(w-m)\frac{\partial m}{\partial r}=v_r+\frac{v_p}{M^2}p''\left(\frac{m}{M}\right)\frac{\partial m}{\partial r} \qquad (6.6)$$

整理得：

$$\frac{\partial m}{\partial r}=\frac{-v_r}{u''(w-m)+\frac{v_p}{M^2}p''\left(\frac{m}{M}\right)} \qquad (6.7)$$

由于 $u''(\cdot)<0$, $p''(\cdot)<0$, $v_r>0$, $v_p>0$，因此可以从（6.7）式推出 $\partial m/\partial r>0$。命题 2 证毕。

这就是禁欲主义伦理与预定论之间的逻辑联结。预定论决定了理性行为人积极投入俗世活动，而俗世活动又受到禁欲主义伦理的克制。二者的结合使得对利润的追求成为必然，并使得此类追求利润的行为不是桑巴特所言的贪欲，而是蕴涵了一种具有伦理内涵的神圣气质，即第二节中资本主义精神含义的第二、三条。

命题 3：行为人对社会评价的依赖程度越高，那么他会投资更多的财产。

证明：（6.3）式两边分别对 v_p 求导，其中 m 是关于 v_p 的函数，得到：

$$-u''(w-m)\frac{\partial m}{\partial v_p}=\frac{1}{M}\left[p'\left(\frac{m}{M}\right)+\frac{v_p}{M}p''\left(\frac{m}{M}\right)\frac{\partial m}{\partial v_p}\right] \tag{6.8}$$

整理得：

$$\frac{\partial m}{\partial v_p}=\frac{-\frac{1}{M}p'\left(\frac{m}{M}\right)}{u''(w-m)+\frac{v_p}{M}p''\left(\frac{m}{M}\right)} \tag{6.9}$$

同理，由于 $u''(\cdot)<0$，$p''(\cdot)<0$，$p'(\cdot)>0$，$v_p>0$，因此可以从（6.9）式推出 $\partial m/\partial v_p>0$。命题 3 证毕。

根据命题 2，因为在现世中从事天职的活动是获得救赎的确证，所以社会评价为行为人带来的效用越大，意味着外在世界对于基督徒的行为是否荣耀上帝做出了进一步的确认，从而推动行为人进行更多的投资。这也就是第二节中资本主义精神含义第四条，资本主义精神的神圣气质集中表现为天职观念，“把履行尘世事务中的责任看作个人道德活动所能采取的最高形式”，“宗教改革本身的影响只是极大地提高了对履行天职的有组织世俗劳动的道德重视和宗教许可”（韦伯，2010a，第 204、206 页）。

命题 4：宗教组织总体经济行为对行为人个体经济行为的影响不确定。

证明：作为一个宗教组织的成员，个人经济行为所带来的效用可能会与宗教组织对于利润的态度相关。因此将模型稍做修改，M 不再是外生给定，而是会影响个人经济行为的变量，因此 v_m 的取值与

投资总额 M 有关，假设它是 M 的函数 $v_m(M)$，并且 $v'_m(\cdot)>0$。因为组织追求利润的行为，总能影响组织内个人经济行为的效用。如果教派组织鼓励个人进行投资获利，即作为组织的总投资增加，会促使个人经济行为效用增加。在个人经济行为得不到社会承认的环境下，其行为的效用就会因为得不到社会伦理的承认而大打折扣。这与韦伯对新教团体和其他教派组织之间经济伦理的比较相一致（韦伯，2004b，第 515—517 页；韦伯，2005，第 298—301 页）。此时，（6.3）式变为：

$$u'(w-m)=v_m(M)+rv_r+\frac{1}{M}v_p p'\left(\frac{m}{M}\right) \qquad (6.10)$$

（6.10）式两边分别对 M 求导，得到：

$$\frac{\partial m}{\partial M}=\frac{\frac{v_p}{M^2}p'\left(\frac{m}{M}\right)+\frac{m}{M^3}v_p p''\left(\frac{m}{M}\right)-v'_m(M)}{u''(w-m)+\frac{v_p}{M^2}p''\left(\frac{m}{M}\right)} \qquad (6.11)$$

由于 $u''(\cdot)<0$，$p''(\cdot)<0$，$v_p>0$，（6.11）式分母的符号是小于零的；分子第一项为正，第二项为负，第三项也为负，因此 $\partial m/\partial M$ 的符号无法判断。令 $\alpha=m/M$，再将（6.11）式的分子重新整理得到：

$$\frac{p'(\alpha)}{M^2}\left[v_p+\alpha v_p\frac{p''(\alpha)}{p'(\alpha)}-\frac{M^2v'_m(M)}{p'(\alpha)}\right]=\frac{p'(\alpha)}{M^2}\left[v_p(1-R_p(\alpha))-\frac{M^2v'_m(M)}{p'(\alpha)}\right] \qquad (6.12)$$

其中 $R_p(\alpha)=-\alpha p''(\alpha)/p'(\alpha)$，类似于宗教组织与个人经济

行为相对影响系数。该相对影响系数为 α 的减函数。由于第三项 $-M^2v'm(M)/p'(\alpha)<0$，所以如果 $R_p(\alpha)>1$，则分子的符号为负。从而 $\partial m/\partial M>0$。在其他的情况下，它的符号则无法判定。命题 4 证毕。

这就意味着如果投资总量增多，一方面可能由于行为人所占投资比例的降低而使他的社会评价效用相对减少，另一方面积极的集体环境又使得行为人个体经济行为从中获得的效用增加，所以最终的影响结果是不确定的。这也就意味着，教派组织对于资本主义发展的影响从逻辑上而言是难以确定的。教派组织至少从两方面影响个人的行为，一是社会评价，二是集体的经济行为。然而这两方面所造成的影响可能相互抵消。

综上所述，将上述两个理性选择模型结合在一起——即预定论与现世的禁欲主义之间契合，便可以从形式逻辑层面推出韦伯命题的结论："一旦对消费的约束和这种获利能动性的释放结合在一起，一种不可避免的实际效果也就显而易见了：通过禁欲主义的强制节俭实现资本的积累。强加在财富消费上的种种限制使资本用作生产性投资成为可能，从而也就自然地增加了财富。"（韦伯，2010a，第 268 页）

但是笔者必须再次重申以上两个模型并非是对韦伯命题本身的证明，而仅仅是在韦伯的"经济理性主义"假定之下，有关宗教信仰在现世层面对个人行为动机的影响，以及在如此的行为动机之下禁欲主义伦理和资本主义经济行为二者之间形式逻辑关系的重述。

因此可以这样说，韦伯命题本身就是支撑上述模型得以成立的文化背景。在此背景基础上，理性选择模型能够以一种更清晰的方式重述韦伯命题中各个要素之间的因果关系。

最后有必要再次考量命题 4 的模糊性。这是否构成了对韦伯命题的否定呢？恰恰相反，这事实上正是韦伯在有关新教教派的论述中提出的观点。在对美国教派的考察中，韦伯首先肯定教派在经济制度上的积极意义，“如果这些条理化生活方式的品质——它们正是通过这些宗教共同体而保持下来的——和原则没有得到普及，资本主义就不可能是今天这个样子，即使在美国也不可能”（韦伯，2010a，第 372 页）。然后紧接着其话锋一转，“然而，无论人们对于他们在经济变革的其他方面的重要作用给予多高的评价，但在决定一个既定时代和既定区域，应当由什么样的经济心态起支配作用这方面，他们从来就不是关键因素。至关重要的是，他们既不是独特的西方资产阶级心态的开先河者，也没有成为它的载体”（韦伯，2010a，第 372 页）。

韦伯这里的判断与模型中的命题 4 结论一致，教派组织对个人经济行为方式有一种维系和扩展的影响，但是教派组织并非一个社会精神气质的担纲者，并非资本主义精神的创造者。所以那种认为资本主义制度的发展主要是依靠教派组织的观点是难以成立的，大量通过教派组织的经验数据来检验韦伯命题反而出现相互矛盾的结论，其缘由可能正是在此。

然而命题 4 的模糊性究竟意味着什么呢？韦伯在同一段落中做出两段看似模棱两可的评论，其想说明的又是什么呢？

第四节　现代社会中的秩序与观念

作为对《新教伦理与资本主义精神》一文的重要补充，韦伯对教派与资本主义精神的主要评论依然是在进一步探究其新教伦理命题中的核心观点：观念如何影响制度。是教会（教派）组织的影响，抑或是宗教教义本身所具有的感召力？前文中已经指出韦伯不是唯教义论者，其关心的是观念在现实中的力量，“我们关心的只是……宗教信仰和宗教实践所产生的心理约束力在指导实际行为并制约个人时的影响。这些约束力很大程度上则是源自它们背后的各种宗教观念的特质”（韦伯，2010a，第217页）。在《新教教派与资本主义精神》中韦伯更是强调信仰之个人性，并非宗教组织的力量促成当代经济制度的形成，而是“清教教派把最强有力的个人关切——对社会自尊的关切——贯穿到对品质的培养过程中。因此，个人动机和切身的自我利益也被它的所有分支用来维护和传播‘资产阶级的’清教伦理。这对于它的深入人心和强大影响有着绝对的决定性意义”（韦伯，2010a，第383页，着重标记为原文所加）。因此，不是宗教教义的伦理学说或者是宗教组织的传布，而是信仰所内含的基于个人利益关切的一种伦理态度，激发了资本主义精神，进而促成资本主义制度的形成。

由此可以认为，信仰的现实意义在于凭借着对个人伦理态度的影响——“能够得到奖赏的道德行为方式”（韦伯，2010a，第383页，着重标记为原文所加），从而构成当代资本主义精神之基础，并作用于资本主义制度。换作从制度演化的角度来看，新教信仰提供了制度博弈初始状态下的一种观念条件，使得行为人得以共同选择某一均衡策略。也就是说，新教信仰所产生的心理约束，为持有该信仰的人群提供了一种共同的道德直觉——即伦理态度，进而促成博弈初始状态下的聚点均衡——资本主义制度。

那么信仰为何会具有如此的影响？韦伯将其归结为一种“心理约束力量”，但这又是怎样一种心理约束力量呢？是否像诸多历史学家和经济学家所认为的那样只是一种客观影响呢？是否只是由于为了适应经济现实的改变，个人观念才被迫发生转变，亦即一种为自身行为正名而产生的假想的观念影响呢？[35]

韦伯并不如此认为，“我认为，经济发展对宗教观念的命运的确十分重要……但是，那些宗教观念本身却不可能单纯从经济因素中派生出来。毫无疑问，它们本身就是塑造国民性格的最强有力的因素，而且内含着一种发展规律和一种完全是与生俱来的强制力”（韦伯，2010a，第342—343页）。韦伯将这种“与生俱来的强制力”归结为一种观念意义上的伦理约束，“有一种建立在宗教基础上的伦理观对坚持宗教所规定的态度给予某种心理（而不是经济性质的）认可，而只要宗教信仰仍然存在，这种认可就极其有效”（韦伯，2010a，第286页）。

必须承认，在第三节的理性选择模型中，上述韦伯所言的资本主义精神具有的伦理内涵无法直接体现出来，因为在模型中这是由外生给定的“信仰的效用”所决定的。[36]但这绝不意味着理性选择模型排除了这种伦理内涵，相反笔者认为倘若要使本章使用的模型变得有“意义”，宗教信仰与资本主义行为二者就不仅仅只在形式逻辑上能够联系起来，而且在现实中也应成为一种必然，那么就必须重视这种伦理内涵，因为这是经济理性主义真正能够在社会制度结构中发挥作用的精神基础。

依照韦伯的观点，信仰的力量源自“建立在宗教基础上的伦理观”，这就是“信念伦理”(Gesinnungsethik)。在韦伯看来，宗教所具有的这种“信念伦理”之所以会产生现实影响，是由于个人观念和现世之间的紧张关系所产生的力量，“救赎宗教愈是循着‘信念伦理’的途径体系化与内化，与现世的关系就愈是紧张”。这种紧张关系，随着“信念伦理”的体系化，“会突破个别规范之定型化，以便能为整体生活态度之配合宗教救赎的目标带来一种‘有意义的’关系”(韦伯，2005，第252、254页)。

正如有学者业已认识到的，韦伯在这里所言的，正是在制度转型过程中，新制度形成所必需的主观基础——意识形态基础，“宗教的或者意识形态的动机，是任何给定的体制内经济发展所必需的基本前提之一”(Hansen，1963)。任何制度均衡的选择都需要有意识形态基础或者文化基础，这一基础为行为人的行动提供了一种共同道德直觉。而“韦伯所断言的正是伦理的影响促使资本主义达到一个新的层面，即形成资本主义的精神气质，并为资本主义制度化提供了意识形态上的认可”(Forcese，1968)。用韦伯的话来说就是，“对于清教来说，这样的行为就是一种条理化的理性生活方式，在某些特定环境下，这种生活方式便为现代资本主义‘精神’铺平了道路”(韦伯，2010a，第383页)。

本书前述章节中就已指出，宗教与道德不可避免地结合在一起，在信仰问题上更是如此。信仰在现实层面最重要的意义是一种伦理表达，通过对超验秩序的确念，其赋予个人行为一种伦理上的认可。姑且不论作为新康德主义者的韦伯所言的“信念伦理”与康德的“定言命令”（categorical imperative）是否存在关联，[37]但从“信念伦理”所体现出来的伦理严格主义特征的形式，可以看出信仰能够外化为一种强大的道德观念力量，进而通过对行为人主观动机的影响以促成制度的形成。也就是说，信仰借由一种伦理形式影响个体行为的策略选择，并进一步影响制度均衡的选择。或许，用西美尔的话更容易澄清韦伯的观点，“个体如果从内心无法再坚持独立自主，那么最终还能使他得到满足的，大概只有献身处于他彼岸的原则了”，“在神身上，作为人与人之间关系的绝对命令，道德可以说获得了永恒的形式”，这种绝对形式，施加到个体身上，“表现为个体必须完成的社会—伦理行为方式，因而表现出绝对实体性”（西美尔，2003，第26—27页）。这是西美尔的宗教含义，人与人之间的关系以此种方式“获得独立，并与外在发生关系，我们便称之为宗教”（西美尔，2003，第27页）。

西美尔的宗教含义实际上就是本书第三章第三节所述及的道德观念的形成。在礼物交换的过程中，正是仪式（惯例）所拥有的道德力量约束着礼物交换的各方行为人。这是宗教在制度型构过程中所具有的约束力，也即惯例的自然法约束（Sugden，2004，p. 150）。但是在韦伯命题中所见的，则是观念力量的进一步拓展。韦伯命题所言及的道德力量，并非博弈均衡——亦即制度均衡——的结果，而是制度均衡形成的前提条件。因为依照演化博弈的观点，制度是多重均衡中的某一特定均衡，该均衡实质上是由聚点所决定的，而一个社会中主导的伦理观念——道德力量，即可构成非常显著的聚点，从而引导特定制度的产生。[38] 在此意义上才可以说，有什么样的信仰，便有什么样的经济制度。

现在，通过对“资本主义精神”和“新教伦理”之间逻辑关系的证明，可以说资本主义经济制度的意识形态基础是通过信仰的伦理约束而形成的一种“共同道德直觉”（Sugden，2004，p. 177）。这种道德直觉，不同于宗教仪式中体现的惯例自发力量所形成的道德情感约束，具有一种绝对性特征——信念伦理。其必然与宗教精神结合在一起，“那无条件的和绝对的东西，即对世界目的与寓于一切现实道德中的内涵人生意义的信仰，却总是不断地呼唤着宗教”（特洛尔奇，2004，第63页）。在特洛尔奇看来，现代社会中这种道德力量寄寓在新教精神之内并与现代个人主义相结合，“占主导地位的特征是一种**自律的**、**以内在信念为基础的道德**（Überzeugungsmoral）特征……这是康德提出的公式，同时也是新教精神，即处在被完全赋予了内在性基础和世俗活动的首要领域的影响下的基督教精神。这也是现代世界中只受人格理想抑制的完整的个人主义”（特洛尔奇，2004，第62—63页，着重标记为原文所加）。正是这共同道德直觉，或者说社会的伦理基础，使得一个社会的行为交往中，个体趋向于特定的行为选择，从而形成了特定的制度均衡。在资本主义经济制度的形成过程中，新教伦理承载了这一共同道德直觉，通过与资本主义精神的逻辑关联，促使资本主义制度的确立。

这也是西美尔与卢曼所言的机制。在现代社会，“在社会整合性结构中，各种力量和形式超越了个体感官的直接实存，并经常诱导人们对一切超越个体的社会生活作神秘主义解释”，这使得“社会结构注定具有宗教特征，宗教结构则表现为那种社会结构的象征和绝对化”（西美尔，2003，第126—127、114页）。“尽管宗教系统只是社会的一个子系统，但它却发挥着整体性的核心功能”，其“能够成为那些比较长期的制度化关怀的凝聚中心。然后，其他领域也能够以这些关怀为基础支撑自身的制度性发展”（卢曼，2003，第123、127页）。以预定论为例，预定论“是把我们的最深层的人格挖掘出来，把灵魂从一切异在之物中解放出来，依据自我的规律充分发挥自身潜能——所有这一切同时包含着顺从上帝意志的意思”（西美尔，2003，第147页）。预定论所释放的自由意志使得“救赎条件的抽象化似乎需要更多的预设前提，但与此同时也为社会结构提供了更有效的保证”（卢曼，2003，第129页）。这就是上一节所述的预定论与现世的禁欲相结合所产生的巨大影响。

以上是韦伯命题的证明。使用理性选择模型的意义在于以更清晰的形式重述韦伯关于禁欲主义与资本主义精神论证的逻辑结构。而最终模型的结果也从理论上支持了韦伯命题。通过对韦伯命题的证明，制度型构过程之中观念的基础性意义更加明确。

韦伯所提出的“新教伦理”与“资本主义制度”命题，揭示了信仰对于特定经济制度之形成所发挥的基础性作用，通过对社会普遍的伦理观念之塑造，信仰成为该社会特定经济制度出现的必要前提。

不过要额外强调的是，上述论证并非要证明这样的观点：必须要有新教伦理，才可能诞生资本主义经济制度，或者更进一步说，现代市场经济制度必须建立在基督教伦理的基础之上。从韦伯命题的分析中可以发现，新教伦理只是与西方特有的资本主义相关联。信仰与资本主义精神的因果联系，是在一系列可控条件下的产物——特别是“理性化”这一条件，而这一发展历程是西方历史文化的产物。因此这也就说明了，并不是新教伦理促成资本主义，而是在不同的信仰基础之上，结合其他的社会历史因素，必定会出现与特定宗教精神相契合的某种社会制度。

此外还有一点必须说明，在上述形式化证明中，笔者始终没有涉及一个问题：信仰本身是什么，或者说，信仰是如何产生的？笔者也没有丝毫的努力想去证明信仰，因为这不是社会科学研究能够给出的答案。前文所援引的西美尔的论断中也许或多或少包含了一种信仰产生机制的观点，但这并不是本书的观点。本书的立场仍然是韦伯的立场，只论述事实，不进入价值判断和信仰判断的领域，笔者坚持这一社会科学研究的准则。[39]

最后的一个问题是，韦伯所描述的新教伦理与资本主义精神之间的协同演化过程也会致使另一种看似相悖的情形出现，即宗教与经济彻底的分离。从逻辑上看，这是必然的。理性选择模型本身就无法容纳下伦理的内涵，更不能推出信仰存在。而反过来从宗教的立场上来看，预定论使得“个人在其上帝面前完全是自己对自己负责”（西美尔，2003，第160页），资本主义制度的形成促使制度本身自发力量所塑就的道德观开始占据主导地位，“寻找天国的狂热开始逐渐转变为冷静的经济美德；宗教的根茎会慢慢枯死，让位于功利主义的名利心”（韦伯，2010a，第271页）。因此，在《新教伦理与资本主义精神》的最后，韦伯不无悲观地得出类似于托尼的观点，资本主义精神中的宗教基础“在富兰克林时代就已经消亡了”，“大获全胜的资本主义已不再需要这种精神的支持了，因为资本主义有了机器这个基础”（韦伯，2010a，第274—275页）。这也使得韦伯对于资本主义经济制度未来的发展，持有一种不那么肯定的态度（Davis，1978）。

不过距离韦伯道出上述悲观想法又已经过去了百年，笔者可以在韦伯上述语句之后再补充：“当下时代的制度连机器这个基础都可以抛弃了，因为它们又找到了信息技术、大数据和人工智能……”这是何等的一种反讽？

其实笔者只是想说明，在某种程度上而言，韦伯命题就是本书主题的终结。因为无论形形色色、眼花缭乱、千奇百怪的反现代、后现代、超现代理论如何“花式创新”，我们现在仍处于韦伯所反思、论证和疑虑的现代世界，现代世界的观念基础，仍然建立于韦伯所考察的时代，即自文艺复兴、宗教改革和启蒙运动以降的文化、伦理和精神发展。

确实，韦伯百年前的忧虑有许多已经成真，“物质财富对人类的生存开始获得一种史无前例的控制力量，这力量不断增长，最终变得不可动摇”（韦伯，2010a，第274—275页）：许多专家已没有了精神，纵欲者也没有了心肝，皆成为知识工业流水线上的一个零件而已；“空心的躯壳”在我们这个时代有一句漂亮的广告词——新经济；冷漠的机器工业已经被虚拟的互联网产业所取代，但铁笼依旧是铁笼，无处不在，无所遁形；少数坚持着天职观、在精神上寻找天国的朝圣者仍在徘徊，憧憬着对彼世的向往。

然而，后资本主义时代究竟是什么样子，我们依然没有比韦伯更清楚多少，因为尽管整个世界进入到世俗时代，甚至可以说是后世俗时代，但是这个时代的观念似乎仍在不断地变化过程之中，尚未有任何一种精神力量能超越韦伯所言的“信念伦理”。

“信仰的时代就是理性主义的时代”（怀特海，2007，第29页），怀特海的这句论断至少让我们还能抱有一丝的希望：自启蒙时代以来，经过无数先贤，耗费数百年时间，在现代人心灵中埋下的这颗种子，仍处于萌芽之中。

“禁欲主义教派和秘密宗教集会形成了现代‘个人主义’最重要的历史基础之一。尤其重要的是，他们彻底打破了家长制和威权主义的束缚，并且**独辟蹊径**地阐释了这一观念：应当更多地服从上帝，而不是更多地服从人。”（韦伯，2010a，第383页，着重标记为原文所加）只要这种对于超验世界的信念尚存，那么可以肯定由这种信念所支撑的观念力量仍会对这个世界的秩序变迁发挥深刻的影响，无论现代世界中具体的宗教现象如何凋零。因为，“信仰的社会作用也是极其不明确的，但有一点可以肯定，没有信念，社会将会是一盘散沙”（西美尔，2003，第14页）。

“宗教是以我们对那样一些永恒要素的理解为基础的，由于那些永恒要素，世界才有了稳定的秩序，而脱离了那些永恒要素，便不可能有变化的世界"（怀特海，2007，第1页）。

本章注释：

1. 这或许和韦伯所接受的历史学派学术训练不无关系。为了定义一个概念，论证一个命题，韦伯往往会附以大量的经验性证据作为说明。这使得后世研究者过于沉溺于其堆砌的庞杂经验材料的辨析，却忽视了韦伯同时也是一名出色的理论建构者，他累积的所有冗长、繁复，甚至是错误百出的材料都是为其暗含在背后的理论设定所服务的。并且和大多数历史学派学者不同，韦伯擅长于形式逻辑的推导，其理论体系相当严密，几乎滴水不漏。正因为这样，如后文所展示的，即便他使用的经验证据有瑕疵，但仍能推导出正确，或者近乎正确的结论。而缺点则是由于经验材料充斥其间，往往使得初研者觉得其理论论证不连贯，论证的各个环节常常分散于一部著作，乃至是多部著作的各处。

2. "教皇子午线"，是在教宗亚历山大六世（Pope Alexander VI）的调解下，依据"托尔德西里亚斯条约"（Treaty of Tordesillas，1494），葡萄牙和西班牙就探索新世界后的利益分配，所确定的一条分界线。根据条约，西班牙探索并获得"教皇子午线"以西新发现的世界的利益；葡萄牙探索并获得"教皇子午线"以东新发现的世界的利益。由于当时还不清楚地球是圆的，并且仅有西班牙和葡萄牙两国参与，所以后世引发许多争端。

3. 对于经济学家而言，整个世界的历史或许只有一件事是重要的，那便是发生于19世纪前后的"工业革命"。为什么会发生工业革命？为什么是西方而不是东方？为什么是英格兰而不是法国、荷兰？工业革命的实质究竟是什么？工业革命的模式是否具有普适性？所有这些都是新经济史学热衷的话题。然而回顾历史，上述这些问题的真正答案，可能要追溯至16世纪。

4. 有关长时间段、大范围制度变迁过程的解释，目前经济学界较为流行的模型大致有三类：一是以诺思及其追随者为代表的"暴力与社会秩序"模型，将人类社会的历史发展表现为从自然国家（natural state）向权利开放秩序（open access orders）的转变（诺思等，2013）；二是以阿西莫格鲁（Daron Acemoglu）

为代表的制度二分法，将世界各类国家分为两类制度：汲取性（extractive）和包容性（inclusive）制度，并以此来研究制度和经济增长之间的关系（阿西莫格鲁和罗宾逊，2016）；三是格雷夫为代表的“整合的制度分析”，强调通过辨别制度中的非物质因素，来进行历史比较制度分析（Greif，2006）。问题在于，上述三类解释框架基本上都建立在宏大叙事的基础上，或是有选择地对历史材料进行技术性处理上，结果导致皆无法兼容于16世纪的历史，更进一步地说，无法解释现代世界崛起之谜。如果说中世纪的欧洲各国是自然国家，那么只允许异族改宗者担任特定国家公职，并吸纳成为精英阶层的奥斯曼土耳其是否算是权利开放秩序？如果说西班牙是汲取性制度，那么没有国王的意大利北部诸城邦国家（佛罗伦萨、热那亚、威尼斯等）算不算包容性制度？如果说热那亚商人是因为拥有个人主义文化才在与马格里布商人贸易竞争中胜出，那么又为何在与威尼斯人——以举国体制从事贸易的商业帝国——的竞争中失利？此外，在16世纪初世界范围的殖民竞争中，崭露头角的是西班牙和葡萄牙。但西班牙模式是国王下放权力，允许私人组建公司去南美殖民，殖民者和王室之间进行利益分成；而葡萄牙则是国家模式，以全国的人力、物力和财力之支持去征服和控制印度洋沿岸贸易。这两种模式严格来说都不是诺思和阿西莫格鲁等人所宣称的欧洲中世纪封邑制模式。且无论采用哪种模式，其国家能力之强大都是当时仍着眼于欧洲内部事务的法国和英国难以企及的。直到16世纪中期，英国王室一年的财政收入也仅仅只抵得上葡萄牙两艘远洋贸易商船所载的货物价值而已。当法国、荷兰、英国加入现代世界的角逐时已经是17世纪前后，这百年间整个世界环境究竟发生了哪些变化，是值得细细考量的问题。解释现代世界的内在机制，经济学研究仍需更加深入地了解历史的细节。

5. 有关《新教伦理与资本主义精神》一书，最初是发表于《社会科学和社会政策文库》(*Archivfür Sozialwissenchaft und Sozialpolitik*）的第20卷（1904年）和第21卷（1905年），1920年作为《宗教社会学文集》的第一部分重印。后韦伯又根据他游历美国的材料，写出《新教教派与资本主义精神》一文，发表于《法兰克福通讯》(*Frankfurter Zeitung*，1906)，也于1920年作为《宗教社会学文集》的第二部分重印。英译本和中译本中大多将《新教教派与资本主义精神》一文作为附录，放在《新教伦理与资本主义精神》一书中。如第五章注释 7 所述，本书分别参考了四种中译本，最终决定以阎克文先生的上海人民版作为书中引文来源，但同时亦参考了其他三种译本。

6. 在此必须特别强调，那种将韦伯的理论称为“文化决定论”——与之相应的则是马克思的“经济决定论”——的观点是完全错误的，韦伯的《新教伦理与资本主义精神》必须和他的《经济通史》互为参照，方能全面说明韦伯的主体思想。

7. 苏格兰在 17 世纪时加尔文主义（Calvinism）的普及程度远远比英格兰与荷兰——韦伯在《新教伦理与资本主义精神》中所举的两个典型地区——更彻底，但是相应的工商业发展却也远远落后于英格兰与荷兰。因此许多学者将其作为反驳韦伯理论的典型例子，例如：Robertson（1996，p. 99）。

8. 20 世纪 60 年代美国学界曾出现过一股运用美国经验实证检验韦伯理论的热潮。

9. 该书最初出版于 1933 年，本书引文均来自 1996 年版本。

10. 即清教教义的模糊性问题，既如韦伯所言的其在某些方面利于经济发展，又如另一些学者所言有些教义会阻碍经济发展。不过笔者认为这里主要的问题在于社会科学界对于宗教的理解其实和神学、哲学界存在很大的差别。许多社会科学工作者的解释往往趋于形式化，过分关注教义实践的经验证据，而忽视了教义对个人行为潜在的、间接的、无法通过直接观察所获得的长期影响。例如有些学者看到新教教义主张节俭，然后马上去寻找这类教义是否和社会储蓄率存在相关性，结果找到的数据仅能说明新教徒社会的投资率偏低——因为没有天主教那种庞大的教堂等设施的基础投入，然后就得出结论认为新教教义阻碍经济发展。这实际上是一种相当片面的宗教工具论理解。一切社会观念都是通过制度结构的内在机制发挥作用的，将其视为一种工具说明不了任何问题，这是本书一贯的立场。

11. 因此，在韦伯阐述新教禁欲主义教义时特别指出，“我们所关注的自然并非那个时代道德纲领中的理论教诲或者官方教导，无论它们通过教会戒律、教牧活动和布道产生过多么实际的重要作用”（韦伯，2010a，第 217 页）。

12. “内行高手的宗教教义”这一用语是姚曾廙先生的译法，远流版中译为“达人宗教意识”（Virtuosenreligiosität），与“大众宗教意识”（Massenreligiosität）

相对应，参见：韦伯（2004c，第 190 页）。

13. 这是杨庆堃为韦伯《中国的宗教——儒教与道教》所写的导论中使用的术语，参见：韦伯（2004a，第 337 页）。

14. 例如关于清教徒“预定论”的学说，“天职”观念，以及从而导致的禁欲主义、理性主义倾向（Tawney, 1926, pp. 227, 239—242）。

15. 参见《宗教与资本主义的兴起》中译本中的“学报版导言”（托尼, 2006, 第 18 页）。

16. 例如他对加尔文主义的描述（Tawney, 1926, pp. 112—113）。

17. 扬纳科内（Iannaccone, 1998）认为韦伯的新教伦理命题缺乏经验研究支持的这一判断可能有失偏颇。尽管有大量经验研究结果不支持韦伯的结论，但同时也有不少的实证研究验证了韦伯命题，例如：Holton（1983），Inglehart and Baker（2000）。

18. 即韦伯为其《宗教社会学文集》所写的总序，在陕西师范大学出版社出版的译本中，就是该书的导论部分（韦伯, 2006b，第 1—14 页）；上海人民出版社和社会科学文献出版社出版的译本也将其置于正文之前作为序言（韦伯, 2010a，第 157—169 页；2010b，第 1—14 页），广西师范大学出版社的远流版译本中既作为《新教伦理与资本主义精神》一书的前言（韦伯, 2007，第 1—16 页），又单列为《宗教与世界》的第一章（韦伯, 2004b，第 447—460 页），但是单列版本的内容与其他几篇作为序言的版本稍稍有些差别。本章节此处参考是远流版《宗教与世界》的译文，特此说明。

19. 科林斯（Collins, 1980）在分析韦伯的《经济通史》时提出了“理性资本主义”（rationalized capitalism）的五个构成要素，其中不包括上述要素中的第六点：经济生活的商业化（Collins, 1980）。

20. 参见科恩（Ira J. Cohen）为《经济通史》所写的导读，“只有在西方文明中，才会存在展示着有形式理性取向的行为模式的一系列建制”（韦伯, 2006a，第 242 页）。

21. 关于这一命题，韦伯在《宗教与世界》的第二章，“比较宗教学导论——世界诸宗教之经济伦理”中做了更为明确的叙述，参见：韦伯（2004b，第 492 页）。

22. 在远流版的译本中，使用的译名是“预定恩宠”(Prädestinationsgnade)。本书主要使用“预定论”这一术语，间或使用“预定恩宠”一词。

23. 此处引文中，“持续性的人格性关系”英文版作“constant quality of personality”，参见：Weber(1965, p. 203)。请与注释24比较。

24. 此处引文中，“impersonal character”(Weber, 2001, p. 64)一词阎克文先生译作“非人格性质”。和注释23相比较，基于本书第四章注释16已经给出的理由，将“personality”对译为“人格”，表示“人的属性”，并无不可。但是“impersonal character”译作“非人格性质”，稍有欠妥，因为“人格”一词已经包含“性质”的意思。所以笔者改为“非个人属性”。苏国勋等人的译本作“非人格特征”(韦伯，2010b，第68页)，亦可。

25. 再三强调，韦伯只是证明观念因素的影响，并没有说观念因素(新教伦理)“决定了”资本主义的诞生。

26. 并非所有预定论思想或者更广义上而言的宿命论思想都会产生这样的后果。如果预定救赎意味着对此岸世界的日常生活之干预，那么就不会促成强大的信念伦理的形成。参见韦伯对于伊斯兰教预定论的评论(韦伯，2005，第248—249页)。

27. 例如，韦伯在对于新教禁欲主义与财富的积累和生产之关系的证明，逻辑上就显得过于单薄(韦伯，2010a，第267—268页)。至少从经济分析的角度，很难仅仅从文本叙述中就可以顺理成章地推出清教徒实际生活中普遍存在的节俭行为，更无法由此进而推出节俭必然导致资本积累。

28. 自由意志的实质，在形而上的层面，就是个人理性的表达。

29. 关于纽康姆难题的标准化描述，参见：Nozick(1997a; 1997b; 1993)。

30. “预定悖论”指的是：如果神早已预定了我们的救赎或者永罚，那么我们还选择“善”或“恶”究竟有何意义呢？参见：Holt(2002)。

31. 但韦伯同时也指出，在他那个时代(20世纪初)这类教派组织(联合体)在中产阶层内正迅速瓦解，尽管其文化影响仍在。

32. 当然还包括其他业已提及的认为宗教组织对于资本主义发展具有重要影响的文献(Buck, 1993; Collins, 1997)。

33. 这里有一点需要指出，在清教理论中，勤俭和贪婪意味着，前者是合理获取财富，后者是非理性使用财产，二者有着质的不同，但是在本章模型中这一点区分还难以做出。不过这对于本节应用理性选择模型的目的——建立起宗教信仰与经济行为之间的逻辑关系——而言并未造成阻碍。

34. 即意味着此世的经济行为是彼世能够得到救赎的确证。

35. 这也就是凡勃伦的制度理论中的核心观点。严格来说，该观点就是生物进化论在社会科学中的应用。

36. 必须说明，用“效用”来度量信仰，这样一种经济学帝国主义式的做法并不十分合适。但可以在有限的层面，即只就个人行为动机的测度而言，谨慎地使用该方法。笔者的根据同样还是来自韦伯，他曾论及，在德国和美国新教的宗教取向在中产阶级身上不过是一种机会主义选择（韦伯，2010a，第372页）。另外需要补充的是，宗教信仰的事例也不适用于当下学界有些学者鼓吹的“非理性”选择或者是“利他性”偏好这些概念。笔者的意思是，就信仰本身而言，只存在“是或否”（truth or false）这样的二元选择，在该选择明确做出以后，才有效用评价的问题。如果行为人对于“真假”判断不确定，那么可以明确说，他的行为与信仰无关，只与利益有关。

37. 韦伯所用的“Gesinnungsethik”一词，在英语中根据使用环境的不同，既有译作“信念伦理”（ethics of conviction），也有译作“绝对伦理”（absolute ethics），后一种用法很容易让人联想起康德的“定言命令”（Verstraeten，1995）。冯钢（2001）曾讨论过该主题。

38. 这也就是谢林（Schelling，1960）强调的“凸显性”（prominence）问题。或者用萨格登的话来说就是，“如果我们想要如我们所愿的那样去协调我们的行为，我们必须依赖于某种我们所共有的凸显性”（Sugden，1989）。

39. 但是有一点要说明，该准则亦即韦伯所称的“价值无涉”标准。作为社会科学研究的方法论基础，“价值无涉”准则在学界——尤其是国内学界——常常遭到误读。“价值无涉”指的是社会科学研究中不应将价值判断和事实判断相混淆，例如时下流行的行为和实验经济学研究中，有些学者常常将二者混淆在一块，并自以为是理论创新。但“价值无涉”绝对不是研究者不应具有任何价值立场的意思，只有机器才没有价值观。韦伯的研究中暗含了其价值立场吗？本书的讨论中暗含了笔者的价值立场吗？答案是显而易见的。

第七章　残章：传统中国社会制度的一个分析框架

个人透过他们有目的的行动，织造了关系和意义（结构）的网络，这网络又进一步帮助或限制他们做出某些行动；这是一个永无止境的过程。

——萧凤霞（Helen Siu，2001）

作者按：严格来说，本书所要讨论的主题——观念与制度的理论分析框架，在第六章已经完结。不过当年笔者在撰写博士论文之时，还附加了一章有关中国传统社会的讨论。当时添加中国部分完全是出于一种“功利需要”——在中国做制度经济学必须要论述一下中国社会。由于时间和学识所限，当时这一章内容写得比较匆忙，主要是应用了杨庆堃的理论对韦伯命题做了些拓展。现在再来回顾当年的研究，虽说主体结论并未完全否定，但是论证过程还是存在许多不足，一些观点过于武断。其中最大的缺陷恐怕就在于受社会学的影响过重，特别是在儒家思想是不是宗教这个问题上，直接照搬了杨凤岗（2008）的宗教社会学定义，这显然是有问题的。而且当时所参考的资料也过于老旧，主要集中于中国经济史部分，诸如李零、葛兆光等人的思想史材料，新出土文献资料和华南研究学者的田野调查材料都未及参考。可是毕竟是自己早年“少年不识愁滋味"时期的作品，尽管存在不少缺漏和错误，当年的所思所想至少还是有一点保留的价值。所以借着这次重新整理书稿的机会，笔者将原本这一章的内容移出正文，置于附录之中。有兴趣的读者请参阅本书的附录二。再次强调，其中的观点不完全代表笔者目前的想法。

如果不能清晰地认识"儒"，也就无法厘清传统中国社会的制度特征，然而要说清楚"儒"究竟是什么又是何等的困难，不仅因为从历史上而言"儒"就是一个多变的复合体，而且目前国内外学界有关传统中国研究存在太多与学术无关的东西，滥竽充数者聚，沽名钓誉者众。在完成博士论文之后的七八年时间中，笔者不断重新回到"传统中国社会"这个主题上，并且在形成自己的制度分析框架（即本书第二章内容）之后，尝试建构起一个传统中国社会的制度研究框架。不过很可惜，这项工作直到现在还是未知数。因为尽管已形成大致的理论结构，但是其所涉内容之宽泛、所需经验材料之庞杂、细节性问题研究之困难远超过笔者原初的设想：这不是一篇文章就能说清楚的。所以到目前为止，相关研究仅成文一篇，即本书第四章有关中国式产权——宗法财产权——的初步研究。其实仅就产权这一个问题来说，还需要做许多工作，更遑论传统中国社会中的其他特征性事实。

不过于笔者而言，不讨论中国始终是一个缺憾，现在倒不再需要考虑什么博士论文体系的完整性，仅仅是自己的学术旨趣而已：我能够且有必要对中国社会的制度变迁说些什么。所以在本书中笔者采取了一个妥协方式，奉上这一篇残章，将这些年来所思虑的、研究传统中国社会可能的理论框架呈现于此章中，至于具体的内容、材料和论证，只能有待于今后进一步的研究来补充。

传统中国社会研究提纲

0. 笔者曾设想将传统中国社会结构称为HTC系统。

0.1. 受金观涛和刘青峰（2011a; 2011b; 2011c）在20世纪80年代提出的“超稳定结构”论的影响，笔者最初的研究理路也是从宏观层面入手，将传统中国社会结构分为三个部分。

0.1.1. 第一个部分是一套科层制的理性官僚系统（Hierarchy），参照李峰（2010，第65页）对青铜器铭文的考据，这套科层官僚系统至少在西周时期已经形成，即卿事寮的“三有司”组织（《集成9901》）。

0.1.2. 第二个部分是围绕皇权而形成的一套权力集中系统（Totalitarianism），不受约束的权力实际上使得其超越了人的属性，所有人，包括皇帝自身在内，都沦为权力的工具。在此意义上，这属于一种非基于身份关系（impersonal）的政治交易关系。

0.1.3. 第三个部分则是作为一种大众观念而非士人思想之存在的“儒家”（Confucianism）。

0.1.3.1. 传统中国社会之“儒”确实不应视为一种“宗教”，而之所以从宗教社会学的视角出发会认为“儒”具有宗教特征——或者说准宗教特征，是因为内含于儒家观念之中的原始宗教信仰：祖先崇拜。

0.1.3.2. 祖先崇拜最重要的社会功能在于建构起一套支撑儒家观念的人伦秩序，这使得传统中国社会维系于费孝通（2008，第 30 页）所说的“差序格局”之中。

0.1.3.2.1. 人伦秩序在早期儒家思想中的含义、价值及其影响，请参考：葛兆光（2015，第一卷，第二编，第三节）。

0.1.3.3. 但是作为传统知识分子所秉持的儒家思想，与大众儒家观念之间有一个显著区别，其还蕴含着一种超验信仰：天命观。

0.2. 这套结构的悖谬之处在于，理性化的科层制、非基于身份关系的权力都是极具“现代性”的特质，却与传统的基于身份关系的（personal）儒家人伦秩序近乎完美地契合，构成了传统中国社会独特、复杂、精致又根深蒂固的一套结构系统。

0.3. 然而上述基于宏观层面的分析除了解释传统中国社会的一些总体性特征外，意义不大。我们需要的是基于微观层面的制度研究。

1. 从微观角度而言，对任何社会制度的研究，都应从三方面入手：（1）可观察的行为之常规性；（2）遵循行为常规性之具体实践；（3）遵循行为常规性之意向。中国社会亦不例外。

1.1. 所以需要提出的问题是：（1）传统中国社会能够观察得到的、可一般化的行为之常规性是什么；（2）依据此行为之常规性，人们的具体实践又是什么；（3）蕴含在人们行为背后的意向性，即中国人对于外在世界的传统认知模式是什么？

1.1.1. 上述三个问题中最易切入，也是最能体现传统中国社会特征的，是第三个，即传统观念，或者称之为“传统中国文化”。

1.1.2. 所以讨论传统中国社会的制度特征，应当逆制度分析框架的逻辑而行，首先从观念角度着手。

2. 传统中国文化以儒家观念为代表，而儒家观念的特质，用李零（2006，序言，第4页）的表述来概括就是四个字：“绝地天通”。

2.1. 传世文献中有关“绝地天通”的记载有两处。

2.1.1. 惟吕命。王享国百年，耄荒，度作刑以诘四方。王曰：若古有训，蚩尤惟始作乱，延及于平民，罔不寇贼鸱义，奸宄夺攘矫虔。苗民弗用灵，制以刑，惟作五虐之刑曰法。杀戮无辜，爰始淫为劓、刵、椓、黥，越兹丽刑并制，罔差有辞。民兴胥渐，泯泯棼棼，罔中于信，以覆诅盟，虐威庶戮，方告无辜于上。上帝监民，罔有馨香，德刑发闻惟腥。皇帝哀矜庶戮之不辜，报虐以威，遏绝苗民，无世在下。乃命重黎，绝地天通，罔有降格。群后之逮在下，明明棐常，鳏寡无盖。皇帝清问下民，鳏寡有辞于苗。德威惟畏，德明惟明。乃命三后，恤功于民。伯夷降典，折民惟刑；禹平水土，主名山川；稷降播种，农殖嘉谷。三后成功，惟殷于民。士制百姓于刑之中，以教祗德。穆穆在上，明明在下，灼于四方，罔不惟德之勤，故乃明于刑之中，率乂于民棐彝。典狱，非讫于威，惟讫于富。敬忌，罔有择言在身，惟克天德，自作元命，配享在下。王曰：嗟！四方司政典狱，非尔惟作天牧？今尔何监？非时伯夷播刑之迪？其今尔何惩？惟时苗民，匪察于狱之丽，罔择吉

人，观于五刑之中；惟时庶威夺货，断制五刑，以乱无辜，上帝不蠲，降咎于苗，苗民无辞于罚，乃绝厥世。(《尚书·吕刑》)

2.1.2. 昭王问于观射父曰："《周书》所谓重、黎实使天地不通者，何也？若无然，民将能登天乎？"对曰："非此之谓也。古者民神不杂。民之精爽不携贰者，而又能齐肃衷正，其智能上下比义，其圣能光远宣朗，其明能光照之，其聪能听彻之，如是则明神降之，在男曰觋，在女曰巫。是使制神之处位次主，而为之牲器时服，而后使先圣之后之有光烈，而能知山川之号、高祖之主、宗庙之事、昭穆之世、齐敬之勤、礼节之宜、威仪之则、容貌之崇、忠信之质、禋洁之服，而敬恭明神者，以为之祝。使名姓之后，能知四时之生、牺牲之物、玉帛之类、采服之仪、彝器之量、次主之度、屏摄之位、坛场之所、上下之神祇、氏姓之所出，而心率旧典者，为之宗。于是乎有天地神民类物之官，是谓五官，各司其序，不相乱也。民是以能有忠信，神是以能有明德，民神异业，敬而不渎，故神降之嘉生，民以物享，祸灾不至，求用不匮。及少昊之衰也，九黎乱德，民神杂糅，不可方物。夫人作享，家为巫史，无有要质。民匮于祀，而不知其福。烝享无度，民神同位。民渎齐盟，无有严威。神狎民则，不蠲其为。嘉生不降，无物以享。祸灾荐臻，莫尽其气。颛顼受之，乃命南正重司天以属神，命火正黎司地以属民，使复旧常，无相侵渎，是谓绝地天通。其后，三苗复九黎之德，尧复育重、黎之后，不忘旧者，使复典之，以至于夏、商。故重、黎氏世叙天地，而别其分主者也。其在周，程伯休父其后也，当宣王时，失其官守，而为司马氏。宠神其祖，以取威于民，

曰：‘重实上天，黎实下地。’遭世之乱，而莫之能御也。不然，夫天地成而不变，何比之有？”（《国语·楚语下》）

2.2. 以上为传世文献中有关“绝地天通”的两处记载，学界已有诸多解读，或认为是神话传说，或认为是政治寓言，或认为反映了远古氏族战争。然而从出土甲骨文献所见，“绝地天通”可能是发生于商代中期的一次影响深远的政治事件。

2.2.1. 根据甲骨卜辞可知，商人宗教包含三大系统：超自然神上帝、天地自然以及祖先神。

2.2.1.1. 上帝信仰，商人称之为“帝”，因为“上”在商代甲骨文中多表示“大”，现出土甲骨卜辞中“上帝”两字连用仅出现三次（常玉芝，2010，第27页）。

2.2.1.1.1. 而商人之“帝”乃驾驭一切自然神明、左右一切人事祸福的超验存在，其根本不受俗世任何影响，商人只能唯其意志而行（常玉芝，2010，第61页）。

2.2.1.1.2. 所以甲骨卜辞中有一个非常特别的现象，“帝”从不享祭，因为对其祭祀无用，所有与“帝”有关的占卜，其目的只在揣测“帝”之意志。

2.2.1.1.3. 商人之“帝”与周人的“天命观”之联系与区别，仍需进一步考证。

2.2.1.2. 自然崇拜，由于“帝”之意志是无法更改的，商人往往会通过祭祀具体的自然神明，以祈求好的结果，所以商人有自然崇拜，包括风、云、雨、日神，以及四方神。

2.2.1.2.1. 从卜辞反映的祭祀所用牺牲来看，商人更重视四方神（常玉芝，2010，第61页）。

2.2.1.2.2. 而“四方”还代表一种空间概念，尊四方神胜于诸自然现象，意味着商人更注重人与地之关系，而非人与天之关系：天、地之隔绝已见。

2.2.1.3. 自然神祭祀之甲骨，多见于商王武丁及之前时期；“武丁之后，王权相对稳定，先王先妣神的致祭大盛，并且趋规范化，而早先带有自然神属性的诸神，几乎汰去十之八九……”（宋镇豪主笔，2011，第332页）。

2.2.2. 从“帝”之超然，自然崇拜式微，祖先崇拜兴盛，已反映出商中期以后原始宗教信仰之大变革，天地隔绝。

2.3. “绝地天通”奠定了中国文化的基本要义，甚至可以说迄今未有根本性变革。

2.3.1. 从“民神异业”，到“民神杂糅”，再到“无相侵渎”，传统中国在商周之际便完成了一次观念上的“理性化”革命。其结果有四。

2.3.1.1. 超验信仰被政治权力所垄断，除王及王之专属职官外，民不再有直接与天相通之权利或者说能力。

2.3.1.1.1. 垄断祭天通灵之权，即垄断宗教信仰之根本，宗教沦为政治权力之附属，神职人员成为王之官吏，这一理性化的权力集中现象出现之早、发展之成熟，与同时期世界其他地区相较，实属罕见。

2.3.1.1.2. 因此发生于近东和西方地区的从原始萨满宗教向高级宗教转变之进程在中国庶无可能。相应地，类似欧洲教会等高级宗教组织不仅不可能在传统中国社会自发形成，即便外来传入也难以保障其独立的地位。

2.3.1.1.2.1. 一个典型例子就是佛教，作为高级宗教，佛教应含佛、法、僧三宝，但汉传佛教唯缺独立的僧团组织，便是明证。

2.3.1.1.3. 进而政教合一、政教相制、政教分离等在现代国家形成过程中扮演了极为重要角色的政治事态在中国皆无可能，唯有早熟的理性化政治统驭一切，并成为传统中国文化的特征之一。

2.3.1.2. “绝地天通”，天地分裂，由此传统中国文化分离出两套信仰体系。

2.3.1.2.1. 一是在民间普及的“祖先崇拜”，因为既不能通天之灵，但又有信仰需求，只能求诸先祖荫庇。

2.3.1.2.1.1. 但是卜辞中所见先祖祭祀皆为商王主持，实与具体实践的组织形式有关，先秦之时唯有士大夫以上方有家世、族系之所属，自然唯有士大夫以上方有祭祀先祖之资格。

2.3.1.2.1.2. 而周以后封建崩坏，宗族成为地方基本组织形式之后，祖先崇拜迅速成为维系地方组织结构的核心观念，即转化为一套人伦纲常之道德秩序，构成儒家观念之硬核。

2.3.1.2.2. 另一方面，周代殷商，也需要一套与周人相契合的信仰系统替代商人宗教，作为政治统驭之辅助。自周公以降，发展出了“天命观”，既继承了自商中期以来，王之权力垄断通天之能，又对殷商“帝”之信仰做出了发展。

2.3.1.2.2.1. “天命”最重要的变革是将“帝”之信仰阐发为了一种道德观，“皇天无亲，惟德是辅”（《尚书·蔡仲之命》）。由韦伯命题的逻辑可知，宗教信仰转化为一种社会伦理是构成观念与制度之联结最为关键的一环，唯有如此，其方能直接影响制度的形成、发展与演变。

2.3.1.2.2.2. 至此，“天命”成为左右中国政治伦理、政治观念和政治实践的根本思想，后世五德终始说即为一例。

2.3.1.2.2.3. 与“祖先崇拜”相对应，“天命观”成为后世儒家思想的内在硬核。

2.3.1.3. 所以，决不能将儒家文化视为宗教无涉的，“子不语，怪、力、乱、神”(《论语 · 述而》)，并非儒家无神，而是因为绝地天通之后，自然崇拜——怪、力、乱、神——式微，转向了对人伦秩序之关注。

2.3.1.3.1. 超验信仰之缺位，或者说超验体验被权力所垄断，致使传统中国社会发展形成的“信念伦理”，是一种“德行观”，而非“德性观”(virtue)(陈来，2009a，第316—345页)。至于陈来将“德性”与“德行”并论，认为二者同一，则有悖于道德哲学的常识。

2.3.1.3.2. 圣人有忧之，使契为司徒，教以人伦：父子有亲，君臣有义，夫妇有别，长幼有序，朋友有信。(《孟子 · 滕文公上》)

2.3.1.3.3. 德行观之特质，孟子所言已明：圣人制德，等级有序，纲常不易。人伦观念成为国人对社会秩序的一种普遍化认知，尤其经过“礼坏乐崩”之乱世后，经过汉儒之重构，奠定中华文化千年之基础。

2.3.1.3.4. 陈来（2009b，第11页）称儒家之人伦观为最早的人文主义思潮，实属对“人文主义”这一概念的误解或是滥用。彼西方文艺复兴之人文乃赋以人之自尊、自主与自由，而儒家人伦秩序却是将个人严格地从属于社会等级之属性，毫无自尊、自主与自由可言，何来“人文精神”之说，实则“治人之术”。在东西方思想比较中，应当切忌这类望文生义、穿凿附会之说。

2.3.1.3.4.1. 儒、法两家有着天然亲缘性，皆关注“治人”，只是二者给出的理由不同。

2.3.1.4. “绝地天通”的第四个结果，就是促成了传统中国社会基本的组织原则——宗法——的形成。

2.3.1.4.1. 商甲骨卜辞中祭祀二十九位先公先王，晚期祖庚、祖甲之后，注重对父辈先王祭祀，已经开始区分嫡庶、亲疏的宗法制度（常玉芝，2010，第344—345页）。

2.4. 有必要再次强调儒家观念与儒家思想之区别。

2.4.1. 儒家思想乃士大夫阶层（贵族消亡后便是传统中国知识分子阶层）所秉持的理念，作为一种思想形式，其易受到主客观因素影响而变化。自儒出现，儒家思想已多流变，有先秦儒，有汉儒，有宋时新儒，有明清儒，还有现在所谓的“新儒家”，这些思想既有联系又有区别，既有传承又有断裂，还吸收了自秦汉以来其他宗教观念和世俗思想之影响。

2.4.1.1. 但总的来说，就制度分析的目的而言，儒家思想的意义较弱。因为其主要是作为上层知识分子的性命操守，“天人合一”只是一种对理想境界的憧憬，可惜百无一用是书生，在皇权高于一切的社会中，此类思想于制度实践的直接影响甚微，虽不能说完全没有影响。

2.4.1.2. 与之相较，欧洲知识分子集中于教会，而教会又拥有与国王世俗权力相抗衡的能力，自然能出现韦伯所言的“内行高手”而发挥思想的现实力量。

2.4.2. 儒家观念则不同，这是作为传统社会普通民众所理解的纲常伦理，其基本内核在数千年时间里未发生较大变化，因此其是我们了解古人思维模式的一个最为关键的切入口。

3. 儒家观念表达了传统社会中人们行动之意向性，而其具体实践，则是通过宗族的组织原则做出的，这就是“宗法”。

3.1. 传世文献中“宗法”出自《礼记》。

3.1.1. 别子为祖，继别为宗，继祢者为小宗。有五世而迁之宗，其继高祖者也。是故祖迁于上，宗易于下。尊祖故敬宗，敬宗所以尊祖祢也。(《礼记·丧服小记》)

3.1.2. 别子为祖，继别为宗，继祢者为小宗。有百世不迁之宗，有五世则迁之宗。百世不迁者，别子之后也；宗其继别子之所自出者，百世不迁者也。宗其继高祖者，五世则迁者也。尊祖故敬宗。敬宗尊祖之义也。(《礼记·大传》)

3.2. 由文本而言，周代宗法是一套继承制度。继承属于产权制度之一——甚至可以说是相当重要的一部分，而产权是维系社会秩序之根本，所以宗法由单纯的继承制度，逐步演变为传统社会治理结构的核心组织原则。

3.3. 西周，宗法只限于士大夫以上之阶层，其具体组织形式，即为“封建”。

3.4. 春秋以后，礼坏乐崩，封建崩溃，原本从属于贵族大宗的平民社群组织逐步摆脱依附关系，形成以血缘关系或拟血缘关系为基础的地方性社会组织，即为宗族。

3.4.1. 尽管从贵族的封建转变为平民的宗族，但其依据的观念基础不变，仍为宗法。只是此时的宗法，不再具有西周“封建亲戚”时的地方政治自治属性，而是成为秦汉以后皇权治理结构中的一部分。

3.5. 因此，周以后的宗法再也不能视为狭隘的继承制度，宗族也不能视为单纯的血缘关系组织。

3.5.1. “中国宗族是一个父系世系集团。它以某一男性先祖为始祖，以出自这位始祖的父系世系为成员身份的认定原则，所有的男性成员均包含其配偶。虽然在理论上，宗族的基本价值是对世系的延续和维系，但在实践上，其成员的范围则受到明确的限定”（钱杭，2009）。钱杭这一定义把握住了传统中国社会宗族的核心特质：世系原则，以及在此基础上的身份等级关系。

3.6. 而与这一身份等级秩序最为调和的观念形态，自然是儒家的人伦秩序观。由此，行为常规性之实践与行为常规性之意向，可以契合。

3.6.1. 但是不应将宗法组织和儒家伦理的关系做一种托尼式的解读，即宗法组织需要儒家伦理来为其正名，二者之间是一种偶然的相互利用关系。

3.6.2. 从秦汉历史，特别是汉代地方组织结构的历史细节中可以发现，儒家观念成为社会主流意识形态，与社会等级秩序的确立与稳固，是一个观念与行为实践相互影响的过程，并不存在“谁决定谁”这样一种决定论逻辑。

4. 最后，则是具体的、可观察的传统中国社会中人们行为之常规性，即习俗、惯例、传统或是“潜规则”。

4.1. 对于行为之常规性研究：（1）必须“可观测”；（2）必须有参照系；（3）必须基于特定的时间和空间。

4.2. 因此这一部分研究的重心是对经验性材料的梳理，找出其中的特征性事实。

4.3. 能够反映传统中国社会的特征性事实之一，即本书第四章已做初步研究的产权。

4.3.1. 西方有产权，中国也有产权，二者之关键区别，必须结合上述两方面，即具体实践行为如何做出——通过与宗族组织的关系，和对资源之归属的事实的理解——产权观念，才能厘清中国式产权之特征。

4.4. 另一个特征性事实则是中国式契约，韩森（Valerie Hansen）曾惊讶于传统中国社会中契约的使用程度之高、覆盖范围之广，并认为这对梅因（Henry James Sumner Maine）在《古代法》（*Ancient Law: Its Connection with the Early History of Society, and Its Relation to Modern Ideas*, 1861）中提出的“所有进步社会的运动……是一个‘从身分到契约’的运动”（梅因，1959，第97页）之观点形成的挑战（韩森，2008，第8页）。

4.4.1. 和许多汉学家一样，韩森的研究属于那种充满异域风情的、浮光掠影式的概览，这种以旅游者的心态来认识中国社会的研究，无论是从国人还是外人的角度而言，都是弊大于利。

4.4.2. 诚然，西方有契约，中国也有契约，但是中国式契约至少有三点是西方契约所缺乏的。

4.4.2.1. 第一，“官有政法，人从私契”。一直到明清时期，尽管国家已经大幅度干预民间契约的订立和执行，但中国式契约的“私约关系”性质依旧存在（杨国桢，2009，第18页）。也就是说，中国式契约很大程度上仍然属于非正式约束，而非一种现代法权意义上的正式规则。

4.4.2.1.1. 那种以西方理论中“不完全契约”模型来框套中国式契约的研究，是有误导性倾向的。“不完全契约”主要是由于信息问题，或者是“机会主义”行为所致。而中国式契约往往能够通过非正式约束来规避这些情况。

4.4.2.2. 第二，中国式契约形式要件常常是不重要的。两造姓名、标的、交易时间地点等现代正式契约中不可或缺的内容，在传统中国契约中缺失都是很常见的现象，官府凭契约断案也并非严格依据契约的形式内容。

4.4.2.3. 第三，中国式契约有一个要件是必需的，即“保人”或“中人”。事实上这位作为第三方见证者的行为人之身份、地位、所做证词，往往是决定契约是否有效的关键。

4.4.3. 因此，严格来说，中国式契约仍然是基于身份关系的契约（personal contract）。

4.5. 除上述两例外，传统中国社会的特征性事实还有许多，不再一一列举。笔者关注的问题是，能否从这些特征性事实中提炼出某种一般性的特征，以便为进一步的量化研究提供理论基础?

4.5.1. 这类一般性特征仍然要回归到认知模式——即观念基础——中去寻找，因为缺乏法权意识，而一切经济关系又从属于身份等级关系，所以对于行为人的具体实践而言，就会出现费孝通先生描述过的那种同心圆模式：父子之间，父有权处理财产，子没有，然而子一旦独立为父，便拥有了作为父之身份的权利；但是将关系扩展到家庭和宗族之间，父也不具有完整的权利，宗族长老及其他身份等级处于高位者皆能对父之权利形成约束，尽管这类约束常常是非正式的，或者说是掩盖在亲情伦理下的潜规则；进一步，扩展到宗族和地方之间，地方和国家之间，不完整的权利一层层递进；最终是天子拥有最高权利 / 权力，但其实作为皇帝，他也只是一名皇权的代理人而已。

4.5.2. 儒家观念的内核，是维系传统社会从家庭到国家的人伦纲常，而这套人伦纲常是由祖先崇拜的原始宗教信仰所支撑的，这是笔者一再提出的观点。

4.5.3. 因此，从祖先崇拜的角度而言，下至平民上至天子，他们皆为先祖在人间的代理人，真正完整的权利（或者说合法性基础）在于先祖。

4.5.4. 但问题是先祖是“不存在的”，从经济学角度而言，这是一套委托人缺位的代理人机制。

4.5.5. 从这个角度出发，或许能解释传统中国社会的具体经验材料中许多看似悖论的现象，其实仍旧遵循着标准的经济人假设，这是一系列机会主义行为的产物。譬如秦晖和金雁（2010）所讨论的“关中模式”中的宗法共同体、宗法农民存在大量悖论现象；譬如对传统中国商人尴尬的社会身份的解释；譬如传统地方社群的公共品提供问题；譬如所谓“资本主义萌芽”问题，等等。

4.5.5.1. 特别要注意的是，由于“熟人社会”被一整套伦理纲常的道德说辞所笼罩，所以对于无此亲身体验的西方汉学家来说，中国式的机会主义行为反而被视为一种温情脉脉的良善情操——与经济理性主义行为相比较，是一种超越资本主义金钱关系的道德关系。这是相当具有欺骗性的观点，近年来却被国内一些学者反复借鉴。

5. 总而言之，厘清儒家观念、宗法组织和传统社会非正式约束三者之间的动态关系，是解开中国社会内在机制运作之谜的一把钥匙。

5.1. 研究传统中国社会既要避免生搬硬套西方的理论，看见商品交换就言市场经济，看到土地买卖就论私有产权，看到人伦纲常就称“人文关怀”。但同时更要反对那种源自德国历史学派的经验特殊论。以科学研究的态度来看，中国社会一点也不特殊，中国人是人，西方人也是人，尽管经历不同，但仍可以交流互通，这就说明看似特殊的社会经验背后，仍有一般规律可循。中国经验与西方理论并不相悖，黄宗智等学者所持中国经验特殊论这类观点（黄宗智，2005a；2005b），和当年的德国历史学派所犯的错误一样。

5.1.1. 笔者并不否认经验研究的重要性，但是经验研究的目的仍然是探求一般意义上的社会规律。其价值和意义在本书前言部分所引库恩的观点已经说得很明确，不再赘述。倘若现在还持有那种“中国特殊论”的想法，那么和两千年前那种“夷狄如禽兽”(《两汉纪·前汉纪·孝武皇帝纪二》）之陈腐种族差别说有何区别?

5.2. 在中国发生的事实即是世界发生的事实；世界的经验与理论亦是中国的经验与理论。

第八章　简短的结论

> 经济理性主义的起源不仅要依赖于理性技术和理性法律的在先发展，而且取决于人们支持某些践行的、理性的生活方式（Lebensführung，conduct of life）的能力和性向（disposition）。凡是这种生活方式为精神上的障碍所阻挠的地方，经济理性的生活方式之发展也必将遭遇严重的内在抵制。
>
> ——韦伯（2010b，第11页）

如本书开篇所言，笔者的主旨是力图进行一种“深描”的经济学制度分析，尽管本书只是一次不甚成熟的初步尝试。

在第一章中笔者回顾了经济学制度分析这百年来的发展进程，从古典经济学时期“制度”被作为给定的前提假设，到美国制度学派的形成，再到新制度经济学的发展、成熟以及主流化。可以发现，当代主流经济学之所以会发生制度转向，一方面是新古典经济学自身理论框架的拓展所致，竞争性市场暗含的基本前提其实和古典经济学相同，即一整套给定的现代市场经济制度假设，这套假设构成了新古典模型中行为主体进行理性选择的约束条件，然而一旦要回到真实世界的经济分析，则必须研究约束条件本身，或者说，真正的行动主体不仅是在约束条件下进行选择，更是对约束条件本身进行选择，这就是“科斯定理”的真正意义。另一方面，则是新制度经济学没有背离新古典理论，而是在新古典理论框架内的一次创新，其使用的是标准新古典方法，包括在80年代中期以后开始逐步全面采用博弈论方法，研究制度是如何影响经济绩效的。正因为这种理论上的亲缘性，所以制度研究才能一改美国制度学派那种边缘化状态，成为当代经济学的主流。

但同时笔者也指出这套围绕着“交易成本”概念建立起来的新制度经济学研究所存在的问题，特别是将制度简单地视为一种达到资源配置最优化的工具，制度工具论本质上仍然是去制度化的，和不讨论制度的新古典理论没有任何区别，只是多了些技术分析上的看似颇为复杂的处理而已。这一点早在20世纪70年代，研究包含交易成本的序贯经济的经济学们就已经意识到了，然而时至今日，似乎依然未能引起重视。

所以在本书中笔者提出先生韦森在十余年前已经说过的一个观点，抛弃“交易成本”的制度分析，转向一种深描的经济学研究。但是所谓“深描”，不是说回到美国制度学派那种反经济学的道路上去——依照国内学界有些学者的说法是“经济学革命”，而是仍然使用标准的经济学方法。笔者给出的一种解决方案是基于布坎南和图洛克（Buchanan and Tullock，1999）的成本理论，个人的选择取决于成本，而成本又是主观的，那么主观意义上的成本如何决定？因此需要进一步深入探讨作为制度分析基本单位的行为主体之选择。

为此，笔者在梳理已有的制度理论基础上，给出了一个一般化的制度分析框架，这就是本书第二章的制度界定。该定义的理论依据仍是刘易斯提出的惯例理论（Lewis，1960），并结合塞尔提出的“制度性实在”理论（塞尔，2001），将“制度”作为一种社会事态，分解为三部分来考量：（1）可观察的行为之常规性；（2）遵循行为常规性之具体实践；（3）遵循行为常规性之意向。

在上述定义中，笔者提出制度分析的关键，在于第三点，即行动的主观基础，或者说文化因素。但是由于“主观基础”一词不太容易让人理解，“文化”一词如今又被使用得过于泛滥，以至于含义混淆、分歧严重，因此本书中姑且称之为“观念”，用来表示个人对外在世界的认知模式，并将此种认知付诸实践行动这样一个概念。

从观念入手，方能澄清为何机会成本是主观的。按照目前学界标准的观点，机会成本之所以是主观成本，因为它是一种“预期”，预期是主观的。可是这样一种解释能够解决问题吗？其实并没有。这一点从有关预期的数学处理中就可以发现，其本质上仍然是一种工具论立场。因此尽管自20世纪初开始，主流经济学就强调主观成本，但大多数研究，特别是应用研究，仍然使用的是马歇尔的真实成本理论。

主观成本的核心指向的是行为人对行为所要付出的“代价”的看法，这种看法取决于个人对于行为的认知，认知则来自个人对外在世界的理解，即观念。观念—外在对象—行动，这三要素之间的逻辑关系才是成本主观性的本质。因此，当我们说个人行动的成本不同时，从主观意义上而言，实质是指个人有关行动以及行动所要达到的目的之理解不同。

观念决定了人类社会不是动物世界，更不是一大堆冰冷的数据或者说“客观材料”所堆砌的世界，不应照搬生物学乃至物理学的论证工具来解释人类社会的制度；观念也决定了不同时代、不同社会制度的特质，尽管在具体形式上而言，二者间可能很相似。

所以在本书接下来的部分笔者具体论述了如何从观念角度展开制度研究。第二部分的内容集中于产权的讨论。笔者首先考察了人类学、社会学中所关注的“礼物经济”现象，论证其实质是一种古式社会的产权实践，礼物交换反映的是不存在法权概念这类现代性观念之前提下，古人是如何理解并展开财产权利的实践的。礼物交换下的产权是一种典型的前现代世界的产权制度，与以西方为代表的、现代世界的“正式财产制度”相比，此类产权制度存在两大特征：（1）相对而言权利不完整，或者说“残缺产权”，即此类产权关系的具体实践不同于现代意义上的正式财产规则；（2）以身份等级关系为基础，身份决定权利而非权利决定身份。第三章中着重分析的中国式产权——笔者称为“宗法财产权”，集中体现了上述两大特征。这同时亦佐证了笔者所坚持的方法论原则：东西方经验尽管不同，但二者之间的理论逻辑其实是可以共通的。

本书第三部分的内容主要来自笔者早年的研究：（1）围绕欧洲中世纪的“高利贷”问题阐述观念在社会制度变迁中的影响；（2）论证韦伯命题的形式逻辑，以及由超验的宗教信仰，到“信念伦理”，再到日常生活态度，厘清观念是如何作用于社会制度的。相对来说这部分研究还不是很成熟，如果说这一部分笔者的研究有何新意的话，那么只不过是在应用新材料的基础上，对韦伯当年已研究过的主题做了形式化处理。所以这一部分内容（包括本书附录二），基本上是韦伯理论的重述。

最后，本书的结论可以简短地概括为：（1）制度作为一种人类社会的复杂事态，最关键的特征是其主观基础——观念；（2）但观念不是无本之木、无源之水，不可凭空设想观念能独立地发挥作用；（3）观念内生于制度；（4）研究制度的主观因素，必须基于具体可观测的事实；（5）作为一种意向性，观念的性质之一就是将个人对于外在世界的认知付诸实践；（6）因此可以借由观察特定时期、特定社会中的人们一般化的实践行为来分析蕴含其中的社会观念；（7）也可反其道而行，探究观念对特定时期、特定社会中的人们一般化的实践行为之影响；（8）最终，二者共同形塑了一个社会之行为的常规性，即正式规则和非正式约束。

不过问题到此并没有完结，现有的制度理论，包括笔者在本书中提出的理论在内，均还未能解释一个问题：如何改变制度？

因为依照标准的经济理论，一个社会为何会发生制度变迁，即从既有的均衡漂移到新的均衡，所能给出的无非是两种解释：（1）内生性质变，如文化基因突变；（2）外生性冲击，如地理、环境、技术创新。

但这两种解释均有所欠缺，无法契合于观念与制度之协同演化的内在机制。如果是内生性质变，那么一种创世论般的新观念如何可能出现并被普遍接受？难道只能如韦伯或是布坎南所言仰赖“英雄”式的特殊人物？更为吊诡的问题是，这类“基因突变”在人类社会的历史变迁中是真实发生过的，如雅斯贝尔斯（Karl Theodor Jaspers）所言的“轴心时代”（Achsenzeit），那这又是如何发生的？如果是外生冲击，那么就又回到了制度工具论的老路上，可是问题的关键不是社会遭受了什么样的外生冲击，问题的关键是社会对外生冲击所做的反应，这是笔者坚持的解释立场。因此“深描”的制度研究还有待于进一步的完善。目前所能给出的暂时回答，恐怕还是那句话，“这是人类行为的结果，而非人们有意这么做”（弗格森，2010，第139页）。

“人，如何做出行动，这些行动背后的意义是什么，他人对此又如何理解，并做出反应，这是一切社会科学的元问题。”这是笔者曾经刊于《读书》的一篇书评中所写下的论断。

现在，如果要用一句话来概括本书研究的究竟是什么，笔者的回答是：我想研究的就是上述“元问题”，尽管到现在为止我还未有明确的答案。

附　录

附录一　礼物博弈中的 *ESS*[1]

第一节　对称形式的礼物博弈

首先考察对称形式的礼物博弈，此时参与人A、B之间的区分就不是非常重要，二者之间不存在角色差别。对称形式的礼物博弈中的稳定均衡必定是一项混合策略，因为一项纯策略不可能成为对自身的最优反应。如果有一位参与人选择承担某一固定的损失，那么任何能够承担损失比该参与人要更多——事实上只需要稍微多一些——的参与人，他们的策略都要比该参与人的策略更成功。在这种情况下纯策略不可能形成任何均衡，所以稳定均衡必然是某一项混合策略。毕晓普和坎宁斯（Bishop and Cannings，1978）对称形式的消耗战博弈的稳定均衡给出了唯一性和稳定性的证明。出于分析的目的，笔者不再重复这一证明，仅仅简单推导对称形式下礼物博弈的均衡结果。

描述礼物博弈中均衡的混合策略可以采用投降率的方式（Sugden，2004，p. 67）。如库克船长的例子中，双方僵持了10分钟，那么在接下来某一时间点——很短的时间，比如几秒钟——土著接受赠礼的概率是多少，这就是用时间描述的投降率。令t表示博弈的某一时间点，令$f(t)$为参与人在给定策略下坚持争夺资源时间的概率密度函数，令$R(t)$为参与人在时间t的投降率，得到，$R(t)=\dfrac{f(t)}{1-\int_0^t f(t)\,dt}$。该投降率函数即为博弈参与人的混合策略。

均衡结果是固定的投降率 $R(t)=c/u$，证明如下：

考虑任意一方参与人，其可能的纯策略有两项：(1) $l_i=t$,($i=$A, B)，即选择一直坚持到时间点 t 为止，如果那时对方还不接受赠礼，那么自己便接受赠礼投降；(2) $l_i=t+\varepsilon t$,（$i=$A, B），εt 代表极短的一段时间，即参与人选择坚持的时间比 t 长。现在对参与人来说，面对任何在时间点 t 之前选择接受赠礼继而投降的对手，他上述两项候选策略都同样成功。因此需要考虑的是到了时间点 t 以后仍然坚持对抗的对手。面对这样的竞争者，这时参与人如果选择策略（2），那么假设对手在极短的时间 εt 内仍然不接受赠礼（由于这段时间非常短，根据投降率函数，对手的投降率近乎为 0），该参与人额外承担的预期效用损失就为 $c\varepsilon t$。但是如果对手接受赠礼的话，那么参与人获得资源的预期效用就为 $uR(t)\varepsilon t$，其中 $R(t)\varepsilon t$ 是对手在时间区间 $[t, t+\varepsilon t]$ 内接受赠礼的概率。同样，因为是对称形式的博弈，参与人和他的对手之间不存在差别，所以对于对手来说，上述判断也成立。

这样，参与人的两项策略相对成功与否就取决于 $c\varepsilon t$ 和 $uR(t)\varepsilon t$ 的大小。根据 $R(t)$ 是大于、等于或者小于 c/u，可以得出，“在时间点 $t+\varepsilon t$ 接受赠礼”是比“在时间点 t 接受赠礼”更成功、一样成功或者劣于后者的策略。

现在考虑一项混合策略 S：在任何的时间点 t 有 $R(t)=c/u$——亦即选择固定的投降率 c/u 的策略。根据前面的分析，面对竞争者选择这样的投降率，在任意时间点 t 参与人选择接受赠礼还是继续争夺资源其所获得的效用都是相同的；反之当参与人选择该固定的投降率时，对竞争者而言在任意时间点 t 选择接受赠礼还是继续争夺资源其所获得的效用也都是相同的。也就是说，面对策略 S，所有策略包括 S 自身都是对 S 的最优反应，因此 S 是一项均衡策略。

并且，如果在时间区间 $[t, t+\varepsilon t]$ 内竞争者愈来愈倾向于不接受赠礼，或者反之愈来愈倾向于接受赠礼，无论在何种情形下，面对竞争者的选择，参与人的最优策略仍然是 S。那么策略 S 同时也是不受侵扰的策略，即策略 S 是一项稳定策略。

综上所述，对称形式的礼物博弈的 *ESS* 为参与人选择固定的投降率 $R(t)=c/u$。

然而这一均衡意味着什么呢？考虑时间 $t=0$ 的情况，即参与人在博弈一开始就选择接受赠礼。此时他不承担任何损失，但是预期效用也为 0。由于在投降率 $R(t)=c/u$ 下所有的策略，即选择任意坚持争夺资源时间，都同样成功，均衡策略 S 的预期效用实际上为 0。这也就意味着，经过许多次博弈后，任何行为人从他的胜利中得到的利益正好被失败的损失所抵消。这恰恰就是霍布斯的自然状态：没有人能够长久地从资源争夺战中获得好处。这样的博弈结果就像行为人用毁掉资源的方式来解决冲突一样。[2]

因此，在对称形式的礼物博弈中，没有习俗，没有惯例，更没有产权制度，除了丛林法则：谁愈是强硬，资源就归谁所有。这是霍布斯的自然状态，此时由于“人在身心两方面的能力都十分相等”（霍布斯，1985，第 92 页），最终的结果就是两败俱伤。虽然所有人都知道互赠礼物、互相接受赠礼，会给双方带来更大的好处。但是在对称形式的礼物博弈中，均分资源这样一种结果并不是*ESS*。

第二节 非对称形式的礼物博弈

现在考察非对称形式的礼物博弈。假设:（1）A、B 两名参与人之间出现了角色的差别，其中一个是“所有者”——认为自己已“合法地”拥有该资源，另一个是“竞争者”——认为自己“应当”夺得该资源；[3]（2）在匿名反复博弈中，每位参与人有 50% 的概率扮演“所有者”, 50% 的概率成为“竞争者”。

在非对称形式的博弈中，首先需要考虑一项通用策略。策略 S 改写作非对称形式下通用策略的形式：“如果扮演所有者，以固定的投降率 *c/u* 选择接受赠礼；如果扮演竞争者，也以固定的投降率 *c/u* 选择接受赠礼。”根据演化博弈论，角色之间的非对称性被认为是通过经验习得的过程而获得的，因此在早期博弈过程中，当参与人没有意识到他们之间存在角色的非对称性时，通用策略 S 仍旧是均衡策略。因为面对投降率为 *c/u* 的对手时，参与人选择任意的坚持争夺资源时间，此时任何通用策略都同样成功，都是对策略 S 自身的最优反应，与对称形式博弈下的情况相同。但是由于存在着非对称性，随着博弈的持续进行，当这种非对称性被参与人所意识到时，通用策略 S 逐渐会变得不稳定。

考虑现代社会中一项常见的产权规则：所有者占有其所拥有的

物。该规则可以改写为一项通用策略 K：“如果扮演所有者，总是坚持赠礼；如果扮演竞争者，在时间 $t=0$ 时就投降并接受赠礼。”当出现这样一项通用策略时，通用策略 S 就会受到侵扰，因此无法满足稳定性条件。证明如下：

∵ 所有策略都是对 S 的最优反应，假设 E(· , ·) 为参与人面对某项策略时选择某一项策略的预期效用，

∴ $E(K, S)=E(S, S)$,

∴ 满足均衡性条件，K 是对 S 的最优反应。

又

∵ $E(S, K)=0$, $E(K, K)=u/2$,

∴ $E(S, K)<E(K, K)$,

∴ 策略 K 是比 S 更好的对 K 的最优反应。

证毕。

因此这就意味着策略 S 至少会受到策略 K 的侵扰。只要有一些行为人遵循策略 S，其他行为人都遵循策略 K，那么 K 就是更为成功的策略。随着博弈过程中的经验习得，就会有越来越多的人去遵循策略 K，进而替代策略 S 成为均衡策略。那么策略 K 是否满足稳定性条件呢？

考虑一个比策略 K 不那么坚定的策略 T：“如果扮演所有者，在 $t=t^*$ 时投降接受赠礼；如果扮演竞争者，在 $t=0$ 时投降接受赠礼。”其中 t^* 为任意的大于 0 的值。此时，面对选择通用策略 K 的

对手，选择策略 T 与策略 K 同样成功，即 E（T, K）= E（K, K）。因为选择策略 K 的行为人如果意识到自己扮演的是竞争者，就会立刻接受赠礼，那么对另一方而言，是选择总是坚持赠礼还是选择坚持一段时间都是一样的效果。但是反过来，面对选择通用策略 T 的对手，E（K, T）= E（T, T）。所以策略 K 就不是唯一的最优反应，其不能满足稳定性条件，通用策略 K 仍然会受到其他策略的侵扰，例如策略 T。均衡如果不稳定，处于漂移状态，意味着现实中此类规则会易于崩溃。

哈默斯坦和帕克（Hammerstein and Parker，1982）论证了非对称形式的消耗战博弈中稳定均衡的存在，他们采取的方法首先是假定不同的角色所获得的效用不同：自认为是占有者（possessor）的人比那些挑战者（challenger）的人赢得胜利后的效用要高。给定占有者对资源评价为 u_A，挑战者对资源评价为 u_B；争夺资源造成的损失是每单位时间 c_A 和 c_B；哈默斯坦和帕克（Hammerstein and Parker，1982）假设 $c_A/u_A < c_B/u_B$。其次，两位作者又假定博弈参与人在判断各自角色的时候会偶尔犯错，即谁是真正的占有者谁是真正的挑战者有时候会不明确：自称为占有者的人偶尔会遇见也自称为占有者的人，而自称为挑战者的人偶尔会遇见也自称为挑战者的人。哈默斯坦和帕克（Hammerstein and Parker，1982）最终推导出该博弈有一项稳定均衡：占有者赢得资源，挑战者放弃资源。[4]

该博弈均衡与现代社会的产权规则含义相似，用萨格登的话来说，“占有者和挑战者之间的争议总是以利于占有者的方式解决”（Sugden，2004，pp. 79—80）。但这不符合演化博弈中的制度解释，因为只有一个稳定均衡——不是多重稳定均衡中的某一个。这使得如此的产权规则看上去像是被规定的，确切地说是博弈结构所规定的，而不是演化出来的。因此萨格登修改了哈默斯坦和帕克（Hammerstein and Parker，1982）的论证（Sugden，2004，p. 80，及之后内容）。接下来本节将依照萨格登的方法论证礼物博弈。

萨格登引入了一个概念：信心程度（the confidence level）。[5]这是一个概率值，将参与人对自己角色的认知转化为一个概率问题，即参与人"相信"自己扮演什么样的角色，有多"相信"。在哈默斯坦和帕克（Hammerstein and Parker，1982）一文中，参与人只有两种信心程度：要么全然相信自己是占有者，要么全然相信自己是挑战者。而萨格登将信心程度分解为不同层次：稍微相信、有些相信、比较相信、非常确信，等等。

现在将信心程度引入礼物博弈。博弈双方参与人一方扮演所有者，一方扮演竞争者，但是双方参与人对各自角色的"相信"程度不同，并且同一参与人在博弈的不同情况下的"相信"程度也不同。假设一名参与人可能经验 n 种不同的信心程度，标记为 F_1，…，F_n。假定博弈参与人具有信心程度 F_i 的概率为 r_i，$\sum_i r_i = 1$。令 p_i 为具有信心程度 F_i 的参与人确实是所有者的概率，同时使得 $p_1 < \cdots < p_n$。这意味着参与人的信心程度具有现实作用，因为数值越高表明参与人实际上是所有者的概率越高，而实际概率越高参与人的信心程度就越大，就越相信自己是所有者。

假设存在 n 个时间点 $t_0, t_1, \cdots, t_{n-1}$，其中 $0 = t_0 < t_1 < \cdots < t_{n-1}$。考虑任意一名参与人，其信心程度为 F_i，其对手信心程度为 F_j。假

设对每一个 $j=1, \cdots, n-1$，具有信心程度 F_j 的对手不变地在时间区间 $t_{j-1} \leqslant l \leqslant t_j$ 内选择坚持争夺资源时间，并且具有信心程度 F_n 的对手不变地选择大于或等于 t_{n-1} 的坚持争夺资源时间。这就意味着对手信心越大，坚持争夺资源时间就会越长。

现在假设参与人博弈进行到了时间点 t_{j-1}，而对手还没有接受赠礼，这就表明对手的信心程度为 F_j，…，F_n 中某一个。对手的信心程度为 F_j 的概率为多少？如果 $j=n$，概率值等于 1。因为这时博弈已经进行到时间点 t_{n-1}，任何仍在进行博弈的对手必定具有信心程度 F_n。但是如果 $j<n$，此时概率值为多少？

在时间点 t_{j-1} 时，当对手相信自己是所有者时，可以计算得出他具有信心程度 F_j 的概率为：$r_j p_j / \sum_{k=j}^{n} r_k p_k$；当对手相信自己是竞争者时，他具有信心程度 F_j 的概率为：$r_j(1-p_j) / \sum_{k=j}^{n} r_k(1-p_k)$。因为 $p_j < p_{j+1} \cdots < p_n$，$j<n$，可以计算得出：$r_j p_j / \sum_{k=j}^{n} r_k p_k < r_j(1-p_j) / \sum_{k=j}^{n} r_k(1-p_k)$。这就意味着对手作为竞争者，他具有信心程度 F_j 的概率比其作为所有者时要更高。反过来从他人的角度来看也就是说，具有信心程度 F_j 的人更有可能是竞争者。

这样，如果 $t=0$，对手是所有者的概率为 $1-p_i$；那么对手越不可能是所有者，参与人作为所有者的信心程度就越高。但随着博弈的进行，对手是所有者的概率在增加。同样，当 $t=t_{j-1}$ 时对手越有可能具有信心程度 F_j，即他越可能是竞争者，那么参与人作为所有者的信心程度就越高。[6] 因此可以推出，当对手越不可能是所有者时，参与人的信心程度就越高。

回顾上一节对投降率的定义，对手的投降率就是参与人的获胜率。因此，在时间区间［t_{j-1}，t_{j-1}］内，会接受赠礼并投降的人就是具有信心程度 F_j 的参与者。那么此时参与人的获胜率就是具有信心程度 F_j 的对手的投降率，并乘上对手具有这一信心程度的概率。如前所述，这一概率越大，参与人作为所有者的信心程度就越大。因而，在任意时间 $t < t_{n-1}$，参与人作为所有者的信心程度越高，他的获胜率就越大。

所以均衡策略为S。在博弈的第一阶段，投降的参与人是那些信心程度为 F_1 的人，他们的投降率是，让那些具有信心程度 F_1 的参与人的获胜率为 c/u；博弈第二阶段，投降的参与人是那些信心程度为 F_2 的人，他们的投降率是，让那些具有信心程度 F_2 的参与人的获胜率为 c/u；依此类推，在博弈的最后阶段 $t = t_{n-1}$，此时仅剩下那些信心程度为 F_n 的参与人。此时和对称形式的礼物博弈一样，以固定的投降率 c/u 选择投降接受赠礼。因此这些参与人的获胜率都为 c/u。

策略S是否是均衡策略？考虑一名具有信心程度 F_i、其对手都遵循策略S的参与人。如果他选择坚持到底，那么他的获胜率是多少？到时间 t_{i-1} 为止，接受赠礼的参与人都不如他自信，因此他的获胜率恒大于 c/u。从 t_{i-1} 到 t_i，接受赠礼的参与人和他一样自信，因此他的获胜率恰好等于 c/u。从 t_i 往后，接受赠礼的参与人比他更自信；因此他的获胜率绝不会大于 c/u。[7]

因此，根据上述参与人的获胜率是大于、等于或者小于 c/u 的情形，可以发现：参与人选择至少到时间点 t_{i-1} 才接受赠礼并投降是有利的。因为在时间 $t < t_{i-1}$ 的博弈阶段，他的获胜率恒大于 c/u，此时选择坚持下去才是更为成功的策略。而从 t_{i-1} 到 t_i，他选择任何坚持争夺资源的时间都同样成功。但如果参与人的信心程度 F_i 小于 F_{n-1}，那么经过了时间点 t_i，他再坚持下去必定是不利的，因为他的获胜率小于等于 c/u。这就证明了策略 S 是对其自身的最优反应——即要求信心程度为 F_i 的参与人在时间区间 t_{i-1} 到 t_i 之间选择坚持争夺资源时间；对具有这一信心程度的参与人而言，这是对遵循策略 S 的对手的最优反应。

不过同样，策略 S 也不是稳定均衡，因为任何信心程度为 F_{n-1} 的参与人获胜率从来不会低于 c/u。这就使得他们有可能把坚持的时间延长到 t_{n-1} 之后。

使得策略 S 变为稳定均衡的方法就是不再假定有限数目的信心程度，而是将其改为一个连续变量，概率值 p。参照萨格登的证明（Sugden，2004，p. 89），对每个 p 值，都存在着唯一的坚持争夺资源时间 $l(p)$；较高的 p 值与较长的坚持争夺资源时间相关。对一个信心程度为 p 的参与人而言，直到 $l(p)$ 为止，获胜率大于 c/u，在 $l(p)$ 时正好等于 c/u，之后小于 c/u。这样 $l(p)$ 对信心程度为 p 的参与人而言是唯一最优的坚持争夺资源时间。因此这一均衡策略 S 是对其自身唯一的最优反应：它是稳定的。

因为上述分析皆从所有者的角度出发，所以这一均衡策略表明了所有者的产权惯例：如果是所有者，坚持争夺资源直到对手投降并接受赠礼。反之如果从竞争者的角度出发，也可依据相同的逻辑推出另一均衡策略：如果是竞争者，坚持争夺资源直到对手投降接受赠礼。而产权制度，即 *ESS*，就是两项均衡策略中的某一项。

附录一注释：

1. 有关演化稳定策略（*ESS*）的数学表达式，参见：Sugden（2004，pp. 26—30）。

2. 这正是人类学材料中某些夸富宴所导致的结果，参见：莫斯（2005，第 71 页）。

3. 按照演化博弈论的观点，非对称形式中的这种区别仅仅是“标签”性质的。也就是说，并非真的存在“所有者”和“竞争者”这两类人，否则的话就是逻辑陷阱：假定规则形成之前该规则就存在。“非对称”仅仅意味着当参与人对于特定资源归属问题的主观认知不同时，就可认为存在差别。因此所谓的“所有者”可能只是参与人单方面自认为该资源“应当”归自己所有而已，而不是指依据某项财产法律规定了所有权人。

4. 具体证明参见：Hammerstein and Parker（1982）。

5. 事实上就礼物博弈的情形而言，用“信念程度”（the belief level）这样的表述可能更好些，但这并不影响结论。

6. 注意，具有信心程度 F_j 的参与人也是在该时间段内最缺乏自信认为自己是所有者的参与人。

7. 根据萨格登的证明，严格说是到 t_{n-1} 为止其小于 c/u，过了时间 t_{n-1} 之后正好等于 c/u。

附录二　浅述传统中国社会中的宗教与制度

子贡问政。子曰："足食，足兵，民政之矣。"

子贡曰："必不得已而去，于斯三者何先？"曰："去兵。"

子贡曰："必不得已而去，于斯二者何先？"曰："去食。自古皆有死，民无信不立。"

——《论语·颜渊》

圣人以神道设教，而天下服矣。

——《易·彖上》

观念与制度之间的关系可以简单概括为：一个社会的制度必然与该社会的主流观念相契合。作为社会意识形态中最为重要的一部分内容，宗教信仰为社会制度之有效运行提供意识形态基础，而反过来相应的制度则选择着相应的信仰。

笔者并不认为：观念创造制度。相反，有理由认为：观念从不"切实地"创造制度。只是，现实制度倘若要行之有效，那么其在任何时候、任何情境下都无可避免地要以一种为社会意识所认可的形式表现出来。而当宗教表达了社会中个人普遍遵循的一种思维模式、一种直觉上共同的伦理要求的时候，宗教与制度之间就出现了一种必然的同构性：每一种社会制度，都需要有一种因与其意见一致而相互结合的宗教信仰。[1]仅在此意义上可以说，有什么样的宗教，就有什么样的制度。

在制度演化的图景中，宗教与制度的关系更明确地说是通过政治、经济与文化三要素之间的互动关系而体现出来的。这其中既包括了直接的影响——即宗教对相应的政治制度、经济制度的型构、演变的影响，亦包括更为重要的间接影响——即宗教信仰对于一个社会、一个民族之精神气质的塑造，进而影响相应制度的演化。后者正是本文所关注的重点。

因此笔者循着韦伯在《中国的宗教——儒教与道教》（*Konfuzianismus und Taoismus*，1915）中的论证作为本文的分析理路，首先概览传统中国社会主体经济形态和宗教形态的诸特征；而后再对学界针对韦伯关于中国宗教伦理与资本主义商业精神的回应进行分析；进而尝试指出皇权体制在中国社会宗教和经济中的显著特征，并尝试简略考察其间的关系；最后给出本文的结论。

第一节　中国的经济

“家给人足，居则有室，佃则有田，薪则有山，艺则有圃。催科不扰，盗贼不生。婚媾依时，闾阎安堵。妇人纺绩，男人桑蓬。臧获服劳，比邻敦睦。”

这是记录在1609年《歙县志》中的一段话，执笔者是当时的知县张涛（转引自卜正民，2004，第1页）。张涛在写这段话的时候生活在17世纪的第一个十年，此时的中国已然卷入了商业经济的大潮。然而根据卜正民（Timothy Brook）的考察，张涛的这番话却是在重复着明初洪武皇帝的理想蓝图，“由少数德高年长的优秀分子管理下的自给自足的乡村社会，轻徭薄赋、精员减政”（卜正民，2004，第3页）。但这不仅仅是明太祖朱元璋时代的理想。回溯历史，远在洪武皇帝之前，《汉书·昭帝纪》中就记录着，“轻徭薄赋，与民休息”。

或许可以说，上述重农思想不过是道家理想的反映，“甘其食，美其服，安其居，乐其俗。邻国相望，鸡犬之声相闻，民至老死不相往来”（《老子·第八十章》）。可是在中国社会两千多年的历史长河里，同样的思想反复出现在帝皇的治国策略中，不断表述着至少是皇权期望民众所憧憬的理想生活。那么这一重农思想就不再只是一种理想，而是折射出传统中国社会的主体经济秩序：农业经济。无怪乎太史公将老子这段话置于《货殖列传》的开篇，并且加上四个字——“至治之极”（《史记·货殖列传》）。

所以笔者认为，中国历史上的主体经济形态，是皇权体制下以商品经济为辅的小农经济。

《易·系辞传》有言：“包牺氏没，神农氏作，斫木为耜，揉木为耒，耒耨之利，以教天下，盖取诸益。”据此，吕思勉先生认为，“我国数千年来以农立国之基，肇于此矣”（吕思勉，2005，第2页）。及至后世，凡言治国富民思想必论及重农。如《管子·治国》所言，“凡为国之急者，必先禁末作文巧，末作文巧禁，则民无所游食。民无所游食，则必农。民事农则田垦，田垦则粟多，粟多则国富，国富者兵彊，兵彊者战胜，战胜者地广。是以先王知众民、彊兵、广地、富国之必生于粟也，故禁末作，止奇巧，而利农事”。

不过另据史家考证，农业经济真正成为中国的主体经济形态，可能要迟至两汉之后。战国时期，虽有众多思想家言及重农，但却“始终存在一种极大的可能性，即发展出一种主要以城市为中心的经济生活，而不是以乡村为基础的农业经济”（许倬云，2005，第3页）。自秦商鞅变法，才将农本思想切实执行。汉承秦法，从汉代至近世，精耕农业遂成为中国农村经济的特色（许倬云，2006d，第404页），历两千年不变。这一经济形态的形成，根据许倬云先生在《汉代农业》中的分析，分别是由于人口和土地压力、经济压力、国家经济政策以及现实生态环境和农业技术几方面因素共同促成的（许倬云，2005）。

然而，尽管承认中国的农业经济为主体经济形态，不同学者的关注点也颇为不同。黄宗智关注的是“小农经济问题”，即“是在一定程度上直接为自家消费而生产的单位”（黄宗智，2000a，第1页）；而施坚雅（William Skinner，1964；1965a；1965b）以及许倬云等学者则着重于考察围绕着农业经济而形成的市场交换与市场网络，即许倬云（2005，第148页）所言的“重商性农业经济”。虽然各位学者的着眼点不同，但笔者认为其实都道出了中国农业经济的特征，即小农经济与商品经济并存。前者暂且放到后文论述，先来审视中国传统社会的商品经济与贸易。

尽管农业是中国经济的基础，但确实如赵冈和陈钟毅（2006b，第429页）所推测的，独立的小农户经济单位很难真正做到自给自足，因此中国传统社会的商品贸易自古就存在。《易·系辞传》在述及农业为本之后紧接下来就提及“日中为市，致天下之民，聚天下之货，交易而退，各得其所，盖取诸噬嗑”，这就表明中国农业自古以来就需要商品贸易相辅助。春秋时期的客观环境使得商业贸易的地位逐渐重要起来，甚至已出现一些富商大贾势力可与贵族相较高下，例如弦高犒秦师、郑桓公与商人互相盟誓以及子贡鬻财于曹、卫之间（瞿同祖，2003b，第244页）[2]。但是由于当时商人从身份上而言仍然属于封建贵族之家臣（李剑农，2005，第一卷，第72页；许倬云，2006a，第14页）；并且当时的商品贸易还只是限于互通有无的层面，如《国语·齐语》所载，“服牛轺马，以周四方，以其所有，易其所无”；此外更为重要的是当时货币体制尚未真正确立，贸易仍以实物交换为主（李剑农，2005，第一卷，第71页；许倬云，2006a，第14页）：因此春秋时期商业虽已开始盛行，但真正的繁盛要到战国时期。[3] 战国时期，中国历史上出现了第一次商业繁荣景象（许倬云，2005，第33页），货币经济形成，工商业者也逐步摆脱了封建贵族的控制，获得独立地位。但战国时期的商业繁荣却并没有促使中国走上一条以城市经济为中心的发展道路。及至汉代，得益于汉初施行的“轻徭薄赋，与民休息”鼓励农业发展的政策，带来了商业经济与市场贸易的又一次繁荣，如《史记·货殖列传》所描述的：“汉兴，海内为一，开关梁，弛山泽之禁，是以富商大贾周流天下，交易之物，莫不得其所欲。”汉初的商业贸易延续并发展了战国时期的繁荣景象，区域间贸易以及专门化的分工经济更为发达，[4]因此“斯密动力”（the Smithian Dynamics）在当时已经出现。[5]但是于汉代政府而言，商业的繁荣似乎并不是其所意欲的结果。因此，一方面是采纳黄老之术，实行“拱己无为”的不扰民政治方略；另一方面又采取重农抑商的政策，[6]商业贸易的地位衰落，只能附着于农业经济之发展，这样就逐步形成了一套为精耕农业服务的商品经济系统，并成为中国之后数千年的经济形态。这一商品经济系统以农舍工业为商品生产基地，依托于精耕细作的小规模集约经济，通过逐级集散交易网络——例如定期或不定期开放的市集，依赖相应的道路系统，形成商品贸易的经济共同体（许倬云，2005，第148—149页；许倬云，2006c，第81—85页）。

此后，中国的商业贸易一直在这样一种农业经济体制下艰难而顽强地发展。但即便如此，“斯密动力”仍然存在，经济仍然有所增长，甚至有学者认为中国在公元1000年时期的宋朝就已逼近了现代世界的大门（黄仁宇，1997，第128页）。在历经唐、宋、元时期数次兴衰之后，到明代中国的商业经济又再度进入了繁荣时期。明朝初年朱元璋的重农经济政策与汉初统治者们十分相像，[7]而其结果竟也似与汉代。洪武时期致力于恢复经济的措施使得农村秩序得以重建，但是却并没有带来皇帝期待的理想图景：把农村重建为一个封闭的、保证耕者有其田的平均主义小农社会体系。朱元璋似乎只是关注各个阶层的分离，设想将商业与农村分离，商业只局限于城市范围（卜正民，2004，第68页）。但是他没有注意到自汉代以来形成的经济体制已经将农村摆到了商品最基本的来源地的位置上。再加之洪武时期的政府对商人管理并不十分严密，对商业贸易也没有设立专门的监控服务机构（卜正民，2004，第68页），这反而刺激了明初商业的发展。到明中叶，中国的商业贸易已经十分繁荣：交易网络发达——15世纪之交，所有县治都有永久性市场（卜正民，2004，第73页）；贸易兴盛——特别是海外贸易的繁荣。[8]在市场与贸易得到发展之后，相应的商品生产分工进一步扩展。明时最为重要的产业之一纺织业，开始从为家庭所需生产转向为市场生产：丝织业出现专业化的丝绸生产分工和作坊工业（卜正民，2004，第122页；许倬云，2006c，第236页）；棉织业的生产也越来越专门化，北方产棉，南方则产棉布，相互分工（卜正民，2004，第122—124页；许倬云，2006c，第236—237页）。

明代商业经济的发达，也引起另一个中国经济史学界长期关注的问题，即"资本主义萌芽"。而这一问题在某种程度上而言其实也正是韦伯研究中国宗教的出发点。

大凡普通读者阅读韦伯的《中国的宗教》可能都会有些觉得奇怪，这部从书名来看似乎是研究中国宗教问题的著作为何开篇不谈宗教，而是先谈"货币制度"（韦伯，2004a，第29—42页）。事实上这正是韦伯研究中国宗教的目的，即冠名以"世界诸宗教之经济伦理"之下的一系列著作的目的：宗教与社会经济之间关系的发展与演变，特别是西方所特有的资本主义——理性资产阶级资本主义——为何只是在基督教社会中诞生。因此，韦伯首先从经济角度观察中国社会，并得到两个基本事实：货币与人口（韦伯，2004a，第42页）。货币经济的迅速发展，贵金属的大量增加，却并没有激发出资本主义的现象。明万历年间中日合法与非法的贸易、葡萄牙人与中国、日本大量的贸易往来，致使白银持续不断输入中国。然而白银的涌入尽管为商人带来巨大的财富，却并未形成有效的资本积累，相反引发一系列的经济问题，传统经济处于瓦解的边缘，新经济仍未形成（史景迁，2005，第20页）。而人口问题一直以来是中国社会经济发展的一个重要问题。汉代精耕农业的形成因素之一就是人口压力。但是，由于人口压力而形成的精耕农业又特别需要大量的劳力投入。这样，人口的增长便成为中国社会安定的标志。明清时期中国经历了人口的巨幅增长，14世纪中国人口大致超过了6500万（何炳棣，1989，第9页）。有些学者认为这一数字仍是保守的，真实数字或许接近7500万（卜正民，2004，第15页），甚至8000万（史景迁，2005，第93页）。到18世纪末期，这一数字超过了3亿（何炳棣，1989，第278页），增长了四倍多。仅仅乾隆在位的60年间人口就增长了两倍（何炳棣，1989，第277—278页）。商品经济发展形成的斯密动力和人口急剧增长出现的"马尔萨斯陷阱"同时存在的状况，使得传统中国社会的经济形态变得更为复杂。毫无疑问，商业的发达和市场的扩展，斯密动力在明清时期的中国社会中普遍存在，这也是促使人口迅速增长的原因。但是，"在明清时期的中国，即使在斯密型动力创造了经济变化的同时，不断增加的人口迁往生产条件较差的地方，从而减弱了斯密型的经济成长所带来的积极影响"（王国斌，1998，第16页）。

然而不管怎样，无论是货币因素还是人口因素，似乎都并不是造成传统中国社会无法出现资本主义的关键。尽管由于客观条件的限制，韦伯对于中国的经济史材料把握有些不甚准确，但是他仍发现，"以资本主义的发展之特性来说，中国与西方的社会在'物质的'条件上并无重大的差别"（杨庆堃关于《中国的宗教》所写的导论，参见：韦伯，2004a，第 344 页）。这一点也是近年来诸多中外经济史家所持有的观点。例如著名汉学家谢和耐（Jacques Gernet）在其《中国社会史》（*Le Monde Chinois*，1990）中就认为"中国在 18 世纪进入了一个繁荣昌盛的时代，这应归功于其农业、手工业和贸易的史无前例的发展高潮。它以其生产以及内部交易的数额之巨而身居世界诸民族的首位"（谢和耐，1995，第 397 页）。仅就人口增长而言，谢和耐认为中国和同一时期欧洲各国一样也摆脱了马尔萨斯陷阱，人口出现较大幅度增长，并且比欧洲增长更快。[9] 同样，以彭慕兰（Kenneth Pomeranz）、王国斌、李中清、王丰等为代表的"加州学派"（the California School）历史学家们，以及李伯重等国内经济史学家，也认为 16—19 世纪前中国经济状况与欧洲相比存在诸多相似之处。特别是彭慕兰在其《大分流：欧洲、中国及现代世界经济的发展》（*The Great Divergence: Europe, China, and the Making of the Modern World Economy*，2000）一书中指出，在 19 世纪之前，东方和西方在生活水平、经济因素中占关键地位的劳动生产率、重要日用品市场、消费能力、农业与工业发展、要素市场等方面并无太大差别，中国与欧洲的分岔是 19 世纪之后才出现的（彭慕兰，2003）。[10] 王国斌着重探讨了欧洲与中国的工业化进程，欧洲的农村工业在 17、18 世纪出现重要发展，并成为 19 世纪经济变化——从原始工业化到城市工业化——的先兆，中国古老的农村手工业从16世纪开始也出现原始工业化。这样，“1800年前，工业生产从未在欧洲经济活动中占有很大比例；但在1800年以后，却具有重要的意义”（王国斌，1998，第32—41页），欧洲与中国的农村工业存在相似性。李伯重（1999）侧重于明清市场的研究，发现早在明清时期，中国就形成了全国性市场，它为全国经济中心江南所提供的广阔市场，连当时拥有广大殖民地的英国也不能与之媲美，因此中国江南地区与英国相比在市场发达程度上并不存在明显差异。而国外学者对于17—19世纪西欧与中国250个市场谷物价格的协整分析也发现，直到18世纪晚期，中国与西欧的市场总体运行情况是相当的（Shiue and Keller, 2007）。

不过上述所有这些关于近代欧洲与明清时期中国相似性的观点，似乎都只是说明当时二者之间经济绩效的相近，却并不能代表中国与欧洲处于相同的经济形态。也就是说，从前述史学家所列出的证据来看，尽管在19世纪之前中国和欧洲相比经济发展相近甚至更好，但是这一绩效比较是基于不同的发展路径，如谢和耐所认为，“远东的社会不曾落后过西方社会，只不过它们走了另一条道路”（谢和耐，1995，第398—399页）。而这种发展路径的分岔，早在19世纪之前就已出现，正因为中国与欧洲走上了不同的道路，因此到19世纪之后东西方差距开始日益显著。

经济绩效的相近只是表明增长量的接近，却未必意味着经济发展，因此黄宗智的观点或许更准确些，中国经济自明末以来有增长无发展，即“内卷化增长”（involutional growth，黄宗智后期又将其译作“过密化增长”，2000a；2000b）。当一个社会出现内卷化增长时，无论其经济绩效如何，最终必然会面临其经济、政治以及其他社会制度所允许的增长极限。[11] 这也许正是斯密有关中国的那段著名评论之真正含义：“中国一向是世界上最富的国家之一，就是说，土地最肥沃，耕作最精细，人民最多而且最勤勉的国家之一。然而，许久以来，它似乎就停滞于静止状态了。今日旅行家关于中国耕作、勤劳及人口稠密状况的报告，与五百多年前视察该国的马可·波罗的记述比较，几乎没有什么区别。也许在马可·波罗时代以前好久，中国的财富就已完全达到了该国法律和制度所允许的发展程度。”（斯密，1972，上卷，第 65 页，译文参照格拉斯哥版《斯密全集》做了少许改动）

斯密的论断完全可以与韦伯相参照。韦伯通过对中国经济、政治、行政、法律，等等社会制度的研究，也得出结论认为资本主义制度无法从中国社会内部出现。究其原因，不只是经济史学家所关心的那些物质因素，“在西方产业里找到其独特据点的、理性的经营资本主义（der rationale Betriebskapitalismus），在中国不仅因缺乏一种在形式上受到保证的法律、一种理性的行政与司法而受到阻碍，并且也受阻于俸禄的体系；而基本上，是缺乏一种特殊的心态（Gesinnung）。特别是根植于中国人的‘精神’（Ethos）里，而为官僚阶层与官职候补者所特别抱持的那种态度，最是阻碍的因素”（韦伯，2004a，第 161—162 页，着重标记为原文所加）。

第二节　中国的宗教

韦伯在做出如上论断之后开始研究抱持这种心态的阶层——士，进而触及儒教问题。不过在讨论韦伯的具体论证之前，首先需要面对的是这样一个问题：中国社会究竟有没有宗教？

“中国的语言里没有特别指‘宗教’（Religion）的字眼。有的只是 1.‘教’（Lehre）——士人学派的（教）；2.‘礼’——在本质上并不分辨其为宗教性的或因袭性的（礼）”（韦伯，2004a，第 210 页）。韦伯尽管没有直接提出疑问，但上述评论无疑表达了其对中国社会宗教性的一种看法。受到西方基督教文明的影响，近现代有相当一部分国内外学者都持有中国社会非宗教性的观点，国内学者例如梁启超、胡适、梁漱溟等皆认为中国是没有宗教的国家，中国人不具有宗教性。而做出这一论断的理由，梁启超先生的观点可以认为颇具代表性（参见：Yang，1961，p. 5）：一是因为不存在宗教教义；二是因为没有教会。

然而作为一名生活在中国社会——无论是传统社会还是当前社会——的普通人而言，要说中国不存在宗教，从直觉上来说似乎又是不可想象的。种种宗教现象遍布中国社会的方方面面，直到如今依然如此。根据杨庆堃的研究，宗教在中国社会具有强大的影响力（Yang，1961，pp. 6—20）：首先，中国民间寺庙数量惊人，据一些民间抽样调查的数据，20 世纪之前中国农村平均每百人即有一座庙；其次，庙宇的功能繁多，从家庭整合到国家维护，从道德秩序到经济利益，几乎无所不包；再次，中国的宗教渗透入中国人日常行为的方方面面，衣食住行、婚丧嫁娶无不有宗教信仰的痕迹；最后，在中国传统文化体系中，从知识分子的史学、哲学到平常大众的小说文艺，都受到宗教文化的影响。

这或许就是中国宗教最让人疑惑的地方，其经验现实与西方正统宗教理论不符。这种背离实际上突显了中国宗教的特质。

第一个特征就是宗教地位的模糊性。确实，在传统中国社会难以找到如西方社会那样的高级宗教——拥有体系化的仪轨、教义和教团组织，甚至早已融入中国社会的汉传佛教也显示出明显的中国宗教那种分散性特点。

中国宗教第二个特征：古老的原始宗教信仰、高级的一神信仰、以人为中心的理性信仰可以同时并存。如钱穆所言，"古代的中国人信仰上帝，可说是一种'一神教'"，而至春秋以后"天道远，人道迩"(《左传·昭公十八年》) 的思想逐渐传播开来，孔子更是去天道以人道代之（钱穆，1996，第 348—349 页），"子不语，怪、力、乱、神"(《论语·述而》)，这意味着中国宗教信仰早在先秦时代就转变为具有一定理性化程度的产物。但另一方面，中国宗教的原始性质并未去除——"敬鬼神而远之"(《论语·雍也》)，自然信仰、祖先崇拜、占卜以及祭祀等原始宗教的核心内容长时间、广泛地存在于中国社会的宗教之中，特别是民间信仰之中。[12]根据这一特征，有必要区分官方信仰与民间信仰，分别考察之。[13]

中国的官方信仰自魏晋之后以儒、释、道为代表。儒家由于其特殊性后文再论，先简述佛教与道教。

佛教是外来宗教，因此韦伯在讨论中国宗教时并未加以论述。

然而佛教在中国兴起之意义却不容低估。其极大地改变了当时中国社会宗教的性质，儒家受到佛教极大的影响（Yang，1961，p. 17，124），而道教在发展过程中面对佛教的竞争也在很大程度上模拟了佛教的制度、教义和组织形式（谢和耐，1995，第169页）。发源于印度的佛教先是西传，之后经犍陀罗传入中国，以大乘佛教为主，逐渐适应了中国社会而得以流行，并一度成为帝王将相的官方信仰。早期佛教传播中表现为一种巫术仪式，上座部佛教将仪轨部分加以强化，迎合了民间群众的信仰需要（Yang，1961，pp. 117—119）。[14]然而佛教之所以能够在中国弘扬，变为制度化的官方信仰，更重要的是其能够与儒家思想相融合：佛法主张自力，与儒家相同；佛法主张救世不主张出世，亦与儒家积极入世思想相连[15]（钱穆，1996，第363—364页）。因此在思想层面上汉传佛教就适应了中国原有的宗教信仰。这样，通过仪轨和虔诚以及教理和哲学，佛教得以在中国扎根（谢和耐，1995，第172页）。同时呈现出中国宗教的特色：出家人和世俗人之间的统一，世俗界和宗教界的结合（谢和耐，2004，第236页）。

道教是中国的本土宗教，脱胎于中国本土的原始信仰。杨庆堃认为道教兴起的社会基础是“以一种普世的手足之情来替代正在崩溃中的社会和政治秩序”（Yang，1961，p. 114）。道教常常与先秦的道家联系在一起，但是老庄思想其实是一种“消极的、无为的反神论”（钱穆，1996，第350页）。因此就宗教方面而言，相较于道家思想，道教与儒家、佛教的关系其实更为紧密。汉代道教从阴阳家发展而来之时便已吸收了大量儒家思想，在与佛教几个世纪中的冲突竞争中更是“吸取佛教的教义、戒律、仪式等以为己用”，“三教合一”是道教的一贯主张。不过道教对于中国宗教的最重要意义则应该在于其发展了中国本土的原始宗教，为中国原始宗教增添了许多人格神，并且借鉴佛教与儒家的体制系统化了原始信仰（Yang，1961，pp. 114—115）。然而，这也决定了道教本身的性质既具有制度化宗教的特征，也包含原始宗教的诸内容。

纵观中国佛教和道教的兴起，可以发现二者都形成于世俗社会秩序失控、儒家思想控制力渐弱的时代，出现于“面对普遍的社会和经济灾难，人民对原始宗教和儒家学说的神圣权利的信仰开始动摇”（Yang，1961，p. 119）的情境之下。这与欧洲古代社会崩溃时基督教取代原始宗教的情形十分相似。但是，无论佛教还是道教，在传统中国社会显然都并未取得基督教在中世纪欧洲的地位，更未能形成一种能够垄断社会意识形态权威的制度性宗教。

与佛教、道教相对应的，则是遍及中国社会方方面面的民间信仰。佛、道这些制度性宗教在中国相对弱势的地位由于无处不在的民间信仰而显得更为突出。中国的民间信仰是由各式各样的大众宗教（popular religion）所构成的。前面提及的中国宗教模糊性的部分原因正是由于这些无所不在的大众宗教。因为这些大众宗教常常缺乏正式的仪轨、系统的教义，教团组织和制度亦很模糊，以基督教文明的立场来看，往往会将其与迷信混为一谈——现实中二者也确实经常混同。然而国外学界已经越来越开始重视中国的大众宗教，因为倘若中国宗教仅仅指儒、释、道三家的话，显然是远远不足的，三家的“观念和方式长期以来显然是中国社会中最有文化、最有势力的阶层特意自觉地保存下来的"（韦思谛，2006，第1页）。中国民众的信仰存在于形形色色的大众宗教之中。大众宗教，在此采取一种简单的定义，即"与精英层相对的下层阶级的宗教"（韦思谛，2006，第3页）。大众宗教反映了中国民众的实际宗教行为和意识。然而纵观中国的大众宗教，[16]就会发现，所有大众宗教都摆脱不了与佛教、道教以及儒家思想的干系，或者可以说只是三家思想的通俗化与糅合——当然侧重程度各有不同。[17]并且这些大众宗教更是与中国世俗制度中种种宗教属性——即分散性宗教——紧密关联，特别是许多大众宗教是对某些世俗制度的宗教性质替代（Overmyer，1981）。而这些与世俗制度相关的宗教面向，长期以来就被认为是儒家思想的重要贡献。

最后来考虑儒家的问题。正如杨庆堃所言，"儒学一直以来被认为是中国文化的决定性因素。其为根本的中国制度——上至国家，下至家庭——奠定了建构原则并提供了关键性的行为价值"（Yang，1961，p. 244）。然而儒学的宗教性问题，从中国新文化运动开始就成为一个疑问。[18]韦伯也只是认为"儒教"只是"士人之教"（Lehre der Literaten）而已（韦伯，2004a，第210页）。杨凤岗（2008）引用季羡林提出的宗教"四要件"——有神、有戒约、有机构或组织、信徒崇拜信仰，认为"西汉皇朝罢黜百家，独尊儒术，儒学被改造成为基本具备了四个条件的准宗教（quasi-religion）而非完备宗教（fully developed religion）"。这实际上反映出儒家思想中所蕴含的宗教面向，特别在儒学大一统之时，这种宗教面向就表现得更为明显，"西汉儒家，几乎组织了一个宗教：有教主，有经典，有启示，也有教士”（许倬云，2006c，第 88 页）。儒家思想的这一宗教面向或许并非其所意欲的重点，但在传统中国社会这样一种缺乏制度性宗教的特殊环境下，儒家思想的承当者也不得不体现出一种“宗教承当的精神”。所以本文采取杨庆堃的观点，在理性教化与情感态度这一意义上将其视为一种信仰（Yang，1961，p. 244）。

“儒家”还是“儒教”这一困惑深刻地反映出儒家思想的特征，进而映射出整个传统中国社会宗教形态的特征，即理性信仰与原始信仰的并存以及对此世的注重。首先不能否认儒家思想的理性主义特征。就宗教面向来看，这种理性信仰甚至达到一种高度“现代化”的水平。前文已经指出，春秋以后“天道远，人道迩”（《左传·昭公十八年》），孔子以后的儒家思想将思考内在化为人性本身，“天命之谓性，率性之谓道，修道之谓教”（《礼记·中庸》）。这与现代世界继宗教改革之后面向个人的理性信仰转向十分相似。然而孔子又把“事人”置于优先的位置，“未能事人，焉能事鬼”，“未知生，焉知死”（《论语·先进》）。这使得儒家思想不可避免地体现出一种明显的“此世”倾向。如韦伯所认为的那样，“儒教完全是入世的（innerweltlich）俗人道德伦理。并且，儒教是要去适应这个世界及其秩序与习俗”（韦伯，2004a，第 220 页，着重标记为原文所加）。因此，“儒教总是弥漫着一股绝对的不可知论以及根本上的否定气氛，反对任何对于彼世的冀望”（韦伯，2004a，第 211 页）。在杨庆堃看来，儒家思想过早地将信仰理性化的过程使其虽然具有理性主义的特点，但是其理性程度却又不够彻底（Yang，1961，p. 246）。其在面向人性本身的同时，对原始信仰持一种不置可否乃至加以利用的态度。例如孔子虽然说不言鬼神，但是其并没有否定鬼神，而是对超自然力量持一种谨慎的保留态度。也就是韦伯所认为的“儒教一点也不曾企图要在伦理上理性化既有的宗教信仰”（韦伯，2004a，第236页）。这就为儒家思想的宗教化以及其他各类宗教的儒家化留下了充分发展的空间，这或许就是为什么绝大多数宗教在中国的传播都无可避免地会被中国文化同化的原因之一。

儒家的这一态度，以及儒家思想作为中国制度之根本的地位，使得中国社会的宗教显示出一种去中心化模式，即“宗教普遍地通过分散性宗教的形式服务于世俗社会制度，来强化其组织。宗教通过将自身渗透入世俗社会制度之中，其神学、神明以及仪式从传统社会的制度结构得到支持……”（Yang，1961，p. 340）。

知晓了中国宗教的这一特征之后，便可理解儒家思想之于中国宗教的意义以及韦伯对于中国宗教洞察之深刻。接下来，通过学界对于韦伯观点的回应，来比较分析儒家思想与中国经济制度之关系。

第三节　儒家伦理与资本主义精神

韦伯从宗教伦理角度出发，探讨资本主义为何不能在传统中国社会生成，其所做的分析对东西方学术界影响甚深，卜正民（2005，第171页）认为哪怕在中国马克思主义史学界中韦伯的痕迹仍然是无处不在。然而，在有了东亚地区经济增长经验之后，学术界也开始对韦伯所论述的儒家经济伦理问题提出疑问。杜维明等人便重新审视了资本主义因素在中国的发展历史并予以概念化（卜正民，2005b，第 171 页），比如中国中唐和宋之后新禅宗和新道教出现的“入世”转向；宋明新儒家的超验世界观念以及明清儒生的“治生”论等。

关于中国传统文化的资本主义精神问题，可参见笔者早年的论文（方钦，2010），在此不再展开论述。笔者只要简单指出，从文化角度来讨论“资本主义萌芽”问题，与许多经济史学家所做的努力一样，都试图为传统中国社会建构起卜正民所言的“资本主义的历史”（Brook，1995）。可问题是此类移植概念和理论与本土经验相结合的分析方式，是否果真如其所认为的那样，得到的是与韦伯大相径庭的结论呢？事实上，韦伯早已指出中国在战国时期就出现过一种由国与国之间的竞争而引发的商人资本主义，只是近代形式的资本主义关系从未在中国出现过（韦伯，2004a，第 137—138 页）。[19] 资本主义精神与一般的商业精神不同。本书第六章已对韦伯意义上的资本主义精神做出了界定，即：（1）追求金钱的活动本身就是目的；（2）这种对利润无止境的追求，却是一种具有伦理内涵的时代的精神气质；（3）其中的伦理内涵体现在这种精神本身所具有的神圣气质之中；（4）这种神圣气质，集中表现为天职观念；（5）资本主义的这种精神气质就表现为在无限追求利润的同时又克制自身的欲望，从而内在地与一种禁欲主义的倾向联结在了一起。资本主义精神是一个内在契合的逻辑体系，单单只具有其中一个或数个要素并不能构成资本主义精神；并且即便具备了全部要素，要素之间不同的逻辑关系也可能呈现出不同的信念伦理。

因此对于此类观点，笔者仅仅想提出几个疑问。首先，儒家自诞生之日起便可谓是入世之教，其并不反对“治生”，但是“治生”是否就等同于经商，[20] 等同于资本主义的理性经营呢？其次，作为入世之学的儒家思想当然可以满足商人经商之道的某些需要，但关键的问题如韦伯所言是在伦理层面上，儒家思想能否培养出一种信念伦理呢？再次，信念伦理要求为此世的道德寻找超验意义的根据，用“天理”替换上帝，以禅宗“本心”相较新教的上帝，但这两种形态的“超越”所产生的影响是否一致呢？最后“以天下为己任”的儒家思想与加尔文派从预定恩宠转化而来的社会责任感，是否一致呢？

仔细考察相关概念的含义以及各要素之间的逻辑关系，不难发现这类对于韦伯的回应事实上已经与韦伯的观点相分离：韦伯所论证的是中国无法出现西方式的资本主义，前者论证的则是中国传统社会有可能——也仅仅是可能而已——发展出不同于西方的经济制度与文化。这并非对韦伯观点的否定，相反仍是沿着韦伯的理路探索中国传统社会文化中可资利用的、发展出现代经济制度的资源。其实，韦伯并不否认儒家思想中的商业精神：儒家伦理，是一种“功利的伦理”，“儒教产生了极具现代意味的需求与供给、投机与利润的理论”（韦伯，2004a，第 229 页）；“（儒教）与所有基督教派公认一致的看法形成尖锐的对比：物质的富裕在伦理上并不被认为是一个首要的诱惑之源……财富实际上被看作足以提升道德的最重要的手段”（韦伯，2004a，第 214 页）；[21] “儒教与儒教徒之崇拜‘财富’的心态，可能有助于一种可与西方文艺复兴之现世精神相比拟的政治—经济策略”（韦伯，2004a，第 321 页）。但关键的问题是，“在这一点上，当我们考虑经济心态时，就会发现此种经济政策的意义其实极有限”，“经济政策却没有创造出资本主义的经济心态”，儒家关于“‘营利欲’(Erwerbstrieb)、对于财富高度的乃至全面性的推崇，以及功利主义式的‘理性主义’，等等，与近代资本主义并没有任何一丁点关联”(韦伯，2004a，第321、328页，着重标记为原文所加)。因此，韦伯在《中国的宗教》中最后的论断就足以回答：“光是与‘营利欲’及对财富的重视相结合的冷静与俭约，是远不能代表和产生从近代经济里的职业人身上所发现到的‘资本主义精神’的。”(韦伯，2004a，第332页)

虽然如此，笔者还是同意中国道路的尝试。确实儒家思想在16世纪之后的发展开始转变为倾向于益商而非抑商。明朝时期中国社会商业的大发展，促使士贾阶层相混合：士人转而从商，商人则可以用金钱获得士人的地位(卜正民，2004，第156、263页)。这一社会现实亦致使思想界出现了儒家为商人辩护，为市场经济辩护的情况，儒家思想被改造用于商业目的(卜正民，2004，第147、240、248页)。根据杨联陞的研究，传统中国历史上确实出现过这一类的经济辩护，不过仍属于不寻常的现象(Yang，1957)。然而，明清时期这类不寻常的现象却愈来愈多，甚至出现了鲜明地主张自由贸易、协调市场功能与国家责任的观念。

邱浚*的经济思想当属这一观念的代表，其在《大学衍义补》中系统阐述了市场贸易之功能、商人之作用以及国家之责任。特别

---

* 邱浚(1421—1495)，字仲深，号深庵，广东琼州府琼山人。世人称为琼山先生。其名应写作“丘濬”，但本书引用参考文献的版本中写作“邱浚”，为统一，保留邱浚这一名称。——编者注

是，邱浚主张市场活动应由民众自主，国家干预反致不利，“大抵民自为市，则物之良恶，钱之多少，易以通融，准折取舍。官与民为市，物必以其良，价必有定数。又有私心诡计，百出其间，而欲行之有利而无弊，难矣。政不若不为之为愈也”；同时不赞成国家抑商，“天生众民，有贫有富，为天下者，惟省力役，薄税敛、平物价，使富者安其富，贫者不至于贫，各安其分，止其所得矣。乃欲夺富与贫，以为天下，乌有是理哉？夺富之所有以与贫人，且犹不可，况夺之而归之于公上哉。吁，以人君而争商贾之利，可丑之甚也”（邱浚，1999，第241、242页）。此外，邱浚还认为国家不应经营手工业，不应垄断日常必需品（盐）以课税，主张自由的海外贸易，等等（邱浚，1999，第242—247页）。[22]

毫无疑问，邱浚上述经济思想非常之现代化，甚至堪与斯密等人的古典经济学思想相较。并且要注意的另一件事是邱浚的《大学衍义补》在16世纪的中国广泛流传并得到承认（卜正民，2004，第107页）。由此观之，似乎儒家思想能够发展出一种现代经济的意识形态，并进而促进现代经济制度之发展。然而这样的话就会产生另一个疑问，为什么这条道路最终未能走通呢？就连邱浚本人在1491年被委任为大学士之后，也很少推行其在《大学衍义补》中写下的政策建议。

许多学者最终把未能突破传统的原因归结到了政治体制上，这就等同于又回到韦伯的道路上，从官僚体制，到士人阶层，再入儒家思想，方才真正凸显了中国社会经济与宗教之间的共同关联——皇权制度。

第四节 皇权体制下的宗教与经济

任何人如果概览中国历史上经济与宗教所呈现的诸特征，都会有一种直觉认识：无论是经济还是宗教，在传统中国社会内部皆孕育出了相当高级的形式，却同时又包含着原始古老的成分。更为关键的是，这些同时具有“先进”与“落后”性质的制度，皆在现代世界面前止步。为何中国经济的自发发展无法跨越现代经济的门槛，为何中国的宗教信仰无法导向现代社会的精神气质？似乎，中国社会的经济与宗教都无形中受到某种强势力量的羁绊。

货币制度和城市经济，是西方资本主义蕴生的两个前提条件。所以韦伯以此二者作为研究中国宗教的出发点。而当其论及中国城市有异于西方城市时，韦伯敏锐地指出皇权官僚体制的早熟致使中国城市成为帝国行政的产物，进而阐述中国社会之皇权制度的特征。事实上不仅仅是韦伯，许多观察中国社会的外国学者，无论是持批判还是赞同的态度，皆会觉察到中华文明的这一特征。例如谢和耐研究中国社会史时就指出，“中国社会中政治功能的发展及其较所有其他领域（军事、宗教、经济）的功能所占的绝对优势，是中国最典型的特征之一”（谢和耐，1995，第 25 页）；布迪（Derk Bodde）与莫里斯（Clarence Morris）在研究中华帝国法律时亦发现，“中国古代虽然制定了很多而且具有较高水平的法典，但传统的中国社会却不是一个由法律来调整的社会”，中国的法律“既不维护传统的宗教价值，也不保护私有财产。它的基本任务是政治性的：对社会施以更加严格的政治控制”（布迪和莫里斯，2003，第3、7页)。这些国外学者虽然是"旁观者",却一语道破了中华文明关键特征之所在,"在(汉)武帝以后,中国开始了政治至上的一元结构:权力的唯一来源是政治,而智勇辩力之士最后的归结也唯有在政治上求出头;一切其他途径都只是政治势力的旁支而已"(许倬云,2006d,第336页)。王毅在其研究中国皇权制度的专论中指出,"中国传统文化体系的核心,乃是皇权政体的法理基础、组织结构,以及在此基础上形成的统治权力运行方式"(王毅,2007,第2页)。由此可见,中国的皇权制度是理解中国经济与宗教所必需之前提。

在第一节中论述传统中国社会经济制度特征时业已指出,中国历史上的主体经济形态特征,是皇权体制下以商品经济为辅的小农经济。这正是为了表明皇权制度对于中国经济形态的控制,"政府的军事政策与财政政策的改弦易辙,决定了农业经济里的根本变迁"(韦伯,2004a,第113页)。在韦伯看来,中国农业制度的决定性转变,是由政府所发起,从而政府控制农业经济的发展(韦伯,2004a,第116页)。中国精耕农业的形成,实际上也与政府的税赋制度相关(黄仁宇,1997,第48页)。国家对农业经济的控制,根据王国斌(1998,第16页)的分析,表现在三个方面:(1)促进农业生产;(2)调节商业性分配,以达到各地内部经济的均一与地区之间的平衡;(3)通过移民使得人口与资源基础维持了相对平衡。[23]

农业的控制已是如此,对工商业的控制就更是严苛。中国社会历史上商品经济之所以会长期依附与农业经济而迟迟未能占据主导地位，最根本的原因恐怕就在于经济的自发成长受到来自皇权体制的严格控制。农为本，商为末，这是自先秦时期就提出的抑商思想（冷鹏飞，2002，第122页）。根据吕思勉先生考证，古代工业发展先是官营，而后才有私营（吕思勉，2005，第46页），可是私营工业发展极快，这正是由于经济发展、分工扩展的自发力量所致。及至汉初，这一经济影响已颇具规模，经营盐铁的商人成为巨富（李剑农，2005，第一卷，第176页）。然而汉武帝时采取禁榷制度，将盐、铁、酒等重要行业强行收归官营。同时对工商业者采取“算缗”“告缗”等抑商政策，极大打击了工商业的发展。

抑制工商业的原因就在于皇权体制与自发扩展的经济秩序在根本上不能相容。因为“商业活动创造的财富，独立于政治体制之外，会成为一种由不受政治控制的商人集团所固定把持的资源，这是统治者不能容忍的”，官营的目的之一，就是遏制富商大贾的发展（许倬云，2005，第36—37页）；并且通过这些措施，夺富予公，确保了皇权专制下官僚体制所需要的巨大的财政支持。正因为如此，汉武帝的这些抑商政策成为后世历代王朝控制工商业的范例，同类制度和措施被屡屡效仿和采用（冷鹏飞，2002，第128—137页）。当然，绝不是说中国的皇权制度始终严格控制着工商业，不过中国两千年来工商业在兴衰循环中艰难发展的历史表明，造成工商业兴衰的关键因素并不是农业经济，而是皇权制度（王毅，2007，第674—675页）。反过来看，对工商业的抑制，从某种程度上来说也是支持了农业经济的发展。因为既然商业经营之所得随时有遭受政府掠夺的风险，自然土地就变为最为可靠资产，[24]“以末致富，用本守之”(《史记·货殖列传》)。如此一来，中国的市场经济发展自然只能依附于小农经济之上，而其根由正是植根于皇权专制体制之上（冷鹏飞，2002，第423页）。

然而皇权制度对于经济的控制，最严重的影响还在于现代资本主义经济在中国之不可能，“中国皇权社会的制度架构和法统法理，是使中国传统社会悖逆于近代以来的世界方向的根本原因”（王毅，2007，第1页）。尽管有些学者认为中国与欧洲存在着不同的政治经济体制之间的差异：一种是由欧洲商业资本主义发展出来的政治经济体制，另一种是由中国农业帝国发展出来的政治经济体制。但是这二者只是发展道路的不同而已，并不能成为决定中国无法自发产生现代经济制度的关键（王国斌，2005，第265页）。核心的问题在于，皇权体制下并不容许任何具有自发倾向因而难以控制的经济力量的存在。比较西方的历史，从农业经济向城市工业经济的转化，是促使资本主义制度形成的条件之一。在中国，工商业成为农业经济的依附，而农业经济又主要地表现为“小农经济”形态，但小农经济模式不可能导致集中的资本主义工业经济，“而是一个分化了的小农经济”（黄宗智，2000a，第8页）。

“小农”是中国农业经济的关键性特征。从一般性理论上而言，只要土地私有制度存在（即便是不完全私有），允许土地买卖，农业经济在发展过程中就会出现土地兼并，市场运作的力量不可能使农村长久地维持小农特征。然而中国的农业经济却数千年来始终保持小农特色。因为自秦以来小农就是帝国皇权的支柱（许倬云，2005，第13页）。由于皇权的专制性也使得其对地方基层势力控制的困难，这样大地主就成为国家权力第一个要侵犯的对象（许倬云，2006b，第30页）。因此，两汉时期就出现限民田之论，晋以后施行户调式，魏行均田令，[25]唐施租庸调法（吕思勉，2005，第52页），历代政府无不致力于此。就政治层面来说，小农经济，分散了地方权力，确保了帝国税收，更使得代议制度无法形成（黄仁宇，1997，第112页）。而就经济层面来说，分散在小块土地上的资金难以集中，农村手工业自然难以转化，从明清一直延续到现代。"社会平均化的倾向是与家产官僚体制相呼应的"（韦伯，2004a，第136页），摧抑豪强、限制商业，现代资本主义在皇权制度的经济控制之下孰无可能。

分析了皇权制度对经济的影响之后，再来讨论其对宗教的控制。中国城市中见不到如欧洲基督教大教堂之类象征着教权的宗教建筑；同样，在中国知识界的思想中也不存在"上帝之城"。为何如此？史景迁回答说，因为中国政府比世界上任何国家都更为有效地实现了权力的集中和对宗教信仰的控制，中国政府不可能允许与之比肩的权力中心存在（史景迁，2005，第8页）。在关于中国宗教现象的文本中，往往会记录一种让西方人觉得讶异的习俗，在中国凡人竟然能够叱责神祇，即"鞭打城隍"的习俗（Yang，1961，p. 92；卜正民，2004，第278页）。事实上，史景迁的评论与"鞭打城隍"的习俗皆凸显了中国宗教依附于皇权体制的特征。

在皇权体制下，宗教沦为皇权统治之工具。[26]因为"专制政体迟早会成为唯一的主宰者，从而把宗教作为支撑自己权力工具来随意使用"（布克哈特，2007，第101页）。中国政治制度的早熟，理性的官僚体制先于高级宗教出现，遂掌控了古代社会原始宗教之发展趋势。如此一来宗教制度只能依照政治制度的发展模式而演变，屈从于世俗权威。之所以会有“鞭打城隍”这样的习俗，正是由于这个原因。城隍信仰是对世俗官僚体制的模仿。“城隍”一词指的是阴曹地府，“一个依照世俗政府的行政管理地区划分，管理着某一地区的超自然权威政府”（Yang，1961，p. 156）。因此，城隍系统是模仿世俗官僚行政体系而划分的，有政府行政之地就有城隍，这样传统中国社会几乎所有地方都有城隍庙。[27] 中国地方官员死后，其亡灵便担任城隍之职，而其在超自然世界中的官职也常常取决于其生前在官府中担任之官职（Yang，1961，p. 156）。世俗官员可以因为城隍是否灵验而鞭打城隍，则体现出世俗权威凌驾于神圣权威之上。

皇权制度对宗教的掌控主要体现在两方面：一是对宗教仪规以及宗教教派的管理政策，二是对传统宗教信仰的培养与扶植。

皇权制度对具体的宗教仪轨施行控制由来已久，在古代社会原始宗教阶段，主要的控制手段便是经由仪式垄断超自然力量，“天子祭天地，诸侯祭社稷，大夫祭五祀”（《礼记·王制》），普通民众可以崇拜上天，但是祭天仪式却属天子专有（钱穆，1996，第 348 页）。[28] 这一传统从封建时代一直延续到秦汉之后的皇权社会，天子祭天的特权是历朝历代律法所强调的，一直到 1853 年清廷还发布上谕命令严管天坛祭祀事务（Yang，1961，p. 185）。不仅是祭天仪式，祭祖仪式也受到控制，在清以前，家族祭祀的世代数目与个人身份相关，身份地位越高，祭祀的世代数目越多（瞿同祖，2003a，第209页）。[29]如果说祭祀只是涉及原始宗教信仰活动，那么当高级宗教——佛教、道教这类制度性宗教——在中国兴起之后，国家政权便开始加强对制度性宗教的管理。一直到清朝为止，宗教管理都是礼部的功能之一（Yang，1961，p. 187）。这些管理包括（Yang，1961，pp. 187—192；韦伯，2004a，第270—271页）：（1）控制寺庙道观的兴建；（2）利用度牒制度控制僧道数量；（3）自明以后，分设僧录司、道录司管理出家人。皇权制度对教派宗教的严格管理，再加上分散性宗教以及儒家正统思想在世俗制度中的主导地位，致使制度性宗教在传统中国社会始终处于一个弱势地位（Yang，1961，p. 303）。[30]

皇权制度控制宗教的原因，仍在于维护自身之权力。宗教信仰所表达的神圣秩序，在历史上任何社会中都是权力合法性来源之一。[31]中国历史上历来的权力争夺——革命与起义，都要借助宗教的外衣（李向平，2006，第52页）。因此，皇权出于自身权力考虑之故必然需要限制宗教活动的范围。但由于宗教信仰能够为皇权政体提供强有力支持，特别是中国的政治体系更需要这种支持，“一个家产官僚阶层（Patrimonialbeamtentum），发现自身处于一种绝对权力的地位，并独揽庶务与神职的功能时，除了抱持一种注重典籍的传统主义心态之外，别无其他选择。只有典籍的神圣性本身可保证秩序……的正当性”（韦伯，2004a，第236页）。

因此必须培养和扶植传统宗教信仰，“圣人以神道设教，而天下服矣”（《易·彖上》）。值得注意的是，这里的关键不在于“宗教”而是在于“传统”，因为“传统”本身就会蕴生出一种神圣性质，并且这种性质相对于宗教本身的超越性质更适宜于中国的皇权制度。对于宗教信仰培养与扶植可以分为两部分内容：天命信仰与祖先崇拜。“天”是中国政治制度的基础，是政权合法性的象征（Yang，1961，p. 127），“对于中国的天威而言，古老的社会秩序是唯一的一种（Eins und Alles）。上天是维持此一神圣的社会秩序恒常不变与不受干扰的守护者”（韦伯，2004a，第62页）。许倬云认为，周人提出“天命”观念，是中国历史上的一次突破（许倬云，2006c，第47页）。“天命靡常”（《诗经·大雅·文王》），“皇天无亲，惟德是辅”（《尚书·蔡仲之命》），这是思想史上一次理性化的产物，把“天”转化为了普世的道德尊神，神意与民意画上了等号（许倬云，2006b，第127页）。天命观念的这一发展或许影响到儒家对于“道”的理解，在孔子以前，“道”大体指的是“天道”，孔子之后“天道”转化为了“人道”，从而发展出了影响传统知识分子的“道统”观念。在中国传统社会，“道统”是能与君权的“治统”相抗衡的唯一途径。不过，从另一方面来看，由天命信仰转化而来的世俗道德权威也为皇权统治的合法性提供了神圣基础。因此，从某种程度上可以认为天命信仰是政治理性化的产物，其意义主要是针对上层的统治者和士人阶层而言的：正是由于政治之理性化促使中国宗教的理性化信仰。

但如韦伯所言，这种理性化是不彻底的。因为在下层人民那里，天命观念演变为“风水”“占卜”等信仰（Yang，1961，p. 136）。对于普通民众来说，更为重要的信仰则是祖先崇拜。祖先崇拜一直以来都是中国宗教的核心，也是中国社会分散性宗教最重要的组成部分。“生，事之以礼；死，葬之以礼，祭之以礼”(《论语·为政》)，祖先崇拜构成了中国家庭生活最重要的宗教内容，杨庆堃论述中国宗教时，首先分析的就是祖先崇拜（Yang，1961，p. 28）。外国学者研究中国宗教时就指出，中国是一个“标准的祖先崇拜国家”，卡西尔（Ernst Cassirer）援引中国宗教研究专家格鲁特（J. J. M. de Groot）的话说，“我们不能不把对双亲和祖宗的崇拜看成是中国人宗教和社会生活的核心的核心”(卡西尔，1985，第109页)。从宗教学角度来说，祖先崇拜是一种原始宗教信仰，其一方面联系着家族血缘关系，另一方面则是鬼神信仰。对于皇权政体来说，其在发展出理性化的天命信仰之外，仍然需要一种原始信仰。因为借以祖先崇拜维系家族关系，是专制权力对于地方秩序维持的一种手段，“慎终，追远，民德归厚矣”(《论语·学而》)；而鬼神信仰，“是中国平民大众唯一一份极具效力的大宪章（Magna Charta）”(韦伯，2004a，第243页)。

通过具体宗教制度的管理与信仰的培植，皇权制度完全控制了宗教信仰，而作为正统的儒家学说则为这种信仰的传播助力。天命信仰、祖先崇拜以及其他如阴阳五行等等实现社会秩序控制的宗教手段，皆为儒家思想所接受（Yang，1961，p. 255），儒家相信“民无信不立”(《论语·颜渊》)[32]，治理民众需要宗教，而顺应天命的皇权本身就显示出神圣化的结构：因此“以神道设教，天下服矣”。这样在世俗化的儒家思想的辅助下，中国的皇权制度就创造出了一种“理性”宗教——就“天命观”而言；与“原始”宗教——就“祖先崇拜”而言。二者兼备构成了奇特的“俗世宗教”

（Laienreligion，韦伯，2004a，第 208 页）。而这正是中国宗教一切特殊之处的肇端，其影响到后世一切的官方信仰与民间信仰。

在理解了皇权制度对传统中国的经济和宗教的影响之后，才有可能理解传统社会中宗教与制度的特殊联系。由于中国社会的特殊性，皇权体制对于经济制度形成、发展和演进的控制以及对于宗教信仰的操控，制度与宗教之间的逻辑关联表现出更为复杂的形态。

中国的经济与宗教皆为皇权之附属，因此宗教、经济与政治三者之间存在着一种互为因果的关联。可以尝试从分析宗教与经济的关系入手，因为宗教与经济之间的直接关联似乎非常明显。这其中“仪轨”的功能特别明显，例如杨庆堃特别指出中国的“庙会”就如同中世纪欧洲的集市。而究其原因，杨庆堃认为“宗教能够在经济制度中扮演至关重要的角色，一个可能的回答是宗教崇拜的力量能够吸引社区民众，而不在乎个人经济的和社会的利益”（Yang，1961，p. 82）。其次，杨庆堃还研究了中国社会中各个经济团体中的宗教崇拜，中国社会各类经济团体——农业、手工业和商业——都有其崇拜的神祇和信仰的宗教，其中宗教仪轨的作用亦特别明显（Yang，1961，pp. 64—76）。除了宗教仪轨的经济功能之外，中国社会宗教与经济之间关系的最重要体现莫过于“财神”这一信仰，财神在经济生活中的无所不在，表明宗教在经济领域的普遍渗透。万志英（von Glahn，1991）通过考察中国历史上江南地区五通神崇拜，发现这一宗教信仰与江南货币经济对个体和家庭的影响有关。不过值得注意的是，上述材料中宗教信仰与经济制度之间表现出的关联纯然是世俗性的，甚至可以说是功利性的，例如中国社会的财神信仰并不像宗教改革后的基督教信仰，财神信仰并不提供任何伦理的超自然约束（Yang，1961，pp. 79—80）。这当然与前述中国宗教在政治体制下的主体特征有关，作为统治之术的分散性宗教除了满足民众心理上的需求外，本身不能具有任何目的性，当然也就不可能激发出超越的伦理价值和约束。

除此之外，宗教与经济的直接联系莫过于"捐赠"这一行为了。然而"捐赠"并不是一个单纯属于宗教或者经济范畴的行为。"捐赠"作为一种宗教仪轨行为，本身当然具有经济效应，卜正民提及明朝后期一种通过向家族捐赠（利用祖先崇拜的信仰）积聚财富，形成家族共有经济的情况（卜正民，2004，第 176 页）。但"捐赠"更为重要的影响在于政治效应。晚明时期，士人阶层占据了寺院捐赠的支配地位，而商人阶层则频繁地出现于宗族祠堂的捐赠名单中。这两种捐赠，除了宗教和经济的意义之外，更重要的是体现出了一种对权力的追逐（卜正民，2005a，第 211—217 页）。在这里，宗教和经济共同成为通往权力的媒介，"捐赠"蜕变为向权力的纳贡。这其中的微妙关系深刻地揭示出了宗教与经济围绕着权力机制而发生的联系。[33]

皇权制度控制着中国社会的宗教与经济，但同时皇权制度亦要依赖宗教与经济方能维持。这样，在权力、宗教与经济三者之间，就出现了一种"控制—扶持"的回馈效应。而正是通过这样的机制，制度在选择宗教的同时亦依赖于宗教所提供的精神气质。韦伯对于中国宗教的研究，以及有关韦伯问题的回应，皆从不同的角度分析了中国宗教与制度之间的关联，其中涉及三方面内容，仪轨——

"礼"、教义——儒家学说、信仰——儒家思想，在此不再展开论述。笔者只是扼要地提及一个特征性事实，即"祖先崇拜"、小农经济与皇权体制三者之间的关联。前文已简要提及了皇权体制对于"祖先崇拜"的扶植，现在反过来看其对皇权体制和小农经济的影响。

皇权制度对于"祖先崇拜"的扶植在文化层面上产生的直接影响就是"家"这一观念对中国人的特殊意义。瞿同祖研究中国法律与社会，首先发现的就是中国古代法律的家族主义特征（瞿同祖，2003a，第1页）。简单来说，"祖先崇拜"的信仰至少产生了两种影响：宗族与分家析产。

宗族是权力与信仰在基层组织中的联姻。"祖先崇拜"强调了家族、血缘的重要性，起到了一种家族整合的作用，进而促使宗族体制的形成。[34] 宗族是"权力的文化网络中一典型结构"（杜赞奇，2004，第63页），其构成了传统国家统治的社会基础。即便中国皇权专制的强大、高度的集权，且拥有一套相当精致复杂的科层化官僚机构，但是在当时的技术条件以及其他客观因素的约束下，也难以实现对基层社会方方面面的完全控制。魏丕信（Pierre-Etienne Will）在研究中国18世纪的荒政时就已发现，当时中国拥有一个中央集权的国家机器，以及一个成熟稳定的官僚制度，却依然要利用由乡绅等地方精英组织起来的宗族团体，利用中国的乡村权力（魏丕信，2006，第313页）。宗族制度支撑了皇权体制在基层的维系。并且，由于宗族植根于农业社会的环境之下，其存在保持了农业经济的稳定。

但从另一方面来说，宗族在经济力量上的过分强大也并非皇权所意欲。因此“祖先崇拜”又发挥了一种分化的作用，即分家析产。王国斌在探讨中国与欧洲农村工业与人口变化时即发现分家制度对于农村工业发展的影响（王国斌，1998，第33—38页）。欧洲农村没有分家的惯例，遗产由长子继承，这样在财产集中的同时导致出现一批无财产的自由人，同时也遏制了生育率（因为缺乏财产不能建立独立家庭就无法结婚），所有这些——财产集中、自由的劳动力、马尔萨斯陷阱的相对克服——都为城市工业发展提供了条件。而在中国，由“祖先崇拜”的信仰维系的家族观念促使在宗族内部平等对待处于同一地位的家庭成员，因此出现分家形式的财产传递。[35]中国的分家析产制度致使财富难以集中，又维持着很高的结婚率，[36]同时农村劳动力人口不会由于丧失财产而被转移到农村以外。这样，大量人口集聚在农村，分散了农村土地和资金的积累，强化了小农经济的运行。[37]而小农经济进一步从经济上支持着皇权体制。

因此仅就“祖先崇拜”、小农经济与皇权体制三者之间关联的简单分析而言，便可以发现中国传统社会中宗教与制度之间的某种同构关系。

第五节　余　论

以上是从历史角度简要论述了中国传统社会中的宗教和制度。在此笔者只是进行了一次粗浅的梳理，许多的问题仍有待深入分析。例如明清时期士绅阶层在经济和宗教方面的角色问题，儒家思想与民间信仰在商人阶层中的影响关联，小农经济、儒家思想二者之间的逻辑联结，等等。而把握中国社会历史上的宗教和制度问题的关键，在于透过中国社会特殊的政治权力结构来理解中国的宗教、经济和政治三者之间契合关系。因此，通过对于皇权体制下的经济和宗教的分析，能够从传统中国社会制度中发现宗教信仰所折射出的影响。并且这种影响已经深深地印刻在中国文化传统之中，必然决定着中国现代制度之发展路径。

研究中国历史的学者，都注意到中国曾经与西方世界有过相似之处。比如前文已经提及的许倬云的观点，战国时期中国曾存在一种极大的可能性，走上一条以城市经济为中心的道路（许倬云，2005，第3页），并且其还认为战国时期的国家已相当类似于欧洲近代主权国家理念（许倬云，2006c，第76页）；韦伯也指出，中国的历史越往上追溯，越能发现中国文化与西方的相似之处（韦伯，2004a，第314页）；王国斌亦发现，中国春秋战国时期更与欧洲近代时期相似（王国斌，1998，第80页）。上述所有这些判断都意味着，西方世界现代化所走过的道路或许很久以前就摆在中国面前，但是中国为什么选择了另一条道路？而就经济层面来说，这一问题就变为，为什么中国没有选择西方资本主义的发展之路？王国斌和彭慕兰等人都提出一种类似的解释：国家获取资源的能力（王国斌，1998，第46—57页）。那么笔者仍然要问：为什么中国没有大规模的海外殖民，为什么中国没有大规模的远程贸易？难道仅仅是由于自然环境和物质条件的阻碍吗？是否中国传统社会中政治、经济与文化三者之间的关联在中国社会的发展问题上扮演了关键性的角色？

思虑历史是为了面对未来。回顾中国的历史，也许不得不略带无奈地同意卜正民所援引的布罗代尔的观点，市场经济扩展之自发力量并不能致使一种现代经济自发出现，“资本主义是在建立于市场经济之上的社会阶级制度内形成的”（卜正民，2004，第228页）。而西方资本主义经济制度所主导的现代经济在中国社会之发展已是不争的事实。现在要询问的只是，中国是否已经真正接受了现代经济制度，抑或是能够在中国文化的基础上发展另一种属于中国的现代经济体制？这一疑问，归结到宗教层面上，仍然是一个韦伯式的问题：现代的中国人，是否孕育出了一种与现代经济制度相容相励的心态？

附录二注释：

1. 此处采取一种宽泛的“宗教”定义：宗教是对于各类神圣体验的反映。

2. 瞿同祖的例子引自《史记》，但李剑农认为，商人能与士大夫抗衡乃司马迁想象之词，参见：李剑农（2005，第一卷，第72页）。

3. 有关商周时期货币经济的问题，目前所能见的证据材料还不能让我们得到确切的结论。可以确知的是：（1）世界上最早的铸币，即“保德铜贝”，铸于晚商时期；（2）周王奖赏官员时，确实会用“贝”，例如师遽簋铭文，“王乎师朕易师遽贝十朋”（集成4214），但更多情形下是实物赏赐；（3）且土地交易中也多用实物，例如第四章提及的倗生簋（集成4262），倗生和格伯之间的土地交易即为实物交换。从这些证据来判断，很难确定“贝”在当时作为交易媒介的作用有多大，特别是“铜贝”，很有可能象征意义大于实用目的。

4. 许倬云列出司马迁所提及的十二名致富者，其中仅有三人纯粹从事经商，其余九人分别经营不同的经济行业，足见当时随着市场贸易的繁荣，行业分工也进一步扩展。

5. “斯密动力”一词简单来说指的是斯密型的经济增长动力，这是由斯密提出，并经常地为经济史学家所使用的一个概念。笔者采用韦森（2006）的解释，理解为市场扩展秩序与经济增长之间的一种关系，即“市场交易源自分工，并会反过来促进劳动分工，而劳动分工则受市场规模大小的限制。市场扩大会加速和深化劳动分工”，因此分工和市场扩展的相互促进，成为经济增长的动力。

6. 汉代抑商政策自汉初就出现，例如汉高祖令商人不得衣丝乘车，重税租以困辱之（吕思勉，2005，第 50 页）。贾谊、晁错以及董仲舒等人皆上书论商之弊，农之重（许倬云，2005，第 36 页；吕思勉，2005，第 49 页）。及至汉武帝时期，抑商措施更是达到顶峰，一是“算缗”“告缗”，大量富人破产；二是直接针对商人的“禁榷”制度——由官府对重要物资的运输和贸易进行垄断（许倬云，2005，第 37—38 页）。

7. 不仅在重农方面，在抑商方面其也像汉高祖那样试图贬低商人地位，例如命令禁止商人穿用丝绸（卜正民，2004，第 72 页）。

8. 即便明时禁海运，非法贸易也很活跃，这也从侧面反映出当时贸易兴盛的情况，参见：许倬云（2006c，第 236 页）。

9. 从 1750 年到 1800 年，欧洲人口只是从 1.44 亿增加到 1.93 亿，而中国的人口却从 1741 年的 1.43 亿增加到 1762 年的 2 亿；到了 1812 年，中国人口则增加到 3.6 亿（谢和耐，1995，第 401 页）。

10. 对于彭慕兰的这一观点，黄宗智给予了激烈反驳，参见：Huang（2002）。

11. 因此黄仁宇对明朝的经济繁荣也没有持乐观态度（黄仁宇，1997，第 207—208 页）。

12. 可以认为，在汉代之前，中国虽然发展出了一种理性的“天命”信仰，但是主体的宗教特征仍然是原始的。西汉时期出现的“天人合一”、阴阳五行等学说本质上具有原始宗教的性质（Yang，1961，pp. 108—109）。

13. 该划分并不是严格的学术界定，因为在具体的宗教现象中二者区分并不容易确定，士人阶层中也会流行民间信仰，民间也会接受上层社会所教化的官方宗教信仰。严格的学术界定可以参考杨庆堃所划分的“制度性宗教”（institutional religion）和“分散性宗教”（diffused religion），参见：Yang（1961，pp. 294—295）。但是杨庆堃的这一划分与官方信仰和民间信仰的分类并非完全一致（杨本人也在论述政治伦理信仰时使用过官方信仰与民间信仰的划分），不过就官方信仰——儒、释、道——而言，皆可以作为制度性宗教。

14. 杨庆堃此处观点如今看来有些不准确：（1）汉传佛教主要是大乘佛教；（2）“小乘”是大乘佛教贬低“声闻乘”“独觉乘”，乃至所有传统“部派佛教”的一种称呼，现在主要是指南传佛教的“上座部佛教”；（3）上座部佛教有仪轨，大乘佛教也有相应的仪轨，并非只是上座部佛教加强了仪轨的重要性。所以笔者在引用杨庆堃此处论点时，做了些改动，但主体观点保留了下来。

15. 佛教的这一入世精神，学者将之归为中国化的新禅宗“革命”——将慧能与马丁·路德相比。

16. 参考韦思谛（Stepehn C. Averill）所主编的《中国大众宗教》，欧大年（Dannel Overmyer）的《中国民间宗教教派研究》（*Folk Buddhist Religion: Dissenting Sects in Late Traditional China*, 1976）。

17. 例如欧大年对于数个中国民间教派（长生教、白莲教等）所做的研究，最初认为只是属于“佛教教派”，后来发现道教影响也在其中，因而中译本书名不再强调佛教。

18. 儒学的宗教性问题，是辛亥革命以后被提出来的。1978 年后又再度出现关于儒学的宗教性问题的讨论，参见：李向平（2006，第 106—107 页）。

19. 韦伯所言的“近代形式的资本主义”，简言之，即在合理资本会计制度作为一切供应日常需要的大工业企业的标准这一先决条件之下的六个要素加上两个条件，参见本书第六章第二节的论述。

20. 治生论之要点是士人阶层获得经济独立之保证，如此，耕、贾皆是治生之道。

21. 特别是在关于“利息”问题上，中国并没有出现如欧洲中世纪那样禁止高利贷的运动。

22. 对于邱浚观点的评述，还可参见：卜正民（2004，第110页），李剑农（2005，第三卷，第120页）。

23. 王国斌所提出的这三点主要是针对明清时期而言，特别是第三点，其指的是18世纪向边疆地区移民。但是在历史上作为农业帝国的中国政府历来重视农业经济发展，汉时政府就鼓励农民移民开垦荒地，参见：许倬云（2005，第25页）。

24. 当然这种可靠程度依然是相对而言的。根据本书第四章的观点，对于土地以及其他财产的控制能力取决于行为人在社会等级秩序中的身份，且具体实践是借由宗族组织而非个人来完成的。

25. 黄仁宇将485年的均田令称为中国历史上划时代的里程碑，其原则为后继历朝所采用，参见：黄仁宇（1997，第96页）。

26. 认为宗教是一种统治之“术”，这是一种古老的政治实践，却又是相当现代的理论。至少在欧洲有相当长的时期教权能够与皇权抗衡，而世界上其他地区，世俗统治权力被宗教权力所噬的例子也屡见不鲜。

27. 根据杨庆堃的研究，城隍系统的等级相当于国家行政的省、道、县，而基层组织（乡或者街坊），在神灵系统中是由更低级的神祇——土地——来管理的，参见：Yang（1961, p. 156）。

28. 钱穆此处所指民众拜上天，其实是一种大众宗教中自然崇拜遗存。如本书第七章所述，“绝地天通”之后，通天之能为天子专属。天高高在上驾驭一切，普通民众只能祈求之，但并无体验天之意志的超验信仰。

29. 但是有不少研究中国宗教的学者还是怀疑这一类律法实际执行的有效程度（Yang，1961, p. 184）。确实，传统社会中国政府实际对宗教控制的有效程度值得怀疑，这与中国民间信仰的强大不无关系。但是也要看到，传统中国社会一直以来无法产生能够真正与皇权抗衡的持久的教权运动（白莲教起义、太平天国运动部分可以视为这类运动，但也只是暂时性的，甚至其内在思想的核心仍然是皇权的逻辑，因此不足以彻底动摇皇权制度），这也能够说明国家对于宗教制度之管理相当程度上还是有效的。此外，民间祭祖实际上是通过宗族组织来进行的，其实践受宗法规则约束，对于中央皇权而言，对祭祖行为的控制当然不可能像祭天仪式那么正式化和严格。

30. 不过也有学者提出不同的观点，认为中国的道教形成的教权制曾在中国社会中扮演了欧洲教会的角色，在道教的神祇体系中，“道士拥有了某些超越皇帝的权力”（韩明士，2007，第191页）。笔者对这一观点持保留意见，从中国历史上来看，道教在一些时期的盛衰仍然与皇权的扶植与否有莫大的关系。

31. 哪怕在现代社会，作为权力合法性来源的一部分，也要具有某种神圣性质。

32. 韦伯将这段话解释为社会秩序需要依靠信仰维持（韦伯，2004a，第209页）。显然这与中国儒家的标准解释有异。这段话按照儒家的解释，“信”指的是对政府的“信赖”“诚信”。但韦伯是使用“卡理斯玛”（Charisma）来诠释中国政体的家产制的，因此这里的“信”实是将皇权卡理斯玛与宗教信仰的卡理斯玛联系在了一起。同时，如果应用西美尔的宗教社会学理论，将这里的“信”转释为韦伯所理解的意义，也并无不可。

33. “捐赠”行为与士绅阶层的形成有莫大的关联，而士绅阶层在中国现代化过程的所扮演的角色更是一个值得思考的问题。

34. 这里的分析做了简化。宗教信仰对宗族组织的形成所起的作用并非只是“祖先崇拜”那么简单。杜赞奇（Prasenjit Duara）在分析中国华北农村的权力结构与宗教组织时举出了三方面内容（杜赞奇，2004，第103页）。不过“祖先崇拜”这一信仰在其间的核心地位，是毫无疑问的。

35. 费孝通的《江村经济——中国农民的生活》提供了关于分家制度的详细描述，参见：费孝通（2001，第69—73页）。严格来说，传统中国社会的继承制度到中后期逐步发展为二分形式，身份特权是嫡长子继承制，而经济资源则是诸子均分制。

36. 因为分家析产不必在父母死后进行，已婚的儿子即可要求分家，所以不会出现欧洲社会那种由于长子继承，次子无法成立家庭而晚婚甚至不结婚的情况。

37. 对分家析产制度的详细分析可以参见：黄宗智（2000b，第325页之后）。

参考文献

《春秋左传正义》, 1980,《十三经注疏》, 北京：中华书局。

《国语集解》, 2002, 北京：中华书局。

《礼记正义》, 1980,《十三经注疏》, 北京：中华书局。

《论语注疏》, 1980,《十三经注疏》, 北京：中华书局。

《毛诗正义》, 1980,《十三经注疏》, 北京：中华书局。

《孟子注疏》, 1980,《十三经注疏》, 北京：中华书局。

《尚书正义》, 1980,《十三经注疏》, 北京：中华书局。

《周易正义》, 1980,《十三经注疏》, 北京：中华书局。

《管子校注》(全三册), 2004,《新编诸子集成》, 北京：中华书局。

《老子道德经注校释》, 2008,《新编诸子集成》, 北京：中华书局。

《商君书锥指》, 1986,《新编诸子集成》, 北京：中华书局。

《慎子》, 1935,《诸子集成》, 上海：世界书局。

班固, 1962,《汉书》, 北京：中华书局。

司马迁, 2008,《史记》, 北京：中华书局。

许慎, 1985,《说文解字》, 北京：中华书局。

张烈点校, 2002,《两汉纪》, 北京：中华书局。

睡虎地秦墓竹简整理小组编, 1990,《睡虎地秦墓竹简》, 北京：文物出版社。

银雀山汉墓竹简整理小组编, 1985,《银雀山汉墓竹简》(一), 北京：文物出版社。

中国社会科学院考古研究所编, 2001,《殷周金文集成释文》(一至六卷), 香港：香港中文大学出版社。

胡厚宣、郭沫若等编, 1999,《甲骨文合集》(第9册), 北京：中华书局。

阿奎那, 1998,《神学大全》(第二部分 · 第七十八题), 载巫宝三,《欧洲中世纪经济思想资料选辑》，北京：商务印书馆，第14—27页。

阿什利，1998，《欧洲中世纪经济学说史》（节选），载巫宝三，《欧洲中世纪经济思想资料选辑》，北京：商务印书馆，第178—320页。

阿西莫格鲁、罗宾逊，2016，《国家为什么会失败》，长沙：湖南科学技术出版社。

埃里克森，2012，"复杂地权的代价：以中国的两个制度为例"，《清华法学》，第1期，第5—16页。

埃文斯-普理查德，2001，《原始宗教理论》，北京：商务印书馆。

埃文思-普里查德，2006，《阿赞德人的巫术、神谕和魔法》，北京：商务印书馆。

安斯康姆，2008，《意向》，北京：中国人民大学出版社。

奥布莱恩，1998，《欧洲中世纪关于财产权利和商品交换的思想》（节选），载巫宝三，《欧洲中世纪经济思想资料选辑》，北京：商务印书馆，第321—424页。

伯尔曼，2003，《法律与宗教》，北京：中国政法大学出版社。

布迪、莫里斯，2003，《中华帝国的法律》，南京：江苏人民出版社。

布克哈特，2007，《世界历史沉思录》，北京：北京大学出版社。

布罗代尔，2002，《15至18世纪的物质文明、经济和资本主义》（第二卷），北京：生活·读书·新知三联书店。

布洛赫，1991，《法国农村史》，北京：商务印书馆。

布洛赫，2004，《封建社会》，北京：商务印书馆。

布瓦松纳，1985，《中世纪欧洲生活和劳动》，北京：商务印书馆。

卜正民，2004，《纵乐的困惑：明代的商业与文化》，北京：生活·读书·新知三联书店。

卜正民，2005a，《为权力祈祷——佛教与晚明中国士绅社会的形成》，南京：江苏人民出版社。

卜正民，2005b，"资本主义与中国的近（现）代历史书写"，载卜正民、布鲁主编，《中国与历史资本主义：汉学知识的系谱学》，北京：新星出版社，第132—194页。

常玉芝，2010，《商代宗教祭祀》，北京：中国社会科学出版社。

曹树基，2012，“传统中国乡村地权变动的一般理论”，《学术月刊》，第12期，第117—125页。

曹树基、李楠和龚启圣，2010，“‘残缺产权’之转让：石仓‘退契’研究（1728—1949）”，《历史研究》，第3期，第118—131页。

陈锋，2012，“‘祖业权’：嵌入乡土社会的地权表达与实践——基于对赣西北宗族性村落的田野考察”，《南京农业大学学报》，第2期，第68—76页。

陈锋，2014，“从‘祖业观’到‘物权观’：土地观念的演变与冲突——基于广东省Y村地权之争的社会学分析”，《中国农村观察》，第6期，第25—36页。

陈来，2009a，《古代宗教与伦理：儒家思想的根源》，北京：生活·读书·新知三联书店。

陈来，2009b，《古代思想文化的世界：春秋时代的宗教、伦理与社会思想》，北京：生活·读书·新知三联书店。

陈明、刘祖云，2014，“传统国家治理逻辑下的地权运作”，《中国农史》，第3期，第86—95页。

程念祺，1997，“试论中国古代土地制度的公有、私有与国有问题”，《史林》，第3期，第1—9、41页。

程念祺，1998，“论中国古代土地国有制基础的不稳定性”，《史林》，第2期，第21—29页。

程念祺，2000，“中国古代经济史中的几个问题”，《浙江社会科学》，第4期，第105—110页。

春杨，2011，“明清时期田土买卖中的找价回赎纠纷及其解决”，《法学研究》，第3期，第175—193页。

戴建国，2011，“宋代的民田典卖与‘一田两主制’”，《历史研究》，第6期，第99—117页。

笛卡尔，2000，《谈谈方法》，北京：商务印书馆。

迪尔凯姆，1995，《社会学方法的准则》，北京：商务印书馆。

达尔文，1995，《物种起源》，北京：商务印书馆。

董莲池编著，2011，《新金文编》(全三册)，北京：作家出版社。

董志强，2008，“制度及其演化的一般理论”，《管理世界》，第5期，第151—165页。

杜恂诚，2011，“道契制度：完全意义上的土地私有产权制度”，《中国经济史研究》，第1期，第3—11页。

杜赞奇，2004，《文化、权力与国家：1900—1942年的华北农村》，南京：江苏人民出版社。

凡勃伦，1964，《有闲阶级论——关于制度的经济研究》，北京：商务印书馆。

方钦，2006，“可能世界中的选择：纽康姆难题”，《社会科学战线》，第3期，第38—55页。

方钦，2010，“小农经济与儒家信仰——审视中国传统社会的经济与宗教”，《学术研究》，第12期，第79—85页。

方钦，2013，“经济分析中文化的表诠及其意义”(上)，《南方经济》，第5期，第1—11页。

方钦，2017，“公共品的起源、论题与逻辑”，《南方经济》，第12期，第1—26页。

费孝通，2001，《江村经济——中国农民的生活》，北京：商务印书馆。

费孝通，2008，《乡土中国》，北京：人民出版社。

冯钢，2001，“责任伦理与信念伦理：韦伯伦理思想中的康德主义”，《社会学研究》第4期，第32—38页。

弗格森，2010，《文明社会史论》，杭州：浙江大学出版社。

弗里德曼，2000，《中国东南的宗族组织》，上海：上海人民出版社。

冈绍夫，2016，《何为封建主义》，北京：商务印书馆。

高敏，1960，“我国封建社会没有土地私有制吗？”，《光明日报》，3月31日。

格尔兹，1999，《文化的解释》，上海：上海人民出版社。

格雷戈里，2001，《礼物与商品》，昆明：云南大学出版社。

葛兆光，2015，《中国思想史》（第2版），上海：复旦大学出版社。

耿元骊，2008，"'土地兼并'与唐宋间地权的流变"，《辽宁大学学报》（哲学社会科学版），第4期，第78—82页。

耿元骊，2010，"'土地还授'与唐代'均田制'研究——制度得以成立的实施机制"，《江汉论坛》，第6期，第79—83页。

古德利尔，2007，《礼物之谜》，上海：上海人民出版社。

古诺，1994，《财富理论的数学原理的研究》，北京：商务印书馆。

桂华、林辉煌，2012，"土地祖业观与乡土社会的产权基础"，《二十一世纪》，第2期，第108—117页。

哈斯金斯，2005，《12世纪文艺复兴》，上海：上海人民出版社。

哈维兰，2006，《文化人类学》，上海：上海社会科学院出版社。

韩国磐，1959，"从均田制到庄园经济的变化"，《历史研究》，第5期，第29—64页。

韩明士，2007，《道与庶道：宋代以来的道教、民间信仰和神灵模式》，南京：江苏人民出版社。

韩森，2008，《传统中国日常生活中的协商：中古契约研究》，南京：江苏人民出版社。

何炳棣，1989，《1368—1953中国人口研究》，上海：上海古籍出版社。

赫伊津哈，1997，《中世纪的衰落》，杭州：中国美术学院出版社。

黑格尔，1961，《法哲学原理》，北京：商务印书馆。

侯绍庄，1957，"试论我国封建主义时期的自耕农与国家佃农的区别——和胡如雷先生商榷"，《光明日报》，1月3日。

侯外庐，1954，"中国封建社会土地所有制形式的问题——中国封建社会发展规律商兑之一"，《历史研究》，第1期，第17—32页。

胡如雷，1979，《中国封建社会形态研究》，北京：生活·读书·新知三联书店。

胡英泽，2008，"流动的土地与固化的地权——清代至民国关中东部地册研究"，《近代史研究》，第3期，第117—139页。

胡英泽，2011，"近代地权研究的资料、工具与方法——再论'关中模式’”,《近代史研究》，第4期，第134—148页。

华勒斯坦，2005，“西方、资本主义和现代世界体系”，载卜正民、布鲁主编，《中国与历史资本主义：汉学知识的系谱学》，北京：新星出版社，第11—69页。

怀特海，2007，《宗教的形成；符号的意义及效果》，贵阳：贵州人民出版社。

黄凯南、黄少安，2009，“认知理性与制度经济学”，《南开经济研究》，第6期，第3—17页。

黄仁宇，1997，《中国大历史》，北京：生活·读书·新知三联书店。

黄少安，2009，“经济学为什么和怎样研究制度——关于制度经济学研究对象、目的和一般理论框架的梳理”，《学术月刊》，第5期，第76—80页。

黄少安，2013，“罗纳德·科斯与新古典制度经济学”，《经济学动态》，第11期，第97—109页。

黄少安、张卫国，2006，“新、老制度经济学理论体系的比较——从‘本能、习惯’到‘交易成本’”，《江海学刊》，第6期，第53—60页。

黄少安、张卫国，2007，“新、老制度经济学的基本方法论及其比较——融合、继承与发展”，《江海学刊》，第4期，第62—69页。

黄宗智，2000a，《华北的小农经济与社会变迁》，北京：中华书局。

黄宗智，2000b，《长江三角洲小农家庭与乡村发展》，北京：中华书局。

黄宗智，2005a，“认识中国——走向从实践出发的社会科学”，《中国社会科学》，第1期，第83—93页。

黄宗智，2005b，“悖论社会与现代传统”，《读书》，第2期，第3—14页。

黄宗智，2007，《法典、习俗与司法实践：清代与民国的比较》，上海：上海书店出版社。

霍贝尔，2006，《原始人的法：法律的动态比较研究》，北京：法律出版社。

霍布斯，1985，《利维坦》，北京：商务印书馆。

基佐，2005，《欧洲文明史》，北京：商务印书馆。

加尔文，2010，《基督教要义》，北京：生活·读书·新知三联书店。

江太新，1990，“略论清代前期土地买卖中宗法关系的松弛及其社会意义”，《中国经济史研究》，第3期，第72—83页。

江太新，2000，“论清代前期土地买卖的周期”，《中国经济史研究》，第4期，第25—33页。

蒋影明，2007，“交易成本理论的失误”，《学海》，第6期，第117—120页。

金观涛、刘青峰，2009，《观念史研究：中国现代重要政治术语的形成》，北京：法律出版社。

金观涛、刘青峰，2011a，《兴盛与危机：论中国社会超稳定结构》，北京：法律出版社。

金观涛、刘青峰，2011b，《开放中的变迁：再论中国社会超稳定结构》，北京：法律出版社。

金观涛、刘青峰，2011c，《中国现代思想的起源：超稳定结构与中国政治文化的演变》（第一卷），北京：法律出版社。

卡西尔，1985，《人论》，上海：上海译文出版社。

坎南编著，1962，《亚当·斯密关于法律、警察、岁入及军备的演讲》，北京：商务印书馆。

康德，2004，《纯粹理性批判》，北京：人民出版社。

康芒斯，2003，《资本主义的法律基础》，北京：商务印书馆。

科大卫、刘志伟，2000，“宗族与地方社会的国家认同——明清华南地区宗族发展的意识形态基础”，《历史研究》，第3期，第3—14页。

孔迈隆，2011，《晚清帝国契约的构建之路——以台湾地区弥浓契约文件为例》，载曾小萍、欧中坦和加德拉编，《早期近代中国的契约与产权》，浙江大学出版社，第35—84页。

库朗热，2006，《古代城邦——古希腊罗马祭祀、权利和政制研究》，上海：华东师范大学出版社。

库特，1996，“科斯定理”，载约翰·伊特韦尔、默里·米尔盖特和彼得·纽曼编，《新帕尔格雷夫经济学大辞典》（第一卷），北京：经济科学出版社，第 497—500 页。

拉德克利夫-布朗，2005，《安达曼岛人》，桂林：广西师范大学出版社。

拉德克利夫-布朗，2007，《原始社会结构与功能》，北京：九州出版社。

拉尔，2008，《印度均衡：公元前 1500—公元 2000 年的印度（节选和修订版）》，北京：北京大学出版社。

勒高夫，2007，《钱袋与永生：中世纪的经济与宗教》，上海：上海人民出版社。

冷鹏飞，2002，《中国古代社会商品经济形态研究》，北京：中华书局。

李伯重，1999，"中国全国市场的形成，1500—1840 年"，《清华大学学报》（哲学社会科学版），第 12 期，第 48—54 页。

李朝远，1986，"西周诸侯土地所有制的初步考察"，《上海师范大学学报》，第 2 期，第 61—67 页。

李朝远，1988，"论西周天子土地所有权的实现"，《江西社会科学》，第 3 期，第 117—121 页。

李朝远，1990，"论西周土地交换的程序"，《江西社会科学》，第 6 期，第 85—90 页。

李朝远，1994，"青铜器上所见西周中期的社会变迁"，《学术月刊》，第 11 期，第 59—64 页。

李根蟠，2014，"官田民田并立 公权私权叠压——简论秦汉以后封建土地制度的形成及特点"，《中国经济史研究》，第 2 期，第 3—11 页。

李峰，2010，《西周的政体：中国早期的官僚制度和国家》，北京：生活·读书·新知三联书店。

李怀，1999，"制度生命周期与制度效率递减"，《管理世界》，第 3 期，第 68—77 页。

李剑农，2005，《中国古代经济史稿》（一、二、三卷），武汉：武汉大学出版社。

李零，2006，《中国方术正考》，北京：中华书局。

李锡厚，1999，"宋代私有田宅的亲邻权利"，《中国社会科学院研究生院学报》，第 1 期，第 46—54 页。

李向平，2006，《信仰、革命与权力秩序——中国宗教社会学研究》，上海：上海人民出版社。

林济，2001，“近代长江中游家族财产习俗制度述论”，《中国社会经济史研究》，第1期，第56—68页。

林济，2003，“近代乡村财产继承习俗与南北方宗族社会”，《中国农史》，第3期，第76—83页。

刘毓璜，1960，“试论西汉时代的小自耕农经济”，《江海学刊》，第1期，第53—63页。

龙登高，2009，“地权交易与生产要素组合：1650—1950”，《经济研究》，第2期，第146—156页。

龙登高、林展和彭波，2013，“典与清代地权交易体系”，《中国社会科学》，第5期，第125—141页。

卢曼，2003，《宗教教义与社会演化》，北京：中国人民大学出版社。

罗君丽，2007，“交易成本概念的演化：一个不完全的综述”，《河南社会科学》，第6期，第89—92页。

罗维，2006，《初民社会》，南京：江苏教育出版社。

洛克，1982，《政府论》(上篇)，北京：商务印书馆。

洛克，1964，《政府论》(下篇)，北京：商务印书馆。

吕思勉，2005，《中国制度史》，上海：上海教育出版社。

马歇尔，1964，《经济学原理》(上卷)，北京：商务印书馆。

马歇尔，1965，《经济学原理》(下卷)，北京：商务印书馆。

梅因，1959，《古代法》，北京：商务印书馆。

莫斯，2005，《礼物——古式社会中交换的形式与理由》，上海：上海人民出版社。

穆勒，2016，《市场与大师：西方思想如何看待资本主义》，北京：社会科学文献出版社。

奈特，2016，“科学方法在经济学中的局限性”，载 Ross B. Emmett 主编，《经济学的真理》，杭州：浙江大学出版社，第1—40页。

尼汉斯，1996，“交易成本”，载约翰·伊特韦尔、默里·米尔盖特和彼得·纽曼编，《新帕尔格雷夫经济学大辞典》（第四卷），北京：经济科学出版社，第730—733页。

诺思，1992，《经济史上的结构和变革》，厉以平译，北京：商务印书馆。

诺思、托马斯，1999，《西方世界的兴起》，北京：华夏出版社。

诺思，2008，《理解经济变迁过程》，北京：中国人民大学出版社。

诺思、瓦利斯和温格斯特，2013，《暴力与社会秩序：诠释有文字记载的人类历史的一个概念性框架》，上海：格致出版社。

欧大年，1993，《中国民间宗教教派研究》，上海，上海古籍出版社。

皮朗，2001，《中世纪欧洲经济社会史》，上海：上海人民出版社。

皮雷纳，2006，《中世纪的城市》，北京：商务印书馆。

彭慕兰，2003，《大分流：欧洲、中国及现代世界经济的发展》，南京：江苏人民出版社。

齐超，2009，“制度含义及其本质之我见”，《税务与经济》，第3期，第9—13页。

启循，1979，“关于中国封建土地所有制问题的讨论综述”，《历史教学》，第6期，第36—37页。

钱杭，2009，“宗族建构过程中的血缘与世系”，《历史研究》，第4期，第50—67页。

钱穆，1996，《国史大纲》，北京：商务印书馆。

秦晖、金雁，2010，《田园诗与狂想曲：关中模式与前近代社会的再认识》，北京：语文出版社。

邱浚，1999，《大学衍义补》，北京：京华出版社。

瞿同祖，2003a，《中国法律与中国社会》，北京：中华书局。

瞿同祖，2003b，《中国封建社会》，上海：上海人民出版社。

萨林斯，2009，《石器时代经济学》，北京：生活·读书·新知三联书店。

萨伊，1963，《政治经济学概论》，北京：商务印书馆。

塞尔，2001，《心灵、语言和社会——实在世界中的哲学》，上海：上海译文出版社。

塞尔，2008，《社会实在的建构》，上海：上海人民出版社。

沈满洪、张兵兵，2013，“交易费用理论综述”，《浙江大学学报》(人文社会科学版)，第2期，第44—58页。

盛洪，1993，“科斯教授和新制度经济学”，《天津社会科学》，第4期，第91—95页。

盛洪，1997，“局部均衡、一般均衡与制度分析：兼评汪丁丁的《从‘交易费用’到博弈均衡》”，《经济研究》，第2期，第74—80页。

史景迁，2005，《追寻现代中国：1600—1912年的中国历史》，上海：上海远东出版社。

束世澂，1957，“封建社会的土地制度”，《历史教学问题》，第3期，第1—7页。

斯密，1972，《国民财富的性质和原因的研究》(上卷)，北京：商务印书馆。

斯密，1974，《国民财富的性质和原因的研究》(下卷)，北京：商务印书馆。

斯密，2017，《法理学讲义》，北京：中国人民大学出版社。

宋镇豪主笔，2011，《商代史论纲》，北京：中国社会科学出版社。

孙诗锦、龙秀清，2007，“试论中世纪天主教会高利贷观念的嬗变”，《学术研究》，第6期，第103—107页。

汤普逊，1963，《中世纪经济社会史》(下册)，北京：商务印书馆。

汤普逊，1992，《中世纪晚期欧洲经济社会史》，北京：商务印书馆。

汤因比，1998，《一个历史学家的宗教观》，成都：四川人民出版社。

汤因比，2000，《历史研究》，上海：上海人民出版社。

特洛尔奇，2004，《基督教理论与现代》，北京：华夏出版社。

特纳，2006，《象征之林——恩登布人仪式散论》，北京：商务印书馆。

托尼，2006，《宗教与资本主义的兴起》，上海：上海译文出版社。

涂尔干，1999，《宗教生活的基本形式》，上海：上海人民出版社。

汪丁丁，1992，“制度创新的一般理论”，《经济研究》，第5期，第69—80页。

汪丁丁，1995，“从‘交易费用’到博弈均衡”，《经济研究》，第9期，第72—80页。

王国斌，1998，《转变的中国：历史变迁与欧洲经验的局限》，南京：江苏人民出版社，1998。

王国斌，2005，“农业帝国的政治经济体制及其在当代的遗迹”，载卜正民、布鲁主编，《中国与历史资本主义：汉学知识的系谱学》，北京：新星出版社，第251—299页。

王家范，1999a，“中国传统社会农业产权‘国有’性质辩证”，《华东师范大学学报》(哲学社会科学版)，第3期，第21—29页。

王家范，1999b，“中国传统社会农业产权辨析”，《史林》，第4期，第1—9页。

王毅，2007，《中国皇权制度研究——以16世纪前后中国制度形态及其法理为焦点》，北京：北京大学出版社。

维柯，1989，《新科学》，北京：商务印书馆。

维塞尔，1982，《自然价值》，北京：商务印书馆。

维特根斯坦，2003a，《逻辑哲学论》，载《维特根斯坦全集》(第1卷)，石家庄：河北教育出版社。

维特根斯坦，2003b，《哲学研究》，载《维特根斯坦全集》(第8卷)，石家庄：河北教育出版社。

韦伯，2004a，《中国的宗教——儒教与道教》，《韦伯作品集》(V)，桂林：广西师范大学出版社。

韦伯，2004b，《宗教与世界》，《韦伯作品集》(V)，桂林：广西师范大学出版社。

韦伯，2004c，《经济与历史》，《韦伯作品集》(II)，桂林：广西师范大学出版社。

韦伯，2005，《宗教社会学》，《韦伯作品集》(VIII)，桂林：广西师范大学出版社。

韦伯，2006a，《经济通史》，上海：上海三联书店。

韦伯，2006b，《新教伦理与资本主义精神》，西安：陕西师范大学出版社。

韦伯，2007，《新教伦理与资本主义精神》，《韦伯作品集》(XII)，桂林：广西师范大学出版社。

韦伯，2010a，《新教伦理与资本主义精神》，上海：上海人民出版社。

韦伯，2010b，《新教伦理与资本主义精神》，北京：社会科学文献出版社。

韦伯，2010c，《经济与社会》(第一卷)，上海：上海人民出版社。

韦森，2001，《社会制序的经济分析导论》，上海：上海三联书店。

韦森，2002，《经济学与伦理学——探寻市场经济的伦理维度与道德基础》，上海：上海人民出版社。

韦森，2003a，"哈耶克式自发制度生成论的博弈论诠释——评肖特的《社会制度的经济理论》"，《中国社会科学》，第6期，第43—57页。

韦森，2003b，"剑桥书简之五：交易费用与交易惠利——对新制度经济学的一点补充"，载《经济学如诗》，上海：上海人民出版社，第155—165页。

韦森，2003c，"剑桥书简之六：交易费用、交易惠利与社会制序"，载韦森著，《经济学如诗》，上海：上海人民出版社，第166—175页。

韦森，2003d，"如何看待交易费用的社会功用?"，载韦森著，《经济学如诗》，上海：上海人民出版社，第179—184页。

韦森，2003e，《文化与制序》，上海：上海人民出版社。

韦森，2006，"斯密动力与布罗代尔钟罩——研究西方世界近代兴起和晚清帝国相对停滞之历史原因的一个可能的新视角"，《社会科学战线》，第1期，第72—85页。

韦森，2014，《语言与制序——经济学的语言与制度的语言之维》，北京：商务印书馆。

韦思谛编，2006，《中国大众宗教》，南京：江苏人民出版社。

魏丕信，2006，《十八世纪中国的官僚制度与荒政》，南京：江苏人民出版社。

伍尔夫，2005，《中古哲学与文明》，上海：华东师范大学出版社。

西美尔，2003，《宗教社会学》，上海：上海人民出版社。

萧凤霞，2001，"廿载华南研究之旅"，《清华社会学评论》，第1期，第

181—190页。

谢和耐，1995，《中国社会史》，南京：江苏人民出版社。

谢和耐，2004，《中国5—10世纪的寺院经济》，上海：上海古籍出版社。

谢小芹、简小鹰，2014，"'祖业权'：作为一种非正式产权的地方表达与实践——基于对广西宗族性村落的调查"，《广西师范大学学报》（哲学社会科学版），第1期，第56—62页。

休谟，1980，《人性论》，北京：商务印书馆。

熊彼特，2001，《经济分析史》（第一卷），北京：商务印书馆。

徐嘉鸿，2014，"祖业抑或私产：论农民的土地产权认知——对赣北z村征地纠纷的个案解读"，《广东社会科学》，第3期，第198—207页。

许成钢，2017，"新制度经济学的过去和未来"，载吴敬琏主编，《比较》第5辑（总第92辑），北京：中信出版集团，第140—150页。

许倬云，2005，《汉代农业——中国农业经济的起源及特性》，桂林：广西师范大学出版社。

许倬云，2006a，《中国古代社会史论——春秋战国时期的社会流动》，桂林：广西师范大学出版社。

许倬云，2006b，《中国古代文化的特质》，北京：新星出版社。

许倬云，2006c，《万古江河——中国历史文化的转折与开展》，上海：上海文艺出版社。

许倬云，2006d，《求古编》，北京：新星出版社。

雪莱，2004，《基督教会史》，北京：北京大学出版社。

亚里士多德，1965，《政治学》，北京：商务印书馆。

亚里士多德，1999，《亚里士多德选集·伦理学卷》，北京：中国人民大学出版社。

杨凤岗，2008，"对于儒教之为教的社会学思考"，《兰州大学学报》（社会科学版），第3期，第10—19页。

杨国桢，1982a，"清代闽北土地文书选编（一）"，《中国社会经济史研究》，第1期，第111—121页。

杨国桢，1982b，"清代闽北土地文书选编（二）"，《中国社会经济史研究》，第 2 期，第 102—116 页。

杨国桢，1982c，“清代闽北土地文书选辑（三）”，《中国社会经济史研究》，第 3 期，第 99—106 页。

杨国桢，2009，《明清土地契约文书研究》，北京：中国人民大学出版社。

杨瑞龙，1993，“论制度供给”，《经济研究》，第 8 期，第 45—52 页。

杨师群，1993，“春秋土地私有制问题的商榷”，《学术月刊》，第 3 期，第 41—47 页。

杨师群，1997，“西周社会财产私有制问题的考察”，《学术月刊》，第 5 期，第 82—90 页。

杨师群，1998，“论东周秦代社会财产私有权问题”，《学术月刊》，第 5 期，第 68—74 页。

杨师群，1999，“汉唐间社会财产私有权问题考论”，《学术月刊》，第 8 期，第 85—92 页。

杨师群，2000，“中世纪中西方社会经济结构之比较”，《学术月刊》，第 9 期，第 67—74 页。

杨师群，2003a，“中国传统社会自耕农产权问题的考察——与西欧中世纪农民的比较研究”，《学术月刊》，第 8 期，第 66—73、89 页。

杨师群，2003b，“中西方上古社会财产所有权法制建构的对立”，《华东政法学院学报》，第 6 期，第 73—80 页。

姚雨芗原著，胡仰山增辑，1987，《大清律例会通新纂》（第三卷），台北：文海出版社。

伊利亚德，2002，《神圣与世俗》，北京：华夏出版社。

伊利亚德，2004，《宗教思想史》，上海：上海社会科学院出版社。

张五常，1996，“经济组织与交易成本”，载约翰·伊特韦尔、默里·米尔盖特和彼得·纽曼编，《新帕尔格雷夫经济学大辞典》（第二卷），北京：经济科学出版社，第 58—60 页。

张传玺，1978，“论中国古代土地私有制形成的三个阶段”，《北京大学学报》（哲学社会科学版），第 2 期，第 46—56 页。

张五常，1999，“交易费用的范式”，《社会科学战线》，第 1 期，第 1—9 页。

张旭昆，2002，“制度的定义与分类”，《浙江社会科学》，第6期，第3—9页。

张越，2016，“‘五朵金花’问题再审视”，《中国史研究》，第2期，第13—28页。

曾小萍，2011，《对战前中国产权的评论》，载曾小萍、欧中坦和加德拉编，《早期近代中国的契约与产权》，浙江大学出版社，第17—34页。

赵冈，2002，“传统农村社会的土地分配”，《汉学研究》，第1期，第441—452页。

赵冈、陈钟毅，2006a，《中国土地制度史》，北京：新星出版社。

赵冈、陈钟毅，2006b，《中国经济制度史论》，北京：新星出版社。

赵立行，2001，“论中世纪高利贷禁令及其社会基础”，《历史教学》，第10期，第16—20页。

周业安，2001，“关于当前中国新制度经济学研究的反思”，《经济研究》，第7期，第19—27页。

Acemoglu, Daron, 2006, *Lecture Notes for Political Economy of Institutions and Development*, Cambridge, Mass.: Harvard University Press.

Adams, John, 2001, “Culture and Economic Development in South Asia”, *Annals of the American Academy of Political and Social Science*, 573: 152-175.

Aivazian, Varouj A., and Jeffrey L. Callen, 1981, “The Coase Theorem and the Empty Core”, *The Journal of Law and Economics*, 24(1): 175-181.

Alchian, Armen A., 1969, “Information Costs, Pricing, and Resource Unemployment”, *Economic Inquiry*, 7(2): 109-128.

Alchian, Armen A., 2008, “Property Rights”, in Durlauf, Steven N., and Lawrence E. Blume (eds.), *The New Palgrave Dictionary of Economics* (2nd Edition), NY: Palgrave Macmillan, vol. 6: 696-700.

Alchian, Armen A., and Harold Demsetz, 1972, “Association Production, Information Costs, and Economic Organization”, *American Economic Review*, 62(5): 777-795.

Alston, L. J., 2008, "New Institutional Economics", in Durlauf, Steven N., and Lawrence E. Blume (eds.), *The New Palgrave Dictionary of Economics* (2nd Edition), NY: Palgrave Macmillan, vol. 6: 32–39.

Anderson, Robert Warren, Johnson, Noel D. and Mark Koyama, 2015, "Jewish Persecutions and Weather Shocks: 1100–1800", *The Economic Journal*, 127(602): 924–958.

Aoki, M., 2001, *Toward a Comparative Institutional Analysis*, Cambridge, Mass.: MIT Press.

Arrow, Kenneth J., 1962, "Economic Welfare and the Allocation of Resources for Invention", in *The Rate and Direction of Inventive Activity: Economic and Social Factors*, National Bureau of Economic Research, Inc., pp. 609–626.

Arrow, Kenneth J., 1963, "Uncertainty and the Welfare Economics of Medical Care", *The American Economic Review*, 53 (5): 941–973.

Arrow, Kenneth J., 1965, "Uncertainty and the Welfare Economics of Medical Care: Reply (The Implications of Transaction Costs and Adjustment Lags) ", *The American Economic Review*, 55 (1/2): 154–158.

Arrow, Kenneth J., 1969, "The Organization of Economic Activity: Issues Pertinent to the Choice of Market versus Non-market Allocation", *The Analysis and Evaluation of Public Expenditures: The PPB System*, 1: 59–73.

Baker, J. Wayne, 1974, "Heinrich Bullinger and the Idea of Usury", *Sixteenth Century Journal*, 5 (1): 49–70.

Barclay, Harold B., 1969, "The Protestant Ethic versus the Spirit of Capitalism?", *Review of Religious Research*, 10 (3): 151–158.

Barker, David C., and Christopher Jan Carman, 2000, "The Spirit of Capitalism? Religious Doctrine, Values, and Economic Attitude Constructs", *Political Behavior*, 22 (1): 1–27.

Barzel, Yoram, 1977, "Some Fallacies in the Interpretation of Information Costs", *The Journal of Law and Economics*, 20 (2): 291–307.

Barzel, Yoram, 1982, "Measurement Cost and the Organization of Markets", *The Journal of Law and Economics*, 25 (1): 27–48.

Barzel, Yoram, 1985, "Transaction Costs: Are They Just Costs?" *Journal of Institutional and Theoretical Economics*, 141 (1): 4–16.

Baumann, Priscilla, 1990, "The Deadliest Sin: Warnings against Avarice and Usury on Romanesque Capitals in Auvergne", *Church History*, 59 (1): 7–18.

Baumol, William J., 1952, "The Transactions Demand for Cash: An Inventory Theoretic Approach", *The Quarterly Journal of Economics*, 66 (4): 545–556.

Becker, Marvin B., 1957, "Three Cases Concerning the Restitution of Usury in Florence", *The Journal of Economic History*, 17 (3): 445–450.

Bellah, Robert, 1963, "Reflections on the Protestant Ethic Analogy in Asia", *Journal of Social Issues*, 19 (1): 52–61.

Bicchieri, Cristina, 2006, *The Grammar of Society: The Nature and Dynamics of Social Norms*, Cambridge, UK: Cambridge University Press.

Binmore, Ken, 1994, *Game Theory and Social Contract, vol. I: Playing Fair*, Cambridge, Mass.: MIT Press.

Binmore, Ken, 1998, *Game Theory and Social Contract, vol. II: Just Playing*, Cambridge, Mass.: MIT Press.

Binmore, Ken, 2008, "Do Conventions Need to Be Common Knowledge?", *Topoi*, 27 (1–2): 17–27.

Binmore, Ken, 2015, "Institutions, Rules and Equilibria: A Commentary", *Journal of Institutional Economics*, 11 (3): 493–496.

Bishop, D. T., and C. Cannings, 1978, "A Generalized War of Attrition", *Journal of Theoretical Biology*, 70 (1): 85–124.

Boas, George, 1973, "Idea", in Wiener, Philip P., (ed.), *Dictionary of the History of Ideas*, NY: Charles Scribner's Sons, vol. 2: 542–549.

Boland, Lawrence A., 1979, "Knowledge and the Role of Institutions in

Economic Theory", *Journal of Economic Issues*, 13(4): 957–972.

Boring, Edwin G., 1930, "A New Ambiguous Figure", *The American Journal of Psychology*, 42(3): 444–445.

Bowles, S., 2004, *Microeconomics: Behavior, Institutions and Evolution*, Princeton, NJ: Princeton University Press.

Brook, Timothy, 1995, "Weber, Mencius, and the History of Chinese Capitalism", *Asian Perspective*, 19(1): 79–97.

Buchanan, James M., and Gordon Tullock, 1999, *The Calculus of Consent*, Indianapolis, IN: Liberty Fund, Inc.

Buck, Robert Enoch, 1993, "Protestantism and Industrialization: An Examination of Three Alternative Models of the Relationship between Religion and Capitalism", *Review of Religious Research*, 34(3): 210–224.

Burgess, Simon, 2004, "The Newcomb Problem: an Unqualified Resolution", *Synthese*, 138(2): 261–287.

Calabresi, Guido, 1968, "Transaction Costs, Resource Allocation and Liability Rules: A Comment", *Journal of Law and Economics*, 11(1): 67–73.

Chen, Shuo, and James Kai-sing Kung, 2016, "Of Maize and Men: the Effect of a New World Crop on Population and Economic Growth in China", *Journal of Economic Growth*, 21(1): 71–99.

Cheung, Steven N. S., 1969, "Transaction Costs, Risk Aversion, and the Choice of Contractual Arrangements", *Journal of Law and Economics*, 12(1): 23–42.

Cheung, Steven N. S., 1974, "A Theory of Price Control", *Journal of Law and Economics*, 17(1): 53–71.

Cheung, Steven N. S., 1978, *The Myth of Social Cost: A Critique of Welfare Economics and the Implications for Public Policy*, London: The Institute of Economic Affairs.

Chisholm, Roderick M., [1967] 2005, "Intentionality", in Borchert, Donald M., (ed.), *Encyclopedia of Philosophy* (2nd Edition), Farmington Hills, MI:

Macmillan Reference USA, vol. 4: 704–708.

Clark, Gregory, 2007a, *A Farewell to Alms: A Brief Economic History of the World*, Princeton: Princeton University Press.

Clark, Gregory, 2007b, "A Review of Avner Greif's Institutions and the Path to the Modern Economy: Lessons from Medieval Trade", *Journal of Economic Literature*, 45(3), 727–743.

Coase, Ronald H., 1937, "The Nature of the Firm", *Economica*, 4(16): 386–405.

Coase, Ronald H., 1959, "The Federal Communications Commission", *The Journal of Law and Economics*, 2: 1–40.

Coase, Ronald H., 1960, "The Problem of Social Cost", *Journal of Law and Economics*, 3: 1–44.

Coase, Ronald H., 1974, "The Choice of the Institutional Framework: A Comment", *The Journal of Law and Economics*, 17(2): 493–496.

Coase, Ronald H., 1981, "The Coase Theorem and the Empty Core: A Comment", *The Journal of Law and Economics*, 24(1): 183–187.

Coase, Ronald H., 1984, "The New Institutional Economics", *Journal of Institutional and Theoretical Economics*, 140(1): 229–231.

Coase, Ronald H., 1988a, "The Nature of the Firm: Origin", *Journal of Law, Economics, and Organization*, 4(1): 3–17.

Coase, Ronald H., 1988b, "The Nature of the Firm: Meaning", *Journal of Law, Economics, and Organization*, 4(1): 19–32.

Coase, Ronald H., 1988c, "The Nature of the Firm: Influence", *Journal of Law, Economics, and Organization*, 4(1): 33–47.

Coase, Ronald H., 1988d, "Notes on the Problem of Social Cost", in *The Firm, the Market, and the Law*, Chicago: The University of Chicago Press, pp. 157–185.

Coase, Ronald H., 1992, "The Institutional Structure of Production", *The American Economic Review*, 82(4): 713–719.

Coaes, Ronald H., 1998, "The New Institutional Economics", *The American Economic Review*, 88(2): 72–74.

Cohen, Jere, 1980, "Rational Capitalism in Renaissance Italy", *American Journal of Sociology*, 85(6): 1340–1355.

Coleman, William Oliver, 2004, *Economics and Its Enemies: Two Centuries of Anti-Economics*, NY: Palgrave Macmillan.

Collins, Randall, 1980, "Weber's Last Theory of Capitalism: A Systematization", *American Sociological Review*, 45(6): 925–942.

Collins, Randall, 1997, "An Asian Route to Capitalism: Religious Economy and the Origins of Self-Transforming Growth in Japan", *American Sociological Review*, 62(6): 843–865.

Commons, John R., 1934, *Institutional Economics*, NY: Macmillan.

Crowley, James W., and John A. Ballweg, 1971, "Religious Preference and Worldly Success: An Empirical Test in a Midwestern City", *Sociological Analysis*, 32(2): 71–80.

Davies, Christie, 1992, "The Protestant Ethic and the Comic Spirit of Capitalism", *The British Journal of Sociology*, 43(3): 421–442.

Davis, Edward B., 1984, "Newcomb's Problem and Divine Foreknowledge", *Journal of the American Scientific Affiliation*, 36(1): 9–12.

Davis, Wallace M., 1978, "'Anticritical Last Word on The Spirit of Capitalism,' by Max Weber", *The American Journal of Sociology*, 83(5): 1105–1131.

De Roover, Raymond, 1967, "The Scholastics, Usury, and Foreign Exchange", *The Business History Review*, 41(3): pp. 257–271.

De Soto, Hernando, 2000, *The Mystery of Capital: Why Capitalism Triumphs in the West and Fails Everywhere Else*, London: Bantam Press.

Delacroix, Jacques, 1992, "A Critical Empirical Test of the Common Interpretation of the Protestant Ethic and the Spirit of Capitalism", Paper presented at *Meetings of International Association of Business and Society*, Leuven.

Delacroix, Jacques, 1995, "Religion and Economic Action: The Protestant Ethic, the Rise of Capitalism, and the Abuses of Scholarship", *Journal for the Scientific Study of Religion*, 34(1): 126–127.

Delacroix, Jacques, and François Nielsen, 2001, "The Beloved Myth: Protestantism and the Rise of Industrial Capitalism in Nineteenth-Century Europe", *Social Forces*, 80(2): 509–553.

Demsetz, Harold, 1964, "The Exchange and Enforcement of Property Rights", *The Journal of Law and Economics*, 7: 11–26.

Demsetz, Harold, 1967, "Toward a Theory of Property Rights", *American Economic Review*, 57(2): 347–359.

Demsetz, Harold, 1968, "The Cost of Transacting", *The Quarterly Journal of Economics*, 82(1): 33–53.

Diehl, Carl, 1923, "The Life and Work of Max Weber", *The Quarterly Journal of Economics*, 38(1): 87–107.

Durham, J. Benson, 2004, "Economic Growth and Institutions: Some Sensitivity Analyses, 1961–2000", *International Organization*, 58(3): 485–529.

Donohue, John J., III, 1989a, "Diverting The Coasean River: Incentive Schemes to Reduce Unemployment Spells", *The Yale Law Journal*, 99(3): 549–609.

Donohue, John J., III, 1989b, "Two Notes on the Coase Theorem: Reply", *The Yale Law Journal*, 99(3): 635–636.

Draper, John W., 1935, "Usury in 'The Merchant of Venice'", *Modern Philology*, 33(1): 37–47.

Eggertsson, Thráinn, 1990, *Economic Behavior and Institutions*, Cambridge, UK: Cambridge University Press.

Eisen, Arnold, 1978, "The Meanings and Confusions of Weberian 'Rationality'", *The British Journal of Sociology*, 29(1): 57–70.

Ellickson, Robert C., 1989, "The Case for Coase and against

'Coaseanism'", *The Yale Law Journal*, 99 (3): 611–630.

Felder, Joseph, 2001, "Coase Theorems 1–2–3", *The American Economist*, 45 (1): 54–61.

Firth, Raymond, 1927, "The Study of Primitive Economics", *Economica*, 21: 312–335.

Firth, Raymond, 1939, *Primitive Polynesian Economy*, London: Kegan Paul.

Fischoff, Ephraim, 1944, "The Protestant Ethic and the Spirit of Capitalism: The History of a Controversy", *Social Research*, 11 (1): 53–77.

Foley, Duncan K., 1970, "Economic Equilibrium with Costly Marketing", *Journal of Economic Theory*, 2 (3): 276–291.

Forcese, Dennis P., 1968, "Calvinism, Capitalism and Confusion: The Weberian Thesis Revisited", *Sociological Analysis*, 29 (4): 193–201.

Foster, John Fagg, 1981, "The Papers of J. Fagg Foster", *Journal of Economic Issues*, 15 (4): 857–1012.

Fullerton, Kemper, 1928, "Calvinism and Capitalism", *The Harvard Theological Review*, 21 (3): 163–195.

Furubotn, Eirik G., and Rudolf Richter, 2005, *Institutions and Economic Theory: The Contribution of the New Institutional Economics* (2nd Edition), Ann Arbor, MI: The University of Michigan Press.

Furubotn, Eirik G., and Rudolf Richter, 2008, "The New Institutional Economics—A Different Approach to Economic Analysis", *Economic Affairs*, 28 (3): 15–23.

George, Charles H., 1957, "English Calvinist Opinion on Usury, 1600–1640", *Journal of the History of Ideas*, 18 (4): 455–474.

Greeley, Andrew, 1964, "The Protestant Ethic: Time for a Moratorium", *Sociological Analysis*, 25 (1): 20–33.

Green, Jerry, and Eytan Sheshinski, 1975, "Competitive Inefficiencies in the Presence of Constrained Transactions", *Journal of Economic Theory*, 10 (3):

343–357.

Green, Robert W., (eds.), 1973, *Protestantism, Capitalism, and Social Science: the Weber Thesis Controversy*, Toronto: D. C. Heath and Company.

Gregory, C. A., 1980, "Gifts to Men and Gifts to God: Gift Exchange and Capital Accumulation in Contemporary Papua", *Man*, 15(4): 626–652.

Greif, Avner, 2006, *Institutions and the Path to the Modern Economy: Lessons from Medieval Trade*, Cambridge, UK: Cambridge University Press.

Greif, Avner and Christopher Kingston, 2011, "Institutions: Rules or Equilibria?", in Schofield, Norman and Gonzalo Caballero (eds.), *Political Economy of Institutions, Democracy and Voting*, Berlin: Springer, pp. 13–43.

Hahn, Frank H., 1971, "Equilibrium with Transaction Costs", *Econometrica*, 39(3): 417–439.

Hahn, Frank H., 1973, "On Transaction Costs, Inessential Sequence Economies and Money", *The Review of Economic Studies*, 49(4): 449–461.

Hamilton, Richard F., 1995, "Max Weber's The Protestant Ethic: A Commentary on the Thesis and on Its Reception in the Academic Community", *Working Paper 1995/73*, Madrid: Center for Advanced Study in the Social Sciences of the Juan March Institute.

Hamilton, Walton H., 1919, "The Institutional Approach to Economic Theory", *The American Economic Review*, 9(1): 309–318.

Hamilton, Walton, 1932, "Institutions", in *Encyclopaedia of the Social Sciences*, Seligman, Edwin R. A., and Alvin Johnson (eds.), NY: Macmillan, vol. 8: 84–89.

Hammerstein, Peter, and Geoffrey A. Parker, 1982, "The Asymmetric War of Attrition", *Journal of Theoretical Biology*, 96(4): 647–682.

Hansen, Niles M., 1963, "The Protestant Ethic as a General Precondition for Economic Development", *The Canadian Journal of Economics and Political Science*, 29(4): 462–474.

Hayek, F. A., 1967, "Notes on the Evolution of Systems of Rules of

Conduct", in *Studies in Philosophy, Politics, and Economics*, Chicago: The University of Chicago Press, pp. 66–81.

Heer, Friedrich, 1966, *The Intellectual History of Europe*, NY: The World Publishing Company.

Helmolz, R. H., 1986, "Usury and the Medieval English Church Courts", *Speculum*, 61(2): 364–380.

Herskovits, Melville Jean, 1939, *The Economic Life of Primitive People*, NY: Knopf.

Hertz, Karl H., 1962, "Max Weber and American Puritanism", *Journal for the Scientific Study of Religion*, 1(2): 189–197.

Hicks, John R., 1935, "A Suggestion for Simplifying the Theory of Money", *Economica*, 2(5): 1–19.

Hindriks, Frank and Francesco Guala, 2014, "Institutions, Rules, and Equilibria: A Unified Theory", *Journal of Institutional Economics*, 11(3): 1–22.

Hocart, A. M., 1914, "Mana", *Man*, 14: 97–101.

Hocart, A. M., 1922, "Mana Again", *Man*, 22: 139–141.

Hodgson, Geoffrey M., 1993, "Institutional Economics: Surveying the 'Old' and the 'New'", *Metroeconomica*, 44(1): 1–28.

Hodgson, Geoffrey M., 1998, "The Approach of Institutional Economics", *Journal of Economic Literature*, 36(1): 166–192.

Hodgson, Geoffrey M., 2000, "What Is the Essence of Institutional Economics?", *Journal of Economic Issues*, 34(2): 317–329.

Hodgson, Geoffrey M., 2006, "What Are Institutions?", *Journal of Economic Issues*, 40(1): 1–25.

Hodgson, Geoffrey M., 2009, "Institutional Economics into the Twenty-First Century", *Studi e Note di Economia*, 14(1): 3–26.

Hogbin, H. Ian, 1936, "Mana", *Man*, 6(3): 241–274.

Holt, Jim, 2002, "Thinking inside the Boxes", from website: http: //www.

slate.com/?id=2061419.

Holton, R. J., 1983, "Max Weber, 'Rational Capitalism,' and Renaissance Italy: A Critique of Cohen", *The American Journal of Sociology*, 89(1): 166–180.

Hopkins, Washburn, 1899, "Economics of Primitive Religion", *Journal of the American Oriental Society*, 20: 303–308.

Hough, Richard, 1994, *Captain James Cook: A Biography*, London: Hodder and Stoughton.

Huang, Philip C. C., 2002, "Development or Involution? 18th Century Britain and China", *Journal of Asian Studies*, 61(2): 501–538.

Hudson, Winthrop S., 1961, "The Weber Thesis Reexamined", *Church History*, 30(1): 88–99.

Hughes, H. Stuart, 1958, *Consciousness and Society: The Reorientation of European Social Thought 1890–1930*, NY: Knopf.

Hume, David, 2007, *A Treatise of Human Narure*, vol. 1, Oxford: Oxford University Press.

Hurwicz, L., 1996, "Institutions as Families of Game Forms", *Japanese Economic Review*, 47(2): 113–132.

Hutchison, Terence W., 1984, "Institutionalist Economics Old and New", *Journal of Institutional and Theoretical Economics*, 140(1): 20–29.

Hyman, Albert, 1938, "Calvinism and Capitalism in the Netherlands, 1555–1700", *The Journal of Modern History*, 10(3): 321–343.

Iannaccone, Laurence R., 1998, "Introduction to the Economics of Religion", *Journal of Economic Literature*, 36(3): 1465–1496.

Inglehart, Ronald, and Wayne E. Baker, 2000, "Modernization, Cultural Change, and the Persistence of Traditional Values", *American Sociological Review*, 65(1): 19–51.

Iyigun, Murat, 2015, *War, Peace and Prosperity in the Name of God: The Ottoman Role in Europe's Socioeconomic Evolution*, Chicago: University of

Chicago Press.

Jacob, Pierre, 2005, "Intentionality [Addendum]", in Borchert, Donald M., (ed.), *Encyclopedia of Philosophy* (2nd Edition), Farmington Hills, MI: Macmillan Reference USA, vol. 4: 708–714.

Jensen, Michael and William Meckling, 1976, "Theory of the Firm: Managerial Behavior, Agency Costs, and Ownership Structure", *Journal of Financial Economics*, 3 (4): 305–360.

Johnson, Allen, 1989, "Horticulturists: Economic Behavior in Tribes", In Plattner, Stuart, (ed.), *Economic Anthropology*, Stanford, CA: Stanford University Press, pp. 63–67.

Jonassen, Christen T., 1947, "The Protestant Ethic and the Spirit of Capitalism in Norway", *American Sociological Review*, 12 (6): 676–686.

Kalberg, Stephen, 1980, "Max Weber's Types of Rationality: Cornerstones for the Analysis of Rationalization Processes in History", *The American Journal of Sociology*, 85 (5): 1145–1179.

Kaneko, Mamoru, 2004, *Game Theory and Mutual Misunderstanding*, Berlin: Springer.

Kaufman, Bruce E., 2017, "The Origins and Theoretical Foundation of Original Institutional Economics Reconsidered", *Journal of the History of Economic Thought*, 39 (3): 293–322.

Kerridge, Eric, 2002, *Usury, Interest and the Reformation*, Burlington: Ashgate.

Kirschenbaum, Aaron, 1985, "Jewish and Christian Theories of Usury in the Middle Ages", *The Jewish Quarterly Review*, 75 (3): 270–289.

Kitch, Edmund W., 1983, "The Fire of Truth: A Remembrance of Law and Economics at Chicago, 1932–1970", *The Journal of Law and Economics*, 26 (1): 163–234.

Klaes, Matthias, 1996, "Transaction Costs as Opportunity Costs", *Paper presented at Annual Conference of the European Association for Evolutionary*

Political Economy, Antwerp.

Klaes, Matthias, 2000a, "The History of the Concept of Transaction Cost: Neglected Aspects", *Journal of the History of Economic Thought*, 22 (2): 191–216.

Klaes, Matthias, 2000b, "The Birth of Concept of Transaction Costs: Issues and Controversies", *Industrial and Corporate Change*, 9 (4): 567–593.

Klaes, Matthias, 2008, "History of Transaction Costs", in Durlauf, Steven N., and Lawrence E. Blume (eds.), *The New Palgrave Dictionary of Economics* (2nd Edition), NY: Palgrave Macmillan, vol. 8: 363–367.

Klein, Benjamin, 1980, "Transaction Cost Determinants of 'Unfair' Contractual Arrangements", *The American Economic Review*, 70 (2): 356–362.

Knight, F. H., 1924, "Some Fallacies in the Interpretation of Social Cost", *The Quarterly Journal of Economics*, 38 (4): 582–606.

Knight, F. H., 1956, "Historical and Theoretical Issues in the Problem of Modern Capitalism", in *On the History and Method of Economics*, Chicago: The University of Chicago Press, pp. 89–103.

Kolko, Gabriel, 1959, "A Critique of Max Weber's Philosophy of History", *Ethics*, 70 (1): 21–36.

Kuhn, Thomas S., 1961, "The Function of Measurement in Modern Physical Science", *Isis*, 52 (2): 161–193.

Kurz, Mordecai, 1974, "Equilibrium in a Finite Sequence of Markets with Transaction Cost", *Econometrica*, 42 (1): 1–20.

Lees, Dennis S., and Robert G. Rice, 1965, "Uncertainty and the Welfare Economics of Medical Care: Comment", *The American Economic Review*, 55 (1/2): 140–154.

Lévi-Strauss, Claude, 1969, *The Elementary Structures of Kinship*, Needham, Rodney, (ed.), Boston: Beacon Press.

Lewis, David, 1969, *Convention: A Philosophical Study*, Cambridge, Mass.: Harvard University Press.

Lewis, David, 1986. *Philosophical Papers, Volume II*, Oxford: Oxford University Press.

Li, Feng, 2003, "Feudalism and Western Zhou China: A Criticism", *Harvard Journal of Asiatic Studies*, 63 (1): 115–144.

Lin, Justin Yifu, 1989, "An Economic Theory of Institutional Change: Induced and Imposed Change," *Cato Journal*, 9 (1): 1–33.

Lipset, Seymour Martin, and Reinhard Bendix, 1960, *Social Mobility in Industrial Society*, Berkeley: University of California Press, 1960.

Little, David, 1966, "Max Weber Revisited: The 'Protestant Ethic' and the Puritan Experience of Order", *The Harvard Theological Review*, 59 (4): 415–428.

Little, Lester K., 1971, "Pride Goes before Avarice: Social Change and the Vices in Latin Christendom", *The American Historical Review*, 76 (1): 16–49.

Little, Lester K., 1978, *Religious Poverty and the Profit Economy in Medieval Europe*, Itheaca, NY: Cornell University Press.

Loader, Colin, 2001, "Puritans and Jews: Weber, Sombart and the Transvaluators of Modern Society", *Canadian Journal of Sociology*, 26 (4): 635–653.

Mack, R. W., R. J. Murphy and S. Yellin, 1956, "The Protestant Ethic, Level of Aspiration and Social Mobility", *American Sociological Review*, 21 (3): 295–300.

Malinowski, B., 1920, "Kula; the Circulating Exchange of Valuables in the Archipelagoes of Eastern New Guinea", *Man*, 20: 97–105.

Malinowski, B., 1921, "The Primitive Economics of the Trobriand Islanders", *The Economic Journal*, 31 (121): 1–16.

Malinowski, B., 1922, *Argonauts of the Western Pacific: An Account of Native Enterprise and Adventure in the Archipelagoes of Melanesian New Guinea*, London: Routledge and Kegan Paul.

Malinowski, B., 1936, "Culture as a Determinant of Behavior", *The*

Scientific Monthly, 43 (5): 440–449.

Malmgren, H. B., 1961, "Information, Expectations and the Theory of the Firm", *Quarterly Journal of Economics*, 75 (3): 399–421.

Maloney, Robert P., 1973, "The Teaching of the Fathers on Usury: An Historical Study on the Development of Christian Thinking", *Vigiliae Christianae*, 27 (4): 241–265.

Mantzavinos, C., Douglass C. North and Syed Shariq, 2004, "Learning, Institutions, and Economic Performance", *Perspectives on Politics*, 2 (1): 75–84.

Marschak, Jacob, 1950, "The Rationale of the Demand for Money and of 'Money Illusion'", *Metroeconomica*, 2 (2): 71–100.

Marshall, Gordon, 1980, "The Dark Side of the Weber Thesis: The Case of Scotland", *The British Journal of Sociology*, 31 (3): pp. 419–440.

Matthews, R. C. O., 1986, "The Economics of Institutions and the Sources of Growth", *The Economic Journal*, 96 (384): 903–918.

Maurer, Heinrich H., 1924, "Studies in the Sociology of Religion. I. The Sociology of Protestantism", *The American Journal of Sociology*, 30 (3): 257–286.

Mayhew, Anne, 1989, "Contrasting Origins of the Two Institutionalisms: The Social Science Context", *Review of Political Economy*, 1 (3): 319–333.

McCormack, Thelma, 1969, "The Protestant Ethic and the Spirit of Socialism", *The British Journal of Sociology*, 20 (3): 266–276.

Means, Richard L., 1965, "Weber's Thesis of the Protestant Ethic: The Ambiguities of Received Doctrine", *The Journal of Religion*, 45 (1): 1–11.

Means, Richard L., 1966, "Protestantism and Economic Institutions: Auxiliary Theories to Weber's Protestant Ethic", *Social Forces*, 44 (3): 372–381.

Medema, Steven G., 1994, "The Myth of Two Coases: What Coase Is Really Saying", *Journal of Economic Issues*, 28 (1): 208–217.

Medema, Steven G., 1999, "Legal Fiction: The Place of the Coase Theorem in Law and Economics", *Economics and Philosophy*, 15(2): 209–233.

Mitchell, Wesley C., 1913, *Business Cycles*, Berkeley: University of California Press.

Mitchell, Wesley C., 1925, "Quantitative Analysis in Economic Theory", *American Economic Review*, 15(1): 1–12.

Mitchell, Wesley C., 1950, "Making Goods and Making Money", in *The Backward Art of Spending Money and Other Essays*, NY: Augustus M. Kelley, Inc., pp. 137–148.

Neale, Walter C., 1987, "Institutions", *Journal of Economic Issues*, 21(3): 1177–1206.

Nelson, Benjamin N., 1947, "Religion: The Usurer and the Merchant Prince: Italian Businessmen and the Ecclesiastical Law of Restitution, 1100–1550", *The Journal of Economic History*, 7: 104–122.

Nelson, Benjamin, 1968, "Scholastic Rationales of 'Conscience', Early Modern Crises of Credibility, and the Scientific-Technocultural Revolutions of the 17th and 20th Centuries", *Journal for the Scientific Study of Religion*, 7(2): 157–177.

Nelson, Richard R., 1994, "The Co-evolution of Technology, Industrial Structure, and Supporting Institutions", *Industrial and Corporate Change*, 3(1): 47–63.

Niehans, Jürg, 1969, "Money in a Static Theory of Optimal Payment Arrangements", *Journal of Money, Credit and Banking*, 1(4): 706–726.

North, Douglass C., 1979, "A Framework for Analyzing the State in Economic History", *Explorations in Economic History*, 16(3): 249–259.

North, Douglass C., 1984, "Transaction Costs, Institutions, and Economic History", *Journal of Institutional and Theoretical Economics*, 140(1): 7–17.

North, Douglass C., 1986, "The New Institutional Economics", *Journal of Institutional and Theoretical Economics*, 142(1): 230–237.

North, Douglass C., 1990a, *Institutions, Institutional Change and Economic Performance*, Cambridge, UK: Cambridge University Press.

North, Douglass C., 1990b, "A Transactions Cost Theory of Politics", *Journal of Theoretical Politics*, 2 (4): 355–367.

North, Douglass C., 1991, "Institutions", *Journal of Economic Perspectives*, 5(1): 97–112.

North, Douglass C., 1992, "Institutions and Economic Theory", *The American Economist*, 36(1): 3–6.

North, Douglass C., 1994, "Economic Performance Through Time", *The American Economic Review*, 84(3): 359–368.

North, Douglass C., 2005 *Understanding the Process of Economic Change*, Princeton, NJ: Princeton University Press.

Nozick, Robert, 1997a, "Newcomb's Problem and Two Principles of Choice", in *Socratic Puzzles*, Cambridge, Mass.: Harvard University Press, pp. 45–73.

Nozick, Robert, 1997b, "Reflections on Newcomb's Problem", in *Socratic Puzzles*, Cambridge, Mass.: Harvard University Press, pp. 74–84.

Nozick, Robert, 1993, *The Nature of Rationality*, Princeton, NJ: Princeton University Press.

Nunn, Nathan, and Nancy Qian, 2011, "The Potato's Contribution to Population and Urbanization: Evidence From A Historical Experiment", *The Quarterly Journal of Economics*, 126(2): 593–650.

Ostrom, Elinor, 1986, "An Agenda for the Study of Institutions", *Public Choice*, 48(1): 3–25.

Ostrom, Elinor, 1990, *Governing the Commons: The Evolution of Institutions for Collective Action*, Cambridge, UK: Cambridge University Press.

Overmyer, Daniel L., 1981, "Alternatives: Popular Religious Sects in Chinese Society", *Modern China*, 7(2): 153–190.

Palonen, Kari, 1999, "Max Weber's Reconceptualization of Freedom",

Political Theory, 27 (4): 523–544.

Parisi, Francesco, 2008, "Coase Theorem", in Durlauf, Steven N., and Lawrence E. Blume (eds.), *The New Palgrave Dictionary of Economics* (2nd Edition), NY: Palgrave Macmillan, vol. 1: 855–861.

Parsons, Talcott, 1928, "'Capitalism' In Recent German Literature: Sombart and Weber", *The Journal of Political Economy*, 36 (6): 641–661.

Parsons, Talcott, 1929, "'Capitalism' in Recent German Literature: Sombart and Weber (Concluded)", *The Journal of Political Economy*, 37 (1): 31–51.

Parsons, Talcott, 1935, "H. M. Robertson on Max Weber and His School", *The Journal of Political Economy*, 43 (5): 688–696.

Patinkin, Don, 1965, *Money, Interest, and Prices* (2nd Edition), NY: Harper and Row.

Patterson, John, 2000, "Mana: Yin and Yang", *Philosophy East and West*, 50 (2): 229–241.

Plott, C. R., 1979, "The Application of Laboratory Experimental Methods to Public Choice", in Russell, C. S., (ed.), *Collective Decision Making: Applications from Public Choice Theory*, Baltimore, Md.: Johns Hopkins University Press, pp. 137–160.

Polanyi, Karl, 1957, *The Great Transformation: The Political and Economic Origins of Our Time*, Boston: Beacon Press.

Razzell, Peter, 1977, "The Protestant Ethic and the Spirit of Capitalism: A Natural Scientific Critique", *The British Journal of Sociology*, 28 (1): 17–37.

Richter, Rudolf, 2005, "The New Institutional Economics: Its Start, its Meaning, its Prospects", *European Business Organization Law Review*, 6: 161–200.

Riemersma, Jelle C., 1952, "Usury Restrictions in a Mercantile Economy", *The Canadian Journal of Economics and Political Science*, 18 (1): 17–26.

Riker, W. H., 1980, "Implications from the Disequilibrium of Majority Rule for the Study of Institutions", *American Political Science Review*, 74 (2): 432–447.

Robertson, H. M., 1996, *The Rise of Economic Individualism*, London: Routledge/Thoemmes Press.

Rosen, Bernard C., 1959, "Race, Ethnicity, and the Achievement Syndrome", *American Sociological Review*, 24 (1): 47–60.

Rosenmeier, Jesper, 1990, "John Cotton on Usury", *The William and Mary Quarterly*, 47 (4): 548–565.

Rutherford, Malcolm, 1995, "The Old and the New Institutionalism: Can Bridges Be Built?", *Journal of Economic Issues*, 29 (2): 443–451.

Rutherford, Malcolm, 2001, "Institutional Economics: Then and Now", *Journal of Economic Perspectives*, 15 (3): 173–194.

Rutherford, Malcolm, 2008, "Old Institutionalism", in Durlauf, Steven N., and Lawrence E. Blume (eds.), *The New Palgrave Dictionary of Economics* (2nd Edition), NY: Palgrave Macmillan, vol. 4: 374–381.

Sahlins, Marshall, 1972, *Stone Age Economics*, Chicago: Aldine Transaction.

Samuels, Warren J., 2008, "Institutional Economics", in Durlauf, Steven N., and Lawrence E. Blume (eds.), *The New Palgrave Dictionary of Economics* (2nd Edition), NY: Palgrave Macmillan, vol. 4: 366–369.

Samuelsson, Kurt, 1961, *Religion and Economic Action*, NY: Harper.

Schelling, Thomas, 1960, *The Strategy of Conflict*, Cambridge, Mass.: Harvard University Press.

Schnepp, Gerald J., 1932, "The Concept of Mana", *Primitive Man*, 5 (4): 53–61.

Schotter, Andrew, 1981, *The Economic Theory of Social Institutions*, Cambridge, UK: Cambridge University Press.

Schultz, Theodore W., 1968, "Institutions and the Rising Economic Value of Man", *American Journal of Agricultural Economics*, 50 (5): 1113–1122.

Sée, Henri, 1928, *Modern Capitalism*, NY: Adelphi.

Sherry, John F., Jr., 1983, "Gift Giving in Anthropological Perspective", *The Journal of Consumer Research*, 10(2): 157–168.

Shipley, Neal R., 1976, "Thomas Sutton: Tudor-Stuart Moneylender", *The Business History Review*, 50(4): 456–476.

Shiue, Carol H., and Wolfgang Keller, 2007, "Markets in China and Europe on the Eve of the Industrial Revolution", *The American Economic Review*, 97(4): 1189–1216.

Shubik, Martin, 1975, "The General Equilibrium Model is Incomplete and not Adequate for the Reconciliation of Micro and Macroeconomic Theory", *Kyklos*, 28(3): 545–573.

Singer, Milton, 1966, "Religion and Social Change in India: The Max Weber Thesis, Phase Three", *Economic Development and Cultural Change*, 14(4): 497–505.

Skinner, G. William, 1964, "Market and Social Structure in Rural China: Part I", *Journal of Asian Studies*, 24(1): 3–44.

Skinner, G. William, 1965a, "Market and Social Structure in Rural China: Part II", *Journal of Asian Studies*, 24(2): 195–228.

Skinner, G. William, 1965b, "Market and Social Structure in Rural China: Part III", *Journal of Asian Studies*, 24(3): 363–399.

Skyrms, Brian, 1996, *Evolution of the Social Contract*, Cambridge, UK: Cambridge University Press.

Sombart, Werner, 1962, *The Jews and Modern Capitalism*, NY: Collier.

Sombart, Werner, 1967, *The Quintessence of Capitalism: A Study of the History and Psychology of the Modern Business Man*, NY: Howard Fertig.

Stark, Werner, 1964, "Max Weber's Sociology of Religious Belief", *Sociological Analysis*, 25(1): 41–49.

Starrett, David A., 1973, "Inefficiency and the Demand for Money in a Sequence Economy", *Review of Economic Studies*, 40(4): 437–448.

Stigler, George J., 1961, "The Economics of Information", *Journal of Political Economy*, 69(3): 213–225.

Stigler, George J., 1966, *The Theory of Price* (3rd edition), NY: Macmillan.

Stigler, George J., 1989, "Two Notes on the Coase Theorem", *The Yale Law Journal*, 99(3): 631–633.

Stow, Kenneth R., 1981, "Papal and Royal Attitudes toward Jewish Lending in the Thirteenth Century", *AJS Review*, 6: 161–184.

Sugden, Robert, 1989, "Spontaneous Order", *The Journal of Economic Perspectives*, 3(4): 85–97.

Sugden, Robert, 1998, "Normative Expectations: the Simultaneous Evolution of Institutions and Norms", in *Economics, Values, and Organization*, Ben-Ner, Avner and Louis Putterman (eds.), Cambridge, UK: Cambridge University Press, 1998: pp. 73–100.

Sugden, Robert, 2000, "The Motivating Power of Expectations", in *Rationality, Rules and Structure*, Nida-Rümelin, Julian and Wolfgang Spohn (eds.), Dordrecht: Kluwer Academic Publishers, pp. 103–129.

Sugden, Robert, 2004, *The Economics of Rights, Co-operation and Welfare*, NY: Palgrave Macmillan.

Taeusch, Carl F., 1942, "The Concept of 'Usury' the History of an Idea", *Journal of the History of Ideas*, 3(3): 291–318.

Tawney, R. H., 1926, *Religion and the Rise of Capitalism: a Historical Study*, NY: Penguin Books.

Taylor, Overton H., 1927, "Tawney's Religion and Capitalism, and Eighteenth-Century Liberalism", *The Quarterly Journal of Economics*, 41(4): 718–731.

Tobin, James, 1956, "The Interest-Elasticity of Transactions Demand For Cash", *The Review of Economics and Statistics*, 38(3): 241–247.

Troeltsch, Ernst, 1931, *The Social Teaching of the Christian Churches*,

NY: Macmillan.

Tullock, Gordon, 1967, "The Welfare Costs of Tariffs, Monopolies and Theft", *Western Economic Journal*, 5(3): 224–232.

Ullmann-Margalit, Edna, 1977, *The Emergence of Norms*, Oxford: Oxford University Press.

Veblen, Thorstein, 1900, "The Preconceptions of Economic Science III", *The Quarterly Journal of Economics*, 14(2): 240–269.

Veblen, Thorstein, 1919, *The Place of Science in Modern Civilisation and Other Essays*, NY: B. W. Huebsch.

Veblen, Thorstein, 1921, *The Engineers and the Price System*, NY: B. W. Huebsch.

Verstraeten, Johan, 1995, "The Tension Between 'Gesinnungsethik' and 'Verantwortungsethik': A Critical Interpretation of the Position of Max Weber in 'Politik als Beruf'", *Ethical Perspectives*, 2(3): 180–187.

Von Glahn, Richard, 1991, "The Enchantment of Wealth: The God Wutong in the Social History of Jiangnan", *Harvard Journal of Asiatic Studies*, 51(2): 651–714.

Von Wieser, Friedrich, 1927, *Social Economics*, NY: Adelphi Company.

Wagner, Helmut, 1964, "The Protestant Ethic: A Mid-Twentieth Century View", *Sociological Analysis*, 25(1): 34–40.

Walker, P. C. Gordon, 1937, "Capitalism and the Reformation", *The Economic History Review*, 8(1): 1–19.

Wallis, John J., and Douglass North, 1986, "Measuring the Transaction Sector in the American Economy, 1870–1970", in Engerman, Stanley L., and Robert E. Gallman (eds.), *Long-Term Factors in American Economic Growth*, Chicago: The University of Chicago Press, pp. 95–162.

Warner, R. Stephen, 1970, "The Role of Religious Ideas and the Use of Models in Max Weber's Comparative Studies of Non-Capitalist Societies", *The Journal of Economic History*, 30(1): 74–99.

Wax, Rosalie, and Murray Wax, 1955, "The Vikings and the Rise of Capitalism", *The American Journal of Sociology*, 61(1): 1–10.

Weber, Max, 1965, *The Sociology of Religion*, London: Methuen & Co Ltd.

Weber, Max, 2001, *The Protestant Ethic and the Spirit of Capitalism*, London: Routledge.

Weibull, Jörgen W., 1995, *Evolutionary Game Theory*, Cambridge, Mass.: MIT Press.

Wilber, Charles K., 1974, "The 'New' Economic History Re-Examined: R. H. Tawney on the Origins of Capitalism", *American Journal of Economics and Sociology*, 33(3): 249–258.

Williamson, Oliver E., 1967, "Hierarchical Control and Optimum Firm Size", *Journal of Political Economy*, 75(2): 123–138.

Williamson, Oliver E., 1975, *Markets and Hierarchies: Analysis and Antitrust Implications*, NY: Free Press.

Williamson, Oliver E., 1979, "Transaction-Cost Economics: The Governance of Contractual Relations", *The Journal of Law and Economics*, 22(2): 233–261.

Williamson, Oliver E., 1985, "Reflections on the New Institutional Economics", *Journal of Institutional and Theoretical Economics*, 141(1): 187–195.

Williamson, Oliver E., 2000, "The New Institutional Economics: Taking Stock, Looking Ahead"; *Journal of Economic Literature*, 38(3): 595–613.

Williamson, Oliver E., 2010, "Transaction Cost Economics: The Natural Progression", *The American Economic Review*, 100(3): 673–690.

Winter, J. Alan, 1991, "Religious Belief and Managerial Ideology: An Exploratory Study of an Extrapolation from the Weber Thesis", *Review of Religious Research*, 33(2): 169–175.

Yang, C. K., 1961, *Religion in Chinese Society: A Study of Contemporary*

Social Functions of Religion and Some of Their Historical Factors, Berkeley and Los Angeles: University of California Press.

Yang, Lien-sheng, 1957, "Economic Justification for Spending—An Uncommon Idea in Traditional China", *Harvard Journal of Asiatic Studies*, 20(1/2): 36–52.

Young, Oran R., 1994, *International Governance: Protecting the Environment in a Stateless Society*, Ithaca, NY: Cornell University Press.

Young, H. Peyton, 1998, *Individual Strategy and Social Structure*, Princeton, NJ: Princeton University Press.

后　记

> 我记得一位作者曾说过，一个人的前半生不足以写一本书，而一个人后半生也不足以修订这本书。
>
> ——休谟[1]

终于完成了。

如在前言中所述，本书的写作时间横跨十余年。开始写作时还不到而立之年，如今已是不惑之年了。一个人一生中恐怕没有多少机会写这样一本书。

本书源自十年前完成的博士论文。当时之所以选择“宗教与制度”这么一个从经济学角度来看颇为古怪冷僻的话题，其实也没什么复杂的原因。一是因为我原本想做的是理性选择理论的哲学基础，但是不久便发现太难，不可行；二是先生韦森当时已研究过“法律与制度”“伦理学与制度”“文化与制度”，唯独没有做“宗教与制度”。少不更事，又对信仰之事颇不自信，便捡起了这项研究，全然没有预料到未来可能的结果。

结果就是博士论文虽然写出了，但一直无法使自己满意，感觉有太多的问题还是无法解释清楚。因此尽管先生韦森屡次催促我尽快出版，我总是推脱说还需要打磨打磨，这一下子就过去了十年。

别人说十年磨一剑，我却是磨了一本小书，而且是存在不少问题的小书。

先生当年的意见是叫我补上政治制度与宗教关系的内容，可是我查阅文献，汗牛充栋，且研究已经相当成熟——经济学界的文化研究其实就是借鉴于政治学，想再做出些边际意义上的创新恐怕不太可能，最终放弃了。

而我自己原本的计划是补充两章内容就出版，一是有关制度定义，二是修正原本有关传统中国社会的研究。结果单单有关如何界定制度这个问题就耗费了我五年的时间，至于传统中国社会研究到现在也没能完成，只能给出一篇残章。

所幸的是，至少目前基本上能够抛弃原本博士论文中强行拼凑起来的宗教与制度的分析框架，替换为制度分析的一般框架。而早先论文中的三个核心论题——礼物交换、高利贷和韦伯命题——也大致上能与新分析框架基本契合。所以摆在诸位读者面前的这部不甚成熟的小书尽管脱胎于十年前的博士论文，但核心理论架构已经完全重构。

不过我现在读着这本书稿时心中仍然是比较忐忑的，严格来说我还只是完成了一部半成品。

但事情总应该有个了结。

所以如果读者觉得书中行文、观点前后有不一致的地方，还望包容。因为写作跨度长达十余年，连我自己都有些讶异和费解于早年的写作风格和论证理路。本书第一章是最新完成的，最为成熟；第三章写作最早，最不成熟。如果要按时间序列来阅读本书的话，那么就是第三章、第五章、第六章、第二章、第四章、第一章、第七章、第八章，如此排列。

按照学术惯例，我最后还应该强调一下本书有哪些创新点，有什么样的理论和现实意义。可是我想了半天，大致是没有吧。

我只是想做点“深描”的制度研究，仅此而已。至于做得是好是坏，那得由读者来评说。反正在我自己看来，还有许多问题没能解决，还有观点没有说清楚，还应该能做得更好，不过现在只能这样吧。

至于这本书是否能获得认可，我一直以我的另一位智识英雄休谟自勉，“任何文学尝试都不及我的《人性论》那样不幸。它一刊印出来就像是死产，无声无臭的，甚至在狂热者中也不曾激起任何怨訾”[2]。

既然当年连休谟的《人性论》都沦落至此，我这本微不足道的小册子无论获得什么样的评价，都应该感到满意。唯一有所期望的，是那些偶然瞥见本书的“内行高手”能够帮助纠正其中错误——书中一定存在不少错误。有益的批评，是最好的赞许。

所以在这篇后记里，我除了少许惶恐，更多的只是感激而已。

惶恐的是我对于自己博士论文进行的这次大整形，是中了“面目全非脚”还是“还我漂漂拳”，不得而知。尽管我希望的是后者。

而要感激的人则实在是太多了。

首先当然是先生韦森，没有他的支持和认可，是绝对不可能写成这本书的。最初写作的动机，便来自先生的著作；最终形成的分析框架，也是从先生的思路中得到的灵感。当然，书中的错误观点全然在我自身。跟着先生的这十余年时间里，他从不会干涉学生的研究，不把自己的想法强加于学生；可是学生倘若在研究上遇到什么困难，他却一定会倾力相助。所以本书中如果有任何的理论创新，一定是源自先生最早提出的观点。

其次就是本书的编辑，她精心的文字润色，让本书锦上添花。同时也感谢商务印书馆的支持，让这本小册子能在中国最好的学术出版机构付梓。

此外还要感谢《南方经济》的执行主编雷比璐老师，在她的鼎力支持下，本书一些富有争议的章节得以顺利发表。我深知书中的一些观点如果遇到某些“中立的匿名审稿人”的话，是永远没有可能见天日的。

最后也是最重要的，是家人的无私支持与奉献，为我提供了一个稳定的环境让我能够安心学术。即便家中小家伙无数次的吵闹、调皮、打断我的思考，也使得我能够更直接地观察到人的行动最单纯的动机，从而进一步理解观念与制度的关系。

本书写作过程中还获得了师门许多兄弟姐妹、同事、同好、学友的支持和帮助，在此一并谨致谢意！

“哲学家的一生的标志就是他的那些著作，而哲学家生活中那些最激动人心的事件就是他的思想。就康德而言，除了他的学说的历史外，他自己就再没有别的传记。”这是先生最爱的《康德传》中开篇第一句话，我想，这本书应该可算作我这数十年人生的一部传记了吧。

2018 年 12 月 12 日

注释：

1. 转引自莫斯纳的《大卫 · 休谟传》, 1980 年版序言第 1 页。
2. 同上书，第 654 页。